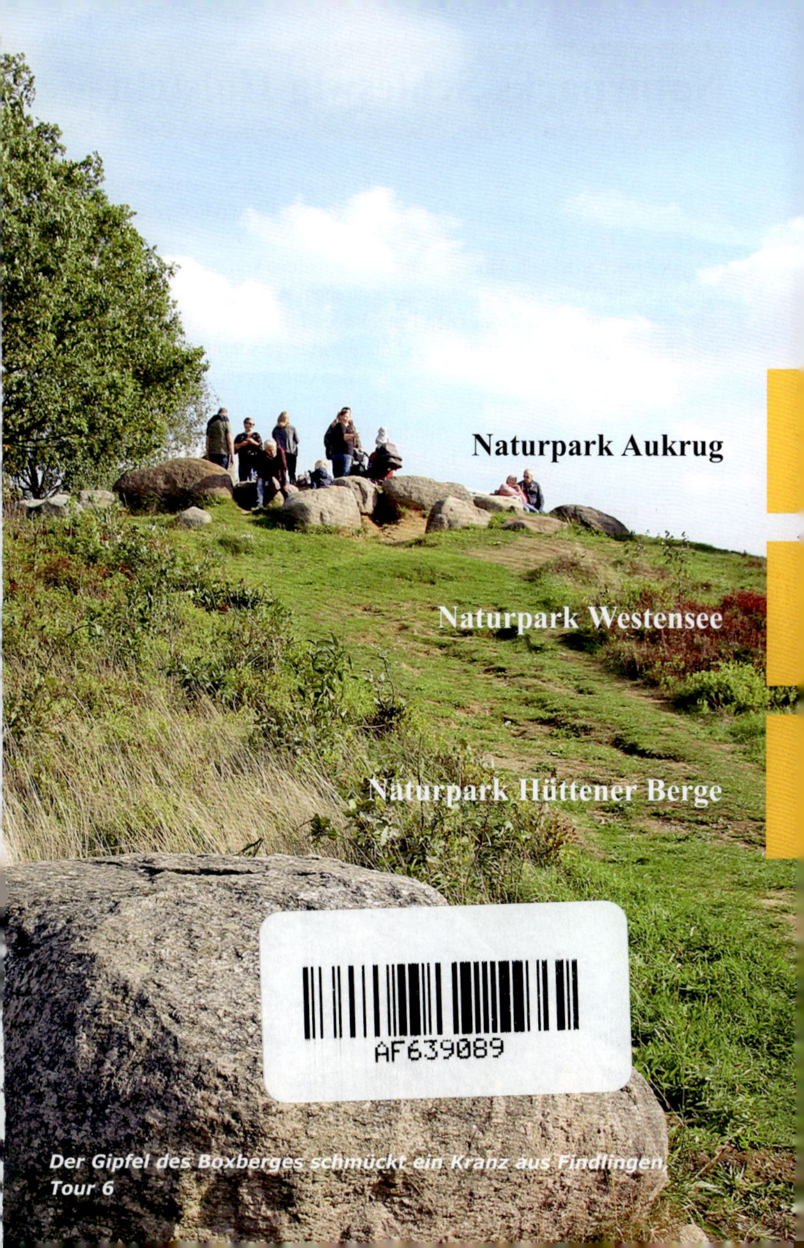

Naturpark Aukrug

Naturpark Westensee

Naturpark Hüttener Berge

Der Gipfel des Boxberges schmückt ein Kranz aus Findlingen, Tour 6

Naturparks Schleswig-Holstein

Die Autorin und der Verlag sind für Lesertipps und Verbesserungen (besonders per E-Mail) unter Angabe der Auflagen- und Seitennummer dankbar.

Dieses OutdoorHandbuch hat 160 Seiten mit 58 farbigen Abbildungen, 27 farbigen Kartenskizzen im Maßstab 1:25.000 und 1:50.000 und einer farbigen, ausklappbaren Übersichtskarte. Es wurde auf chlorfrei gebleichtem, FSC®-zertifiziertem Papier gedruckt, in Deutschland klimaneutral hergestellt und transportiert und wegen der größeren Strapazierfähigkeit mit PUR-Kleber gebunden.

FSC
www.fsc.org
MIX
Papier aus verantwortungsvollen Quellen
FSC® C009051

Klimaneutral
Druckprodukt
ClimatePartner.com/10951-2106-1006

Dieses Buch ist im Buchhandel und in Outdoor-Läden erhältlich und kann im Internet oder direkt beim Verlag bestellt werden.

OutdoorHandbuch aus der Reihe „Regional", Band 428

ISBN 978-3-86686-585-3 2., überarbeitete Auflage 2021

Text und Fotos: Tonia Körner
Karten: Dieter Großelohmann und Manuela Dastig
Lektorat: Anna-Lena Ebner
Layout: Manuela Dastig und Alexandra Sauerland

Gesamtherstellung: gutenberg beuys feindruckerei

Dieses OutdoorHandbuch wurde konzipiert und redaktionell erstellt vom:

Conrad Stein Verlag GmbH, Kiefernstr. 6, 59514 Welver,
☏ 023 84/96 39 12,
info@conrad-stein-verlag.de,
www.conrad-stein-verlag.de

Besuchen Sie uns bei Facebook & Instagram:

www.facebook.com/outdoorverlag

www.instagram.com/outdoorverlag

Titelfoto: Der Expressweg zum Gipfel des Boxberges ist bei Schnee eine beliebte Rodelbahn, Tour 6

Inhalt

Reise-Infos 8

Anreise 8
Unterkünfte 9
Verkehrsmittel 10
Klima und Reisezeit 10
Wanderinfrastruktur 11
Karten und GPS 13
Wandern mit Hund / Kind 14
Updates 15

Naturpark Aukrug 16

1 Störkathener Heide (2 km) 17
↻ *Tour für Naturliebhaber und Familien*

2 Im Rantzau-Tal (7,5 km) 20
↻ *Tour für Fans von Flusslandschaften und Kriegsgeschichte*

3 Im Schierenwald (9,3 km) 26
↻ *Klassiker für Waldliebhaber im Hügelgräberland*

4 Auf ins Plessenholz (6,5 km) 30
↻ *Tour für Freunde von Wald und Aussichten*

5 Vom Glasberg hinab zur Stör (16,8 km) 33
↻ *Tour für Angelbegeisterte und Fans von Wiesenauen*

6 Vom Boxberg zu den Fischteichen bei Waldhütten (9,6 km) 38
↻ *Tour für Naturfreunde und Familien*

7 Im Tönsheider Wald (4,8 km) 44
↻ *Tour für Naturinteressierte und Familien*

8 Entlang der Bünzener Au (9 km) 48
↻ *Tour für Natur- und Geschichtsfreunde*

9 Zum Viertshöher Moor (15,1 km) 52
↻ *Tour für Natur- und Kulturinteressierte*

10 Durch Berg und Tal: Vom Westerholz durch Mörel und Rade (12,4 km) 60
↻ *Tour für Natur- und Dorfbegeisterte*

11 Von Bargstedt ins Himmelreich (4,9 km) 65
↻ *Tour für Naturfreunde*

Naturpark Westensee 68

12 Im Schülper und Großen Moor (15,1 km) 69
↻ *Tour für Moorinteressierte*

13 Rund um den Pohlsee (7 km) 74
Tour für Seefreunde

14 Zum Gut Emkendorf (9,3 km) 80
Tour für Natur- und Kulturinteressierte

15 Zum Vollstedter See (10,2 km) 86
Tour für Seebegeisterte

16 Kleiner und Großer Schierensee (11,4 km) 91
Tour für Naturliebhaber und Badefreunde

17 Durch die Gemeinde Felde (9 km) 97
Tour für Eisliebhaber und Orchideenfreunde

18 Der Ahrensee (8,9 km) 103
Tour für Naturbegeisterte

19 Achterwehrer Schifffahrtskanal (10,2 km) 108
Tour für Kanal-, Natur- und Geschichtsbegeisterte

Naturpark Hüttener Berge 117

20 Von Sehestedt nach Holtsee (14 km) 118
Tour für Kultur, Schiff- und Käsefans

21 Am Wittensee (11,2 km) 126
Tour für Bade- und Mühlenbegeisterte

22 Der Kolonistenhof (4,8 km) 133
Tour für Kulturbegeisterte und Familien

23 Der Bistensee (12,5 km) 137
Tour für Gourmets und Seefans

24 Auf den Wegen bei Damendorf (11,7 km) 143
Tour für Dorf- und Naturanhänger

25 Vom Ochsenweg in die Sorgwohlder Binnendünen (8,9 km) 147
Tour für Geschichts- und Geologieinteressierte

26 Im Brekendorfer Forst (6,5 km) 152
Tour für Eiszeitbegeisterte

27 Vom Aschberg zu den Silberbergen (5 km) 156
Aussichtsreiche Tour für Bergfreunde

Einleitung

Küste, Strand und Meer – das ist typisch für das Land zwischen Nord- und Ostsee. Doch wenn Sie auch mal ins Landesinnere schauen, warten im Herzen von Schleswig-Holstein zwischen Hamburg und Schleswig Landschaften von besonderer Eigenart und Schönheit darauf, entdeckt zu werden. Abseits der ausgetretenen Touristenpfade an den Küsten reihen sich in der Mitte des Landes die drei Naturparks Aukrug, Westensee und Hüttener Berge von Süd nach Nord aneinander. Und Wassersportfans kommen hier ebenso auf ihre Kosten.

Die Hügellandschaften wurden durch die letzte Eiszeit geformt, als ein großes Eisschild sich vor ca. 115.000 Jahren vom skandinavischen Hochgebirge bis an die schleswig-holsteinische Ostküste schob. Als die Weichsel-Eiszeit dann vor ca. 11.600 Jahren endete, blieb eine von Moränen, Tälern, Seen, Sümpfen, Mooren, kleinen Flüssen, Kliffs, Kiesrücken und Sandbänken geschaffene Natur zurück.

Die unberührte Wildnis wurde im Laufe der Jahrtausende vom Menschen kultiviert und geprägt. Reizvolle Dörfer, beeindruckende Gutshöfe, Äcker, Fischteiche, Kanäle, Torfwerke, hübsche Feldsteinkirchen, gemütliche Gasthäuser und kleine Städte entstanden. Im 19. Jh. wurden die für die Region unverkennbaren Knicks (Wallhecken) angelegt. Ein Knick besteht aus einem mit Sträuchern und Bäumen bewachsenen Erdwall. Ein Redder ist ein Weg, der beidseitig von Knicks gesäumt ist. Wertvolle Kultur- und Naturlandschaften entstanden. Diese Lebensräume sollen in ihrer heutigen Art bewahrt werden. Dazu wird eine umweltgerechte Landnutzung angestrebt. Nachhaltiger Tourismus und Renaturierung sind die jetzigen Schlagwörter der Naturparks.

Obwohl sie dicht beieinanderliegen, besitzt jede der drei Naturperlen ihren eigenen Charakter. Die Landschaft des **Naturparks Aukrug** im Süden bildete sich zu Anfang der letzten Eiszeit und ist damit wesentlich älter als die der anderen. Das Kennzeichen des Naturparks sind die naturnahen Wälder, zahlreiche Quellen und die traumhaften Wiesenauen. Letztere waren daher namensgebend. „Krug" hat nichts mit Gastwirtschaft zu tun. Es bedeutet, dass die Bäche in natürlichen Windungen fließen. Der Boxberg zählt zu den bekanntesten Ausflugszielen des 34,8 km^2 großen Gebietes.

Der benachbarte, 25 km^2 große **Naturpark Westensee** zeichnet sich durch eine zauberhafte Seenlandschaft aus. Im Sommer entpuppt sie sich als Bade- und Bootsparadies. Das Zentrum dominiert der knapp 7 km^2 große Westensee. Der fünftgrößte See Schleswig-Holsteins ist deswegen Namensspender. Beim Abschmelzen des Eises riegelte eine Gletscherzunge den Weg zur nahen Ostsee ab und lenkte das Wasser des Flusses Eider in Richtung Westensee. Das Naturkleinod Oberes Eidertal war geboren. In die hügelige Landschaft schmiegen sich zahlreiche geschichtsträchtige Herrenhäuser wie Emkendorf und Schierensee. Auf gut Deutsch Nienhof wird sogar gekeltert. Der spürbare Klimawandel erlaubt heutzutage das Gedeihen der Reben auf dem Breitengrad 54.15°. Der Wein „Kroon 54.15" trägt auf dem Etikett dazu einen Kranich. Der majestätisch anmutende Vogel (niederdeutsch *kroon)* ist häufiger Brutvogel in den hiesigen Mooren im südlichen Bereich.

Nördlich des Nord-Ostsee-Kanals schließt sich der **Naturpark Hüttener Berge** an. Mit 21,9 km² ist er der kleinste der Naturparks. Der nördliche Anrainer rühmt sich seiner einzigartigen Endmoränenlandschaft. Die Oszillation, als sich das Inlandeis immer wieder vor- und zurückbewegte, verursachte eine starke Stauchung des Bodens. Besonders markante Erhebungen blieben zurück. Der Scheelsberg ist mit 105,8 m der höchste Berg der Umgebung. Der Aschberg mit Aussichtsturm ist der bekannteste. So ergeben sich häufig grandiose Weitsichten über die typische Knicklandschaft. Die Wallhecken sind Heimat für eine vielfältige Tier- und Pflanzenwelt. Im Frühjahr bezaubern die blühenden Sträucher mit ihrer Blütenpracht. Im Herbst erfrischen reife Beeren den Wanderer. Und nirgendwo sonst häufen sich so viele große und kleine Steine auf den Feldern und Wiesen. Im Westen breitet sich dagegen die flachere Landschaft der Geest aus. Ihr Star sind die Sorgwohlder Binnendünen mit einer herrlichen Heidelandschaft.

Nebelgrab von Kirstin Warschau, Piper Verlag, 2018, 320 S., € 8,99, ISBN 978-3-492-31041-3, spannender und atmosphärischer Krimi, der im Naturpark Hüttener Bergen spielt, viele Schauplätze sind vor Ort wiederzuerkennen

Reise-Infos

Anreise

Wie ein roter Faden zieht sich ab Hamburg die A7 in nördlicher Richtung entlang aller drei Naturparks. Westlich von ihr sind über die abzweigende B206 Ziele im südlichen Naturpark Aukrug gut erreichbar. Der nördliche Teil wird von der B430 erfasst. Der Naturpark Westensee liegt am günstigsten – im Autobahndreieck A7, A215 und A210 zwischen Neumünster, Rendsburg und Kiel.

Von der A210 gelangen Sie auch in den Süden des Naturparks Hüttener Berge. Seine westliche Achse bilden die A7 und die B77, während die Ostseite von der B76 erschlossen wird. Als schnelle Querverbindung von der A7 bei Rendsburg nach Eckernförde an der Ostseeküste bietet sich noch die B203 an.

Wer aus dem Osten anreist, sollte Hamburg lieber meiden. Trotz des Ausbaus der A7 empfiehlt sich über Lübeck die A20 bis Bad Segeberg. Von dort können Sie über die B206 Bad Bramstedt an der A7 ansteuern. Weiter nördlich wird über die B205 der Verkehrsknotenpunkt Neumünster angefahren. Wollen Sie von Bad Segeberg ganz in den Norden hoch, geht es auf der B404 über Kiel. Oder Sie flitzen am besten gleich von Lübeck über die B76 nach Kiel und von dort weiter nach Eckernförde und in die Hüttener Berge.

☹ Zur Ferienzeit im Sommer können die Nord-Süd-Trassen wie A7, B77 und B76 samstags zur Geduldsprobe werden. Dann ist Bettenwechsel in Dänemark. Machen Sie sich dann lieber frühmorgens oder spätabends auf den Weg.

Wer nicht aus Schleswig-Holstein kommt, für den ist die erste Anlaufstelle bei den öffentlichen Verkehrsmitteln Hamburg. Von dort aus treffen mindestens stündlich Züge bei den größeren Verkehrsknotenpunkten Itzehoe, Neumünster, Kiel und Eckernförde ein. Informationen zur Anreise mit der Bahn erhalten Sie unter www.bahn.de.

Vom Hamburger ZOB starten preiswerte Fernbuslinien mehrmals täglich Richtung Kiel, Neumünster und Rendsburg. Etwas teurer sind die Airportbusse. Der Kielius fährt vom Hamburger Flughafen stündlich Neumünster und Kiel an. Infos unter www.busliniensuche.de oder www.flixbus.de. Die lokalen Buslinien ermöglichen ein Weiterkommen zu den Feriendomizilen entlang der Hauptverkehrswege. Umfassende Infos über alle öffentlichen Verkehrsmittel in Schleswig-Holstein unter erhalten Sie www.nah.sh oder ☏ 04 31/66 01 94 49.

Unterkünfte

Verkehrstechnisch gesehen erweisen sich Unterkünfte in Neumünster, Rendsburg und Kiel am günstigsten. Sowohl was das Straßennetz betrifft als auch die öffentlichen Verkehrsmittel, von hier aus verteilt sich alles strahlenförmig über das Land und erfasst alle größeren Orte. Mit dem Auto erreichen Sie alle Touren innerhalb einer Stunde. Den Spitzenplatz nimmt Eckernförde im Osten des Naturparks Hüttener Berge ein. Trotz seiner Randlage wird in dem schmucken Badeörtchen an der Ostseeküste gerne gebucht. Neben Kleinstadtflair, wunderschönen Stränden und einem malerischen Hafen verfügt Eckernförde über ein reichhaltiges touristisches Angebot – insbesondere für Kinder. Allerdings wird es hier nur in den Wintermonaten etwas ruhiger.

Wer es etwas beschaulicher mag und quasi gleich von der Tür aus losmarschieren möchte, der sollte sich lieber in den kleinen Orten auf dem Land etwas suchen. Aukrug ist keine geschlossene Siedlung, sondern entstand durch den Zusammenschluss der fünf Gemeinden Bargfeld, Böken, Bünzen, Homfeld und Innien. Sie umrahmen die B430 und sind das Herzstück des Naturparks. Für Kulturinteressierte lockt die hübsche Kleinstadt Bordesholm mit Klosterinsel. Das 1125 gegründete Augustiner-Chorherren-Stift lohnt einen Besuch. Vor den Toren der Stadt liegt der Brautberg am Rande des größten frühgeschichtlichen Gräberfeldes Schleswig-Holsteins mit über 5.000 Urnenbestattungen. Der Grabhügel stammt aus der älteren Bronzezeit. Früher umliefen ihn die Bräute, um ihren Ahnen Lebewohl zu sagen und den Segen für ihre Nachkommen zu ersuchen. Heute ist er ein beliebter und außergewöhnlicher Trauort unter freiem Himmel. An der Südspitze des Naturparks Westensee gelegen ergeben sich von Bordesholm aus beste Verkehrsanbindungen. Abends können Sie sogar in der Salzgrotte im Ortsteil Wattenbek bei einem Ruhebad entspannen.

Obwohl das Angebot nicht so groß ist wie in den wesentlich mehr frequentierten Küstenstrichen, findet sich auch in den drei Naturparks ein ausreichendes Angebot an Unterkünften für jeden Geschmack. Während der Ferienzeiten im Hochsommer empfiehlt sich immer eine rechtzeitige Reservierung.

- www.sh-tourismus.de, ☎ 04 31/60 05 83
- www.ostsee-schleswig-holstein.de, ☎ 045 03/88 85 25
- www.mittelholstein.de, ☎ 043 31/230 00
- www.kiel-sailing-city.de, ☎ 04 31/67 91 00
- www.aukrug.de, ☎ 048 73/871 46 62

- www.naturpark-aukrug.com, ☏ 048 73/871 46 61
- www.tourismus-naturpark-westensee.de, ☏ 043 92/896 20
- www.ostseebad-eckernförde.de, ☏ 043 51/717 90

Verkehrsmittel

Ob Sie nur eine Ferienwohnung mieten oder sich auf dem Aschberg in das aussichtsreiche Panorama-Hotel mit gehobenem Restaurant einquartieren, Sie werden vor Ort ein Auto benötigen. Einige Touren sind nur mit dem eigenen fahrbaren Untersatz erreichbar. Noch dazu sind leider viele Busverbindungen auf dem Land den Schulzeiten angepasst. Am Wochenende und in den Ferien fahren diese oft gar nicht.

Wenn Sie auf den Nahverkehr zurückgreifen wollen, fahren Sie am besten mit dem Schleswig-Holstein-Ticket. Es gilt für alle Fahrten im Nahverkehr Schleswig-Holsteins für die komplette Strecke vom Start bis zum Ziel, egal ob Regional- oder Stadtverkehr. Der Preis wird nach Länge der Strecke berechnet. Mit einer Netzkarte ist das Ticket unabhängig von der Strecke und Sie können damit kreuz und quer durch das ganze Gebiet fahren. Fahrplanauskünfte erhalten Sie, wenn nichts anderes bei den Touren angegeben ist, bei den Touristeninformationen oder unter 💻 www.nah.sh, ☏ 04 31/66 01 94 49.

Klima und Reisezeit

Im Land zwischen den Meeren herrscht ein gemäßigtes maritimes Klima. Die Winter sind in der Regel relativ mild. Schnee und Eis sind im Zuge der Klimaerwärmung sowieso eher seltene Gäste. Dafür sollte die Regenkleidung nicht fehlen. Doch ebenfalls der tagelange Dauerregen tritt immer weniger in Erscheinung. Das ist gut für Unternehmungen draußen, allerdings schlecht für den Wasserhaushalt der Natur.

Zu empfehlen sind das Frühjahr und der Herbst, wenn alles anfängt zu blühen und die Knicks mit frischem Grün überzogen sind oder alles im sanften Herbstlicht rot-golden leuchtet. Dann ist das Wetter häufig stabil und die Tage oft angenehm sonnig warm. Mit etwas Glück können Sie dann sogar noch Anfang November im T-Shirt wandern. Durch die fast ständig wehenden Küstenwinde lässt sich die Hitze auch im Sommer meistens ertragen. Die Temperaturen klettern kaum über 30 Grad. Dazu verlaufen in den Naturparks zahlreiche Touren überwiegend im Wald, der an heißen Tagen wohltuenden Schatten spendet. Die vorgestellten Touren können daher je nach Witterung ganzjährig gelaufen werden.

Wanderinfrastruktur

Ein einheitliches Wandermarkierungssystem wurde bisher in Schleswig-Holstein nicht eingeführt. Daher besitzt jeder Naturpark seinen eigenen Schilderwald. Allerdings durchläuft der Naturparkwanderweg (NPW) alle drei Parks. Sein auffälliger gelber Pfeil ist öfters zu sehen und hilft bei der Orientierung. Zusätzlich erleichtert oft die kreisweite Radwegebeschilderung (grüne Schrift auf weißem Untergrund) an vielen Stellen die Richtungsfindung. Unterwegs machen oft Informationstafeln auf Besonderheiten aufmerksam. Auf ausgezeichneten Strecken bleiben unmarkierte Abzweige unbeachtet. Erfolgt ein Richtungswechsel ohne Kennzeichnung, ist es im Text extra erwähnt.

Im **Naturpark Aukrug** sind die Wanderrouten in der Regel gut ausgeschildert. Allerdings wird vom Startpunkt eine Marschrichtung vorgegeben. Laufen Sie die Runde in entgegengesetzter Richtung, müssen Sie schon mal um den Baum herumgehen, um ein Zeichen zu entdecken. Verwendet werden farbige Kreise in Weiß, Blau, Gelb, Grün, Rot mit einer Nummer oder Holzschilder mit der Routennummer. Am Anfang jeder Wanderung klärt in der Regel eine Übersichtskarte über das markierte Wegenetz auf.

🌐 Im Naturpark Aukrug sind zahlreiche „Schätze" versteckt. Nähere Infos auf 💻 www.geocaching.com

Im **Naturpark Westensee** lässt die Kennzeichnung meistens zu wünschen übrig. Die vom Naturpark herausgegebene Karte hat mit der Markierung vor Ort nichts zu tun. Wenn Zeichen vorhanden sind, lassen Sie sich nur schwierig den Wegen zuordnen. Ohne zusätzliche Karte oder besser noch GPS-Track verlieren Sie leicht Ihren Weg. Auf der Karte des Nationalparks wird ebenfalls nicht berücksichtigt, wenn ausgewiesene Wanderstrecken durch Privatbesitz gesperrt werden. Dies geschieht gern einmal im Westenseegebiet. Entweder wurde der Weg gleich untergepflügt oder zum Schutz der Wildtiere dicht gemacht.

Vorbildlich ist die Ausweisung im **Naturpark Hüttener Berge**. Die Rundwanderwege wurden alle einheitlich mit dem Logo „Hütti" – die wandernde Haselmaus – versehen und durchnummeriert. Egal wie Sie laufen, die Beschilderung der markierten Wege ist lückenlos. Manchmal sind die Möglichkeiten nur so vielfältig, dass Sie wissen müssen, welcher Nummer Sie nun folgen wollen. Zu Beginn jeder Route steht jedoch immer eine hilfreiche Übersichtstafel.

Häufig gehen die Touren von einem ausgewiesenen Wanderparkplatz los. Wenn nicht, wird eine passende gebührenfreie Parkmöglichkeit aber immer in unmittelbarer Nähe des Startpunktes angeboten. Meistens finden sich unterwegs ausreichend Bänke. Auf manchen weniger bekannten Strecken kann die nächste Bank schon mal auf sich warten lassen. Rastplätze sind im gut erschlossenen Wandergebiet Hüttener Berge eher zu entdecken. An den Seen bieten sich dafür immer gut die offiziellen Badeplätze an. Die Badesaison dauert, bis auf wenige Ausnahmen, in Schleswig-Holstein vom 1. Juni bis 15. September. Mülleimer sind überall Mangelware. Abfall oder Hundehinterlassenschaften müssen in der Regel zurück zum Parkplatz oder mit nach Hause genommen werden.

Je nach Witterung muss auf den Feld- und Waldwegen mit matschigen Passagen und stellenweise nach Forst- und Landarbeiten mit tiefen Furchen und aufgewühltem Boden gerechnet werden. Statt Sandalen empfiehlt sich dann festes Schuhwerk. Gerade im seenreichen Westenseegebiet mit seinen vielen Feuchtbiotopen fühlen sich die Mücken normalerweise sehr wohl. Doch auch hier macht sich der Klimawandel bemerkbar. Die trockenen Sommer der letzten zwei Jahre hielten die lästigen Plagegeister gut in Schach. Dennoch empfiehlt sich, grundsätzlich auf allen Touren ein Mückenspray ins Gepäck zu stecken.

Aufgrund der schlechten Anbindung mit öffentlichen Verkehrsmitteln werden nur Rundtouren vorgeschlagen. Um die Runde zu schließen, ließ es sich nicht immer vermeiden, Straßenabschnitte einzubinden. Sie verlaufen aber fast ausschließlich über verkehrsarme Landwege. An kurzen Stücken stärker befahrener Straßen gibt es immer einen Fußweg. Bei starken Winden können schon mal Äste abbrechen oder Bäume umstürzen. Die Passierbarkeit der Wege kann in stürmischen Zeiten für Buggyfahrer daher beschwerlich werden.

In den ländlichen Gemeinden der Naturparks sind die Einkehrmöglichkeiten eher beschränkt. Es ist keine Seltenheit, dass Sie stundenlang an keinem gastlichen Haus vorbeikommen. Daher kann es sein, dass sich nur beim Start/Zielpunkt der Einkehrschwung bietet oder Ihnen nur das eigene Picknick bleibt. Trotz der steigenden Wandererzahlen und des Ausbaus der touristischen Infrastruktur in den letzten Jahren ging das Dorfkrugsterben auch an den Naturparks nicht spurlos vorüber. Wenn Sie allerdings die urige Gemütlichkeit ländlicher Cafés lieben, selbst gebackenen Kuchen schätzen und gerne regionale Spezialitäten probieren, sind Sie dennoch hier genau richtig. Dann entdecken Sie kulinarische Kostbarkeiten wie das Freiluftmuseum *Dat Ole Hus* in Aukrug-Bünzen mit seinen Waffelbergen und selbst gemachter roter Grütze satt. Oder Sie genießen ein leckeres Fischbrötchen beim Bistensee.

☹ Bedingt durch die Corona-Pandemie in 2020/21 kann es sein, dass es immer noch zu Einschränkungen im Servicebereich und Abweichungen bei den Öffnungszeiten kommt.

Geführte Touren

Von den Naturparkvereinen wird eine interessante Palette an geführten Touren für Naturliebhaber, Familien und Kinder angeboten. Dazu organisieren die NABU-Gruppe Neumünster und Schleswig Unternehmungen mit sachkundigen Führern. Die Interessengemeinschaft „Wanderbares Schleswig-Holstein" veranstaltet ebenfalls Wanderungen in den Gebieten (Infos bei Gerlind Lind, ☏ 043 40/86 57, 💻 www.wanderbares-schleswig-holstein.de).

💻 www.naturpark-huettenerberge.de
- www.naturpark-aukrug.com
- www.naturschutzring-aukrug.de
- www.nwoe.de
- www.nabu-neumünster.de
- www.nabu-schleswig.de

Karten und GPS

Die zwei topografischen Wander- und Freizeitkarten des Landesamtes für Vermessung und Geoinformation Schleswig-Holstein im Maßstab 1:50.000 decken fast das ganze Gebiet ab. Blatt 5 umfasst den Naturpark Hüttener Berge. Auf Blatt 6 Rendsburg – Neumünster werden der Naturpark Westensee und ein Großteil von Aukrug abgebildet. Diese sind in der wetterfesten Version für € 7,50 im Buchhandel zu kaufen. Der Naturparkverein Aukrug hat für 17 Wanderwege rund um den Ort Aukrug eine detaillierte Karte erstellt. Sie ist für € 2 in der Geschäftsstelle in Aukrug erhältlich. Alternativ könnte die Kompass-Wanderkarte 714: Kiel, Rendsburg, Schleswig im Maßstab 1:50.000 genommen werden. In dieser sind die Touren 9 bis 27 nachvollziehbar, € 11,99.

Im schlecht markierten Wegegewirr am Westensee bietet die vom Naturpark produzierte Karte Naturpark Westensee – Nortorfer Land im Maßstab 1:30.000 noch die beste Orientierung, Preis € 4,95. Eine gute Alternative bietet die neue Karte von ProjektNord: Westensee 1:25.000. Diese Karte basiert auf OpenStreetMaps und verzeichnet vor allem auch die Wanderwege. Es werden nur kleine Auflagen hergestellt. Der Preis liegt bei € 14,90. Solch eine Karte gibt es ebenfalls für die Touren bei Nortorf-Wildes Moor, die Hüttener Berge, Rendsburg-Wittensee und Aukrug. Der Naturpark Hüttener Berge hat dazu in Eigenregie ein handliches Kartenbuch für alle Touren herausgegeben. Es enthält alle wichtigen Informationen, detaillierte und übersichtliche Karten und ist kostenlos an den Startpunkten den Boxen an der Übersichtstafel zu entnehmen.

Falls diese vor Ort vergriffen sein sollten: Sie werden sonst auch an der Touristeninformation in Eckernförde ausgehändigt.

Gerade im Naturpark Westensee empfiehlt sich ein GPS-Track. Die im Buch beschriebenen Routen können von der Internetseite des Verlags (💻 www.conrad-stein-verlag.de) heruntergeladen werden. Die Wanderwege der Naturparks werden auf den Internetseiten der Parks auch als Downloads zur Verfügung gestellt – sowohl in Kartenform als auch als GPS-Track. Alles Wichtige für Aukrug und Hüttener Berge gibt es dazu als App für das Handy.

- www.naturpark-huettenerberge.de
- www.naturpark-aukrug.com
- www.tourismus-naturpark-westensee.de

📖 **GPS:** *Grundlagen • Tourenplanung • Navigation* von Michael Hennemann, Basiswissen für draußen, OutdoorHandbuch Band 375, Conrad Stein Verlag, ISBN 978-3-86686-495-5, € 9,90

☺ Obwohl Mittelholstein in großen Teilen ein ausgesprochenes Hügelland ist, betragen die Höhenunterschiede häufig nur wenig mehr als 20 m. Daher wurde bei allen Touren auf ein Höhenprofil verzichtet.

☺ Die Kartenempfehlungen wurden von der Geobuchhandlung Kiel überprüft. 💻 www.geobuchhandlung.de

Wandern mit Hund

In den Naturparks herrscht grundsätzlich Leinenpflicht. Bitte bedenken Sie, dass die Wildtiere nur noch wenige unberührte Rückzugsgebiete haben und Wildschutz hier großgeschrieben wird. Auf einigen wenigen Feldwegen kann der Hund frei laufen gelassen werden. Auf den Touren im Naturpark Westensee kann für die Vierbeiner an den vielen Seen ausreichend Wasser geschöpft werden. Im Naturpark Aukrug ergibt sich dazu Gelegenheit in den Wiesenauen und an manchem Fischteich. Dennoch treffen Sie auch auf längere Strecken ohne Wasser. In den Hüttener Bergen sind nur die Seestrecken wassertechnisch problemlos. Überwiegend muss ein Wasservorrat eingepackt werden.

☹ Vorausgesetzt die Wege werden nicht verlassen, die Hunde bleiben angeleint und Müll bzw. Hundehinterlassenschaften werden entfernt, können auch zukünftig die zahlreichen Privatwege erwandert werden. Warum diese Umsicht so wichtig ist, können Sie den Broschüren vom Landesamt für Landwirtschaft, Umwelt und ländliche Räume LLUR nachlesen. Insbesondere die Broschüre **„Mit Hund in der Landschaft"** eröffnet Ihnen einige interessante Gesichtspunkte, an die Sie so noch nie gedacht haben.

♦ www.umweltdaten.landsh.de/bestell/publnatsch.html

Wandern mit Kind

In den Naturparks finden sich viele interessante und unterhaltsame Touren für Kinder. Natur- und Waldlehrpfade, Badeplätze mit Nichtschwimmerbereichen, Angelteiche, Bootsfahrten, Streichelzoo über und unter Wasser, Obstpflücken, Reiten oder Fußballgolf – das Angebot ist vielfältig. Im Buch werden einige kleine Routen vorgestellt, aber auch die größeren Touren können meistens auf kleinere Runden reduziert werden. Unterwegs mangelt es nur an Möglichkeiten, die Kleinen mit Eis, Pommes und Co. und Getränken zu versorgen. Als WC müssen die Lütten dann eben mal den Knick nehmen. Ausreichend Proviant gehört zur Standardausrüstung. Dafür entschädigen wunderschöne Picknickplätze im Wald, an Seen oder auf den Auenwiesen. Aufpassen müssen Sie an einigen Straßenquerungen. Die wenigen Passagen an stark befahrenen Landstraßen verfügen grundsätzlich über abgetrennte Gehwege.

Updates

Der Conrad Stein Verlag veröffentlicht Updates zu diesem Wanderführer, die direkt von der Autorin oder von Lesern des Buches stammen. Die Updates finden Sie auf der Internetseite des Verlages (💻 www.conrad-stein-verlag.de), wenn Sie dort diesen Buchtitel aufrufen. Der rechts abgebildete QR-Code führt Sie direkt zur richtigen Seite.

Naturpark Aukrug

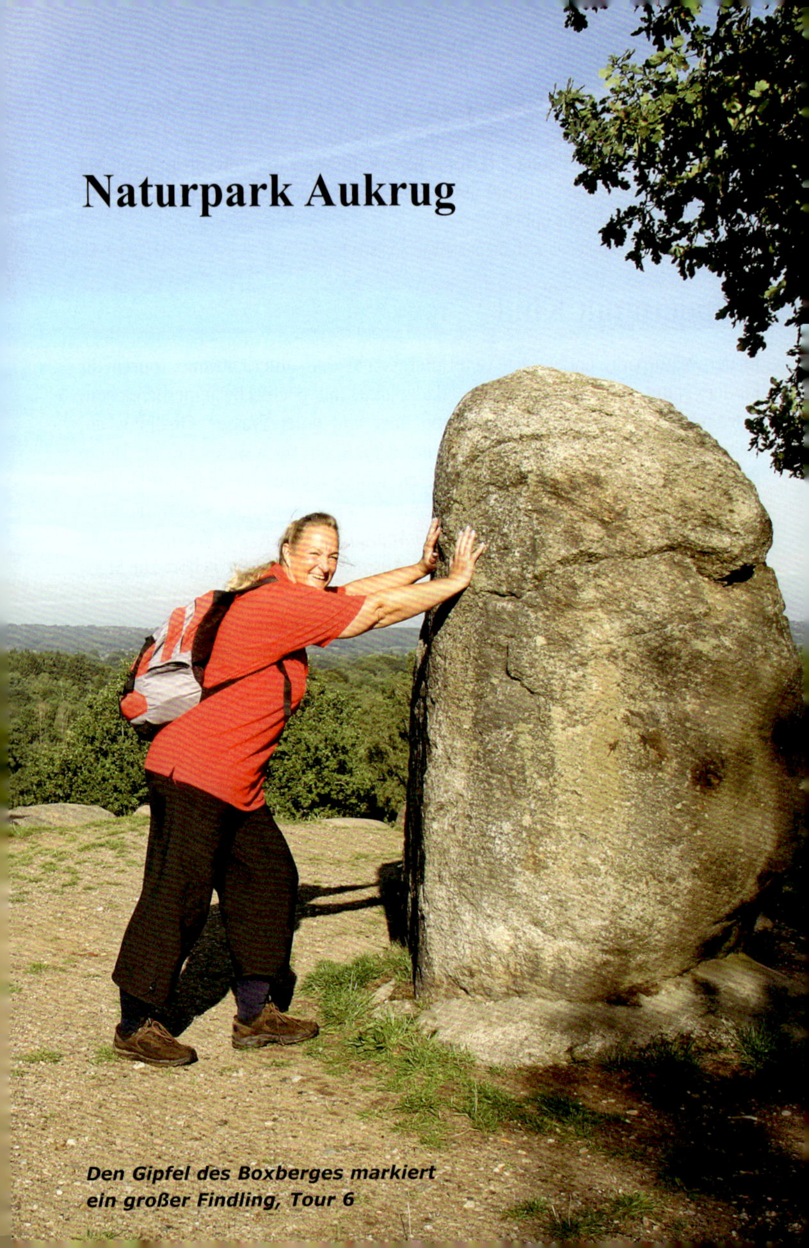

Den Gipfel des Boxberges markiert ein großer Findling, Tour 6

❶ Störkathener Heide

Tour für Naturliebhaber und Familien

Der bekannte Waldlehr- und Erlebnispfad Störkathener Heide entführt Sie auf einen wunderschönen und abwechslungsreichen Rundgang durch die typische Wald- und Heidelandschaften der Region. Das kleine Naturschutzgebiet bei Kellinghusen erweist sich als ein besonderes Kleinod im Süden des Naturparks Aukrug. Eine der Attraktionen ist die Heidschnuckenherde – die „Rasenmäher" der Heide.

- Start/Ziel: Wanderparkplatz, Störkathener Heide, GPS N 53°58.109' E 009°44.571'
- 2 km
- 30 Min.
- ↑↓ 56 m/56 m
- ⇧ 0-20 m
- Holzschild Lehrpfad, weiße Bäume im grünen Kreis, Infotafeln, Übersichtskarten, gut ausgeschildert
- Überwiegend laufen Sie auf guten Wald- und befestigten Sandwegen. Ein längeres Stück umrundet die Heidefläche auf einem Betonplattenweg.

Heidschnucken halten das Pfeifengras auf den Heideflächen kurz

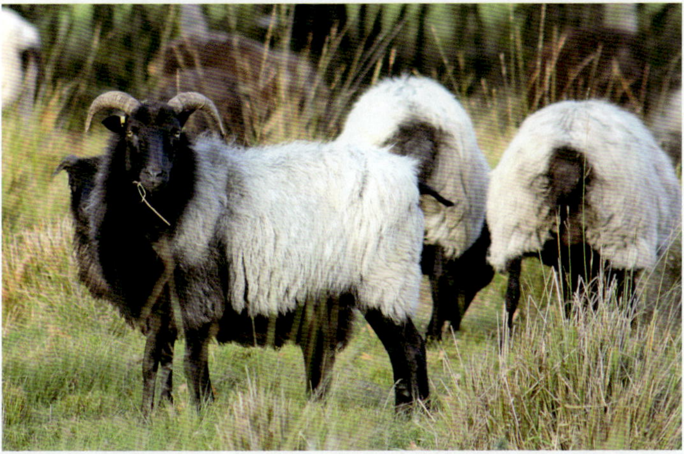

Nichts vor Ort, Verpflegung ist mitzubringen.

am Start/Ziel, Schutzhütte (km 0,4), Bank bei der Infotafel Heidschnuckenwiesen (km 1,1) und am Barfußpfad (km 1,8)

Waldspielplatz an der Schutzhütte, 12 Stationen auf dem Erlebnispfad vom Barfußpfad bis Baumtelefon, Sie können Heidschnucken beobachten. Die Kreisstraße K2 ist zweimal zu queren. Sie ist nicht stark befahren, aber Autos rauschen schnell vorbei.

Einzige Hürde unterwegs ist eine kleine Treppe mit drei Stufen.

Mülleimer auf dem Parkplatz beim Start/Ziel, unterwegs kein Trinkwasser, keine Auslaufmöglichkeit im Naturschutzgebiet

P Wanderparkplatz an der K2 zwischen Kellinghusen und Störkathen am Start/Ziel

Die Linie 7503 (Schulbus) fährt Mo-Fr, Kellinghusen – Bad Bramstedt über Störkathen. Von der Haltestelle in Störkathen sind es 1,3 km entlang der Kreisstraße ohne Fußweg zum Wanderweg.

Beim P **Wanderparkplatz** folgen Sie der breiten Forststraße nach Norden in den dichten Mischwald. Zahlreiche Hinweisschilder machen unterwegs auf die verschiedenen Baumarten aufmerksam. Kurz nach dem Abzweig des Waldlehr- und Erlebnispfads nach rechts erreichen Sie geradeaus die **Schutzhütte ❶** beim Wald-

Schautafeln und natürliches Anschauungsmaterial erläutern die Umgebung

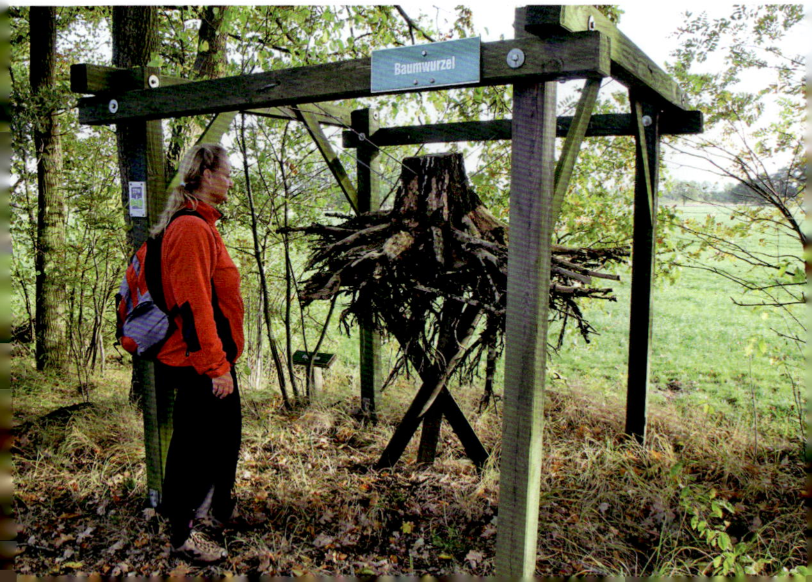

spielplatz (km 0,4). Einige Tiere des Waldes sind in großen Holzskulpturen dargestellt. Zurück auf dem markierten schmalen Waldlehrpfad gelangen Sie kurz nach einer kleinen **Treppe** zur **Kreisstraße K2** (km 0,8).

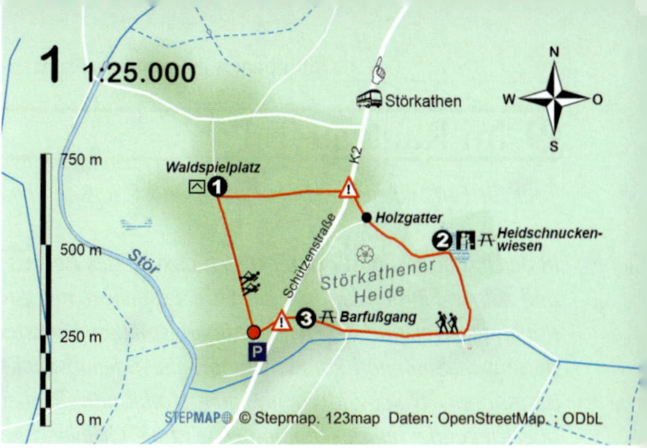

Vorsicht beim Kreuzen der Straße. Sie ist zwar nicht stark befahren, aber mit Autos mit einer Geschwindigkeit von 70 bis 100 km/h ist zu rechnen.

Kurz vor dem **Holzgatter** (km 0,9) treffen Sie auf den Rundweg durch die Heide. Nachdem Sie das Türchen passiert haben, geht es durch die **Störkathener Heide** weiter. Überwiegend wächst hier Besenheide. Den anschließenden Ostteil nimmt ein Niedermoor mit Torfmoosen und Wollgras ein. Bei der **Aussicht über die Heidschnuckenwiesen ❷** (km 1,1) fallen in dem hohen Pfeifengras die schwarzgrauen Wollknäuel gleich auf. Nicht weit hinter dem nächsten Gattertor mündet der Sandweg in einen **Betonplattenweg** (km 1,4). Die Markierung fehlt dort, aber die nächsten Stationen des Erlebnispfades sind rechter Hand schon zu sehen.

Störkathener Heide

Ehemals bedeckten Heidelandschaften großflächig den Mittelrücken der Geest. Allerdings sind sie keine natürlichen Landschaften, sondern „Kultursteppen". Die ursprüngliche Vegetation war dichter Laubwald. Durch Rodung und intensive Bewirtschaftung im Mittelalter konnte sich auf den mageren Sandböden nur die Heide halten. Im Gegensatz zum Wald, der durch das Abfressen der Jungpflanzen langsam abstirbt, braucht die Heide den Verbiss durch das Weidevieh sogar zur Regeneration. Mittlerweile existieren nur noch Reste der einstigen Heidelandschaften, die wie das 16 ha große Schutzgebiet der Störkathener Heide mit viel Aufwand erhalten werden.

Nachdem Sie den Heiderundweg verlassen haben, bietet sich geradeaus beim **Barfußgang ❸** (km 1,9) noch einmal eine Bank zum Rasten an. Bald danach kreuzen Sie erneut die K2. Der Waldpfad (Markierung fehlt) endet am **Wanderparkplatz**.

❷ Im Rantzau-Tal

Tour für Fans von Flusslandschaften und Kriegsgeschichte

In der Itzehoer Geest erstreckt sich das Tal des Baches Rantzau zwischen Ridders und seiner Einmündung in die Stör. Es gehört mit zu dem riesigen, geschichtsträchtigen Gelände des Truppenübungsplatzes Lockstedter Lager. Durch Renaturierungsmaßnahmen konnten naturnahe Bachabschnitte mit Feuchtwiesen, Niedermooren, Quellwäldern und nährstoffarmen Teichen ausgebaut werden. Der überwiegende Teil des Talraumes wird als Grünland genutzt, das heute ebenfalls vermehrt dem Naturschutz dient. Dazu entstanden reizvolle Mischwälder. Alles in allem erwartet Sie ein herrliches und allseits beliebtes Wandergebiet.

Start/Ziel: Wanderparkplatz, Alte Försterei, B77, GPS N 53°58.874' E 009°34.880'

7,5 km

1 Std. 45 Min.

145 m/145 m

2-48 m

weiße 10 im roten Kreis und gelber Pfeil des Naturparkweges, grün-weiße Radwegschilder des Ochsenweges, gut markiert

Hauptsächlich geht es über bequeme Wald- und Plattenwege auf den Talhöhen entlang. Die zweimalige Querung des Rantzau-Tales reicht kaum, um außer Atmen zu kommen. An heißen Sommertagen sorgen die langen Waldpassagen für ausreichend Abkühlung.

zurzeit keine Einkehr möglich, Verpflegung für unterwegs mitnehmen

bei den Talhöhen nahe Loigny-Brücke (km 2,7 und 3,1), an der Loigny-Brücke (km 2,8) und der Försterei-Brücke (km 6,9)

Flussbeobachtungen, Spielen im Wald, das Beobachten von Fallschirmspringern und Flugzeugen unterwegs und auf Flugplatz Hungriger Wolf (Fernglas einpacken), Lehrpfad Übungsplatz LOLA; Vorsicht an den Bachufern

Größtenteils gute Wege, zwei kleine Abschnitte über Grasweg, ein quer liegender Baumstamm ist zu überwinden.

keine Mülleimer, keine Auslaufmöglichkeit im Schutzgebiet, Trinkwassergelegenheit alle 2 bis 3 km am Fluss Rantzau, zwei zu querende Holzbrücken, pfotenfreundliche Tour

P Wanderparkplatz Alte Försterei an der B77, gegenüber vom Flugfeld Hungriger Wolf

Linie 755 Hohenwestedt – Itzehoe, Haltestelle „Hungriger Wolf Flugplatz“, mehrmals tgl. Mo-Fr, Sa/So dreimal tgl., Haltestelle 85 m nördlich der Einfahrt zum Parkplatz zur Alten Försterei

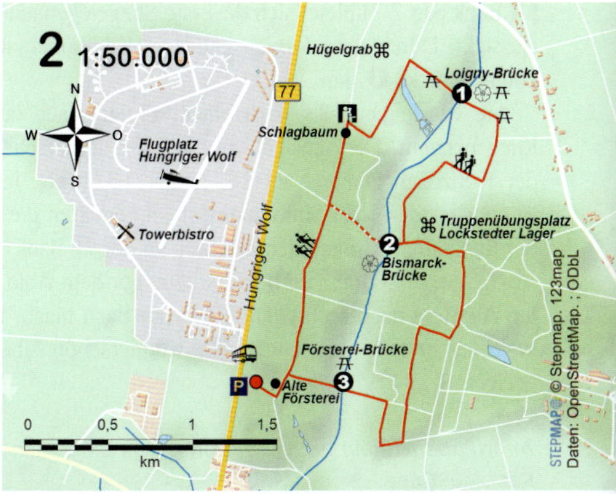

Vom **P** **Wanderparkplatz** geht es in den Wald an der **Alten Försterei** vorbei, einem reetgedeckten Backsteingebäude. Nahebei trifft an einer Gabelung der bekannte Jakobsweg Via Jutlandica und wenig später beim **Abzweig zur Försterei-Brücke** (km 0,3) der Radweg Ochsenweg (☞ Tour 25) dazu. Sie wandern weiter geradeaus nordwärts durch den abwechslungsreichen Mischwald mit Laub- und Nadelhölzern. Der Staatsforst Holsteiner Wald zeigt sich als ein gutes Beispiel für den Erhalt von standortheimischen Baum- und Straucharten mit einem gelungenen Anteil von Alt- und Totholz.

An der **ersten Kreuzung** (km 0,8) überspannte ehemals eine weitere der sieben Rantzau-Brücken den Bach. Passenderweise trug sie den Namen Orléans-Brücke. Wie die gleichnamige französische Stadt, die im Deutsch-Französischen Krieg 1870/71 am 4./5. Dezember 1870 von Deutschen eingenommen wurde, ist die Brücke „gefallen“.

An der **zweiten Kreuzung** (km 1,3) kann die Tour rechts über die Bismarck-Brücke abgekürzt werden. Die Tour ist dann ➲ 4,8 km lang.

Über die Bismarckhöhe gelangen Sie zum Waldrand. Dort öffnet sich hinter dem **Schlagbaum** (km 1,8) ein weiter Blick über die Wiesen und Felder bis zur Ortschaft Ridders. Bei gutem Flugwetter sehen Sie Fallschirmspringer und verschiedene Flugzeugtypen vom benachbarten Flugplatz Hungriger Wolf können beobachtet werden. Sie umrunden das Grünland.

Das baumbestandene ⌘ **Hügelgrab** (☞ Tour 3, Hügelgräber) ist die einzige deutliche Erhebung. Nicht weit hinter einem idyllisch gelegenen Teich des Stiftungslandes der Stiftung Naturschutz Schleswig-Holstein biegt die ✎ Route 10 mit dem Naturparkwanderweg NPW nach rechts ins Rantzau-Tal ab. Auf einer ⩩ **Bank** (km 2,7) bietet sich die erste Sitzgelegenheit des Tages und eine schöne Aussicht. Durch einen kurzen, dunklen Waldtunnel tauchen Sie hinab zur ⩩ ✿ **Loigny-Brücke ❶** (km 2,8).

Sie wurde ebenfalls nach einem Ereignis aus dem Deutsch-Französischen Krieg benannt. Die Schlacht von Loigny trug entscheidend mit zur Kapitulation der Franzosen in Paris am 28. Januar 1871 bei. In dem weiten, malerischen Auental weiden Kühe. Informationstafeln erklären die erfolgreiche Renaturierung der Rantzau. Sie folgen dem Feldweg an der ⩩ Bank und dem baumbestandenen Abzweig nach Ridders vorbei. Erst kurz vor dem Wald wählen Sie den **unmarkierten Abzweig nach rechts** (km 3,4) zum Bach hinab. Der grasige und wurzelige Waldweg entlang der Rantzau ist wunderschön, aber für Buggys weniger gut geeignet.

Informationstafeln erläutern unterwegs die Besonderheiten des Rantzau-Tales

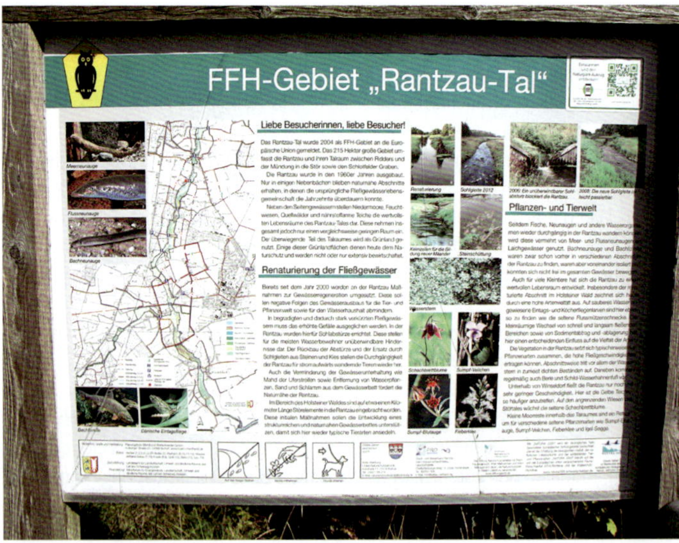

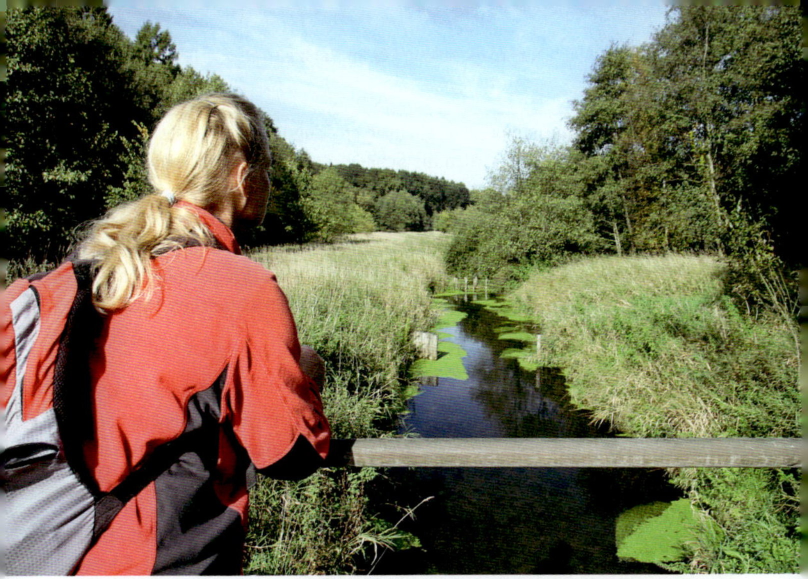

Blick von der Bismarck-Brücke auf die Rantzau mit dichten grünen Polstern des Wassersterns

Am nächsten T-Kreuz lohnt es sich, zunächst mit der ✎ Route 9 hinab zur nahen ❀ **Bismarck-Brücke ❷** (km 4,4) zu gehen. Den naturnahen Bachabschnitt säumen Sumpf- und Quellwälder mit Eschen und Schwarz-Erlen. Die starke Strömung zerrt an den dichten grünen Polstern des Wassersterns. Er fühlt sich hier besonders wohl. Auch der Bestand an Neunaugen, einem im Aussehen dem Aal ähnlichen Wassertier, konnte sich erholen.

Zurück am T-Kreuz schwingen sich die ✎ Route 10 und der NPW wieder in den Wald auf die Talhöhe. Eine breite Forststraße zieht sich nach Süden hin. Auf der folgenden Strecke sind die ✎ Zeichen der Route 10 etwas verwittert oder verstecken sich auf der Rückseite des Baumstammes. Wer auf Nummer sicher gehen will, orientiert sich besser an den Reitweg- und NPW-Schildern. Die Route 10 ist aber der bessere Weg für Buggys. Bunker und ein Schießstand zeugen von der Vergangenheit als ⌘ **Truppenübungsplatz Lockstedter Lager**. Äste und Baumstämme können stellenweise den Weg blockieren. Kreuzottern werden Sie allerdings nicht mehr begegnen. Für das Fangen der Schlangen gab es auf dem Übungsgelände Fangprämien. 1940 wurden nur noch vier geschnappt. Die Längste maß 75 cm. Der Fangrekord von einer Person lag bei 532 Tieren.

Die Finnen

Weil die Finnen noch immer dem ehemaligen Truppenübungsplatz Lockstedter Lager eng verbunden sind, wurden die Schilder der kaiserlichen Übungsplatzroute in deutscher und finnischer Sprache aufgestellt.

Am 25. Februar 1915 trafen die ersten 55 Finnen nach gewagten Unternehmungen aus dem von Russland beherrschten Finnland ein. An die 1.500 „finnischen Pfadfinder" wurden insgesamt ausgebildet. Genau drei Jahre später kehrten sie in ihre Heimat zurück und zeichneten sich beim erfolgreichen Unabhängigkeitskampf gegen die russischen Besatzer aus.

Im Rantzau-Tal dominieren Grünland und herrliche Waldstücke

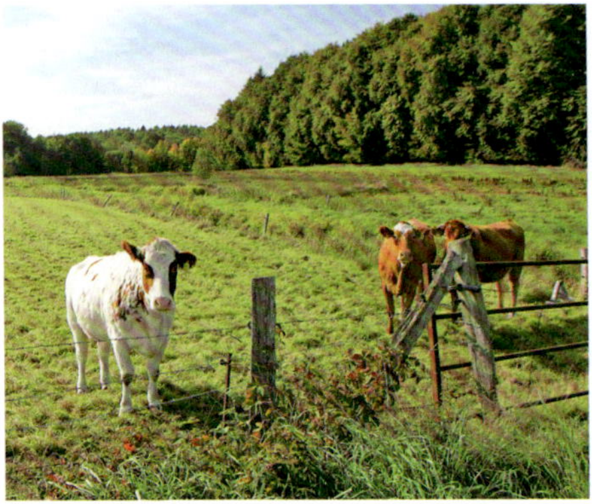

Am Waldrand (km 6,2) ergibt sich eine schöne Aussicht über das Rantzau-Tal in Richtung Schlotfelder Graben. Unten im wildromantischen Bachtal überspannt die **Försterei-Brücke** ❸ (km 6,9; Infotafeln) das Gewässer. Insbesondere hier sind die Renaturierungsmaßnahmen gut zu erkennen. Die Bänke und grasiges Ufer locken zu einem Picknick. Ungewohnt sind nur die Fluggeräusche von dem nahen Flugplatz Hungriger Wolf. Nach einem kleinen, aber kräftigen Anstieg stoßen Sie oben im Wald nach 300 m wieder auf den Ochsenweg nahe der links gelegenen **Försterei** und dem **Wanderparkplatz**.

Truppenübungsplatz Lockstedter Lager

Militäraktionen haben auf der Lockstedter Heide eine lange Tradition. Schon der Dänenkönig Christian IV. ließ sein Heer 1625 vor dem Dreißigjährigen Krieg auf dem Gebiet üben. 1864 entstand das erste feste Lager. Das sogenannte „Preußische Lager" war noch ein Zeltlager. Während des Deutsch-Französischen Krieges 1870/71 wurde ein Barackenlager für bis zu 6.000 französische Kriegsgefangene errichtet. Ab 1872 wurde es zu einem riesigen Truppenübungsplatz ausgebaut.

In der Zeit erhielt die Landschaft des Rantzau-Tales ihre Namen von den damaligen militärischen Größen und Ereignissen. Als Höhepunkt zählt das gigantische Kaisermanöver 1881, bei dem Kaiser Wilhelm I. zugegen war.

Seine größte Ausdehnung erreichte der Truppenübungsplatz Lockstedter Lager – kurz LOLA – 1914 mit 60 km^2 und 18.000 Soldaten in der Kasernenstadt. Vor dem Ersten Weltkrieg wurden die Schlachten noch auf dem offenen Feld ausgetragen. Während des Ersten Weltkrieges übten 115.000 Soldaten jährlich hier – speziell den Kampf in Schützengräben. Überbleibsel der späteren Grabenanlagen sind noch auf dem Gelände vom Hungrigen Wolf aufzuspüren. Nach Kriegsende kehrte Ruhe ein. Großteile des Geländes wurden in Ackerland und Waldparzellen umgewandelt. Den winzigen Rest nutzte dann später die Reichswehr zur Schulung bis zum Ende des Zweiten Weltkrieges.

Nach der Auflösung vom Lockstedter Lager entwickelte sich aus der Kasernenstadt der Ort Hohenlockstedt. Das ehemalige Militärlager bzw. der kaiserliche Exerzierplatz blieb nur noch Heimstatt für eine Heeresfliegereinheit der Bundeswehr. Es wurde zum bekannten Flugplatz Hungriger Wolf. Nach dem Zusammenbruch des Warschauer Paktes im Rahmen der zweiten Truppenreduzierung wurde der Militärstandort endgültig geschlossen.

Der Hungrige Wolf, einer der ältesten Flugplätze Deutschlands, bleibt allerdings weiterhin ein interessanter Anziehungspunkt. Neben seiner zivilen Nutzung für Fallschirmspringer und Sportflieger fanden jährlich ereignisreiche Großevents statt, die Jung und Alt begeisterten.

💻 www.fliegen-itzehoe.de

☺ Informationen und Führungen rund um das Rantzau-Tal bieten die Försterei und VERA.

ℹ Försterei Schierenwald (☞ Tour 3)

♦ VERA e.V., Verein für extensive Robustrinderhaltung im Rantzau-Tal, Cordelia Triebstein, 📱 01 72/400 75 91, ✍ info@vera-rantzau.de, 💻 www.vera-rantzau.de

❸ Im Schierenwald

Klassiker für Waldliebhaber im Hügelgräberland

Der Schierenwald bei Lockstedt in der Hohen Geest ist mit 821 ha einer der größten Wälder im Naturpark Aukrug und in Schleswig-Holstein. Unter dem Kronendach des Nadelmischwaldes erheben sich zahlreiche Hügelgräber. Die älteren Eichen- und Rotbuchenbestände begeistern einfach jedermann. Am Fuße der beeindruckenden Baumriesen tummelt sich eine Vielzahl an Tieren. Gerade die Spuren der Wildschweine fallen allerorten ins Auge. Nicht gleich zu sehen sind die in und an den Gewässern beheimateten großen Amphibienvorkommen wie Erdkröte, Grasfrosch oder Teichmolch. Der Kammmolch ist dabei besonders schutzwürdig. Die Wanderung kann mit Tour 4 zu einer längeren Tagestour oder Zweitagestour kombiniert werden.

Start/Ziel: Wanderparkplatz, Waldweg, 25551 Lockstedt,
GPS N 54°00.588' E 009°41.057'

9,3 km

2 Std. 15 Min.

106 m/106 m

30-62 m

weiße 2 im gelben Kreis, weiße 3 im roten Kreis, weiße 4 im blauen Kreis, gut markiert, Übersichtskarte am Parkplatz

Größtenteils bleibt die Tour im schattigen Schierenwald auf guten Wegen mit kaum spürbaren Steigungen. Auf den 1,7 km entlang des Waldrandes auf Feld- und Plattenwegen lässt sich gut Sonne tanken.

Restaurant Hotelpension Zur Erholung (☞ Tour 4), 400 m vom Start/Ziel im Ort Lockstedt, ansonsten nur Selbstversorgung unterwegs möglich

am Start/Ziel Wanderparkplatz Waldweg

Försterei Schierenwald am Parkplatzende, Wildbretverkauf

Sie können mit Kindern unterwegs Heidelbeeren pflücken.

Die letzten 800 m auf dem Feldweg entlang des Waldrandes können von Traktorspuren zerfurcht sein.

Es gibt keine Mülleimer. Hunde haben Auslaufmöglichkeit auf 1,7 km auf dem Feldweg am Waldrand. Die kleinen Bäche bei den Furten (km 0,6, 1,5 und 8,8) am Anfang und Ende der Tour können ausgetrocknet sein, Wasservorrat empfiehlt sich. Drei Holzbrücken sind bei gefüllten Furten für wasserscheue Hunde zu queren. Die Tour ist pfotenfreundlich.

P Start/Ziel, alternativ können Sie vom Parkplatz am Restaurant Hotelpension Zur Erholung (☞ Tour 4), GPS N 54°00.443' E 009°41.226', starten.

🚌 Linie 785 Nortorf – Itzehoe, Haltestelle „Lockstedt Gastwirtschaft", Mo-Fr mehrmals tgl., Sa/So dreimal tgl., 600 m zum Start/Ziel, mit Umstieg in Nortorf in Linie 780 bis Kiel

Der Grasstreifen des P ⊼ **Wanderparkplatzes** (Übersichtskarte) zieht sich bis zum Waldrand hin. Mächtige Eichen, an denen Efeu emporklimmt, flankieren die ✎ Route 2 und 3 entlang der Straße bis zur **Försterei Schierenwald ❶** (km 0,3) in einem malerischen, reetgedeckten Backsteinbau.

Das Forsthaus im Schierenwald

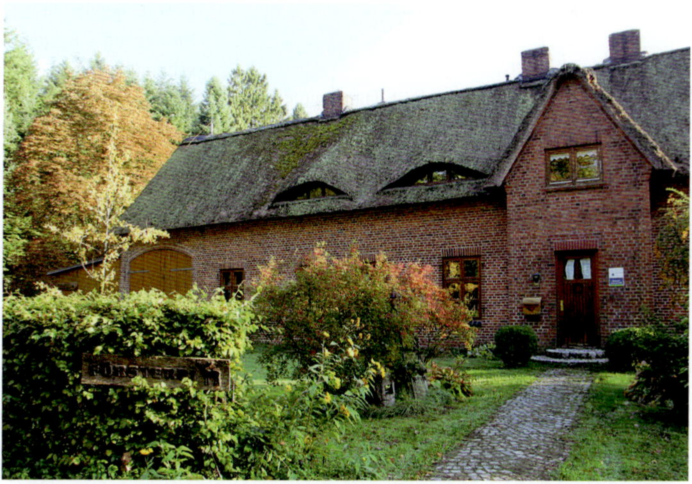

Försterei Schierenwald, Schierenwald 1, 25551 Lockstedt, Björn Berling, 01 75/221 18 27, bjoern.berling@forst-sh.de, www.forst-sh.de, Infos und Natur- und Waldführungen nach telefonischer Absprache

Mit Route 2, 3 und 4 gehen Sie nach Nordwesten in den Wald. Nach 120 m verabschiedet sich die gelbe 2 vorerst nach links auf den **Achsenweg**. Geradeaus schneidet der Waldweg eine breite Bresche.

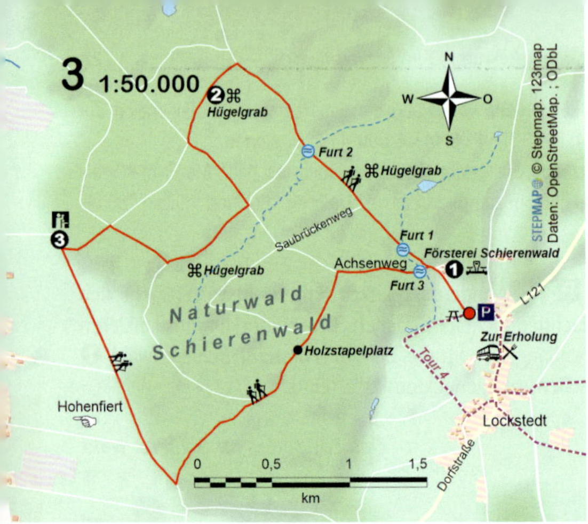

Er ist Teil eines alten ⌘ **Heerweges**, der die Gerichts- und Versammlungsplätze in Kellinghusen und Jahrsdorf mit den Sitzen von Stammesführern auch in Lockstedt verband. Zahlreiche Hügelgräber verstreuen sich im Schierenwald. Ein Indiz dafür, dass dieses Gebiet bereits in der Bronzezeit besiedelt sein musste.

Wesentlich jüngeren Datums ist dagegen die **Furt** (km 0,6). Im Juni 2013 wurden mehrere Durchlässe ausgebaut, um den Wasserfluss der kleinen Bäche zu verbessern. Brennnesseln überwuchern etwas die kleine Fußgängerbrücke. Anscheinend war die Furt bisher häufig trocken und die Brücke wurde nur selten benutzt. Sie passieren den **Saubrückenweg** (km 1) und die nächste **Furt** (km 1,5). Erst am **Abrahamsweg** (km 2,3) wechseln die ✎ Routen 3 und 4 die Richtung nach Südwesten. Nicht weit entfernt liegt direkt links am Wegesrand ein weiteres ⌘ **Hügelgrab ❷** (km 2,6).

Hügelgräber

Im Volksmund werden größere Grabhügel „Hünengräber" genannt. Auf Landkarten wie hier im Schierenwald wird diese Bezeichnung für Grabhügelgruppen verwendet. Jedenfalls ist es leicht vorstellbar, dass die Menschen noch bis zum Mittelalter dachten, nur bärenstarke Riesen – also wahre Hünen – konnten solche Hügel aufhäufen.

Sicher führen Sie die Markierungen durch das Wegesystem im Wald. Ist keine Zahl zu entdecken, halten Sie sich geradeaus. Bei einer Kreuzung (km 3,4) trennen sich die Routen 3 und 4 voneinander. Sie bleiben der ✎ 3 treu. Ein gigantischer Ameisenhaufen springt entlang des Weges ins Auge. Das typische Klopfen des Spechtes ist zu hören. Im Schierenwald hat der geschützte Mittelspecht sein Zuhause. Massenhaft Eicheln knacken unter den Schuhen. Der Waldboden wurde aufgewühlt von Wildschweinen.

Der Schierenwald

Im Naturwald Schierenwald stehen noch Reste des ursprünglichen Eichen-Buchen-Waldes wie er einst typisch war. Vorwiegend wachsen Stiel- und Traubeneiche, die auf den leichten, sandigen Böden der Hohen Geest gut gedeihen. Ihre Rinde wurde früher zum Gerben von Leder eingesetzt.

Die Bewirtschaftung mit nicht ansässigen Nadelhölzern vollzog sich erst nach 1860. Als Sicherheitszone für die Schießübungen auf dem Truppenübungsplatz Lockstedter Lager (☞ Tour 2) blieb der Wald dennoch weitgehend vor Abholzung verschont. Erst nach dem Zweiten Weltkrieg fielen große Flächen den Reparationszahlungen zum Opfer. Die Wiederaufforstung erfolgte überwiegend mit Nadelhölzern. Über 100-jährige Nadelmischwaldbestände sind noch vorhanden. Ein kleines Areal von 22,2 ha steht seit 2008 als Naturwald unter Schutz. Es wird nicht mehr bewirtschaftet und ist für Besucher nicht zugänglich.

Der Weg wird immer schmaler und endet beim **Schlagbaum** (km 4,9) am Waldrand. Vom Betonplattenweg ergibt sich eine tolle **Aussicht ❸** über die Geest mit den umliegenden Ortschaften Silzen, Peissen, Hohenfiert bis nach Hohenlockstedt im Süden. An der nächsten Kreuzung (km 5,8) steht noch der Pfahl, aber die ✎ Markierung für die Route 3 fehlt hier. Sie ignorieren den Plattenweg nach rechts nach Hohenfiert und nehmen den Feldweg geradeaus weiter am Waldrand entlang in südlicher Richtung.

Sobald Sie auf die Route 2 (km 6,6) treffen, wenden Sie sich mit ihr wieder nach links in den Wald. Unmarkierte Abzweigungen werden nicht beachtet. An einem **Holzstapelplatz** (km 7,8) sind die ✎ Zeichen nur schwer zu finden. Halten Sie sich geradeaus. Im leichten Auf und Ab mündet die 2 in die 4. Mit beiden geht es nach rechts weiter zur letzten **Furt** (km 8,8). Kurz danach erreichen Sie das Ende des **Achsenweges** (km 8,9) unweit der Försterei und des **Wanderparkplatzes**.

Auf den Wegen nördlich von Lockstedt

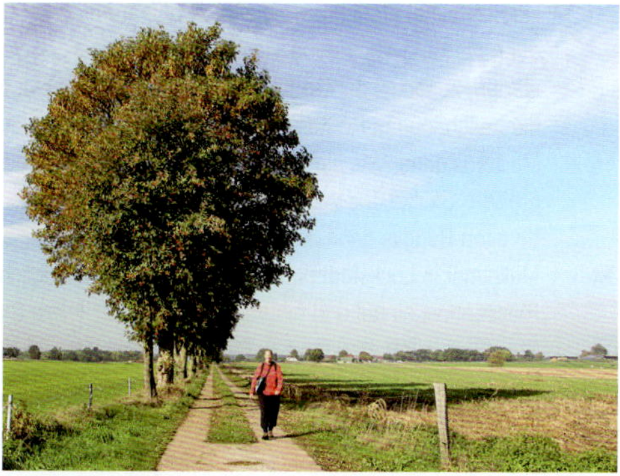

④ Auf ins Plessenholz

Tour für Freunde von Wald und Aussichten

Der weniger begangene Rundweg von Lockstedt durch das kleine Waldstück Plessenholz lohnt sich allein wegen der schönen Aussichten. Die südliche, meist sanft gewellte Geest bietet dafür kaum nennenswerte Erhebungen. In Kombination mit Tour 3 kann daraus eine längere Tagestour oder Zweitagestour gemacht werden.

Start/Ziel: Wanderparkplatz, Waldweg, 25551 Lockstedt, GPS N 54°00.588' E 009°41.057'

6,5 km

1 Std. 30 Min.

82 m/82 m

26-74 m

weiße 1 im blauen Kreis, weiße 2 im gelben Kreis, Reitwegschilder, Übersichtskarte am Parkplatz, gut markiert

Für schleswig-holsteinische Verhältnisse erwartet Sie ein lang gezogener An- und Abstieg zwischen Lockstedt und dem Plessenholz. Die Tour verteilt sich fast gleichmäßig auf Feld- und Waldwegen.

Restaurant Hotelpension Zur Erholung (km 6)

mehrere Bänke unterwegs, Rastplatz beim Spielplatz (km 1,2)

WC Restaurant Hotelpension Zur Erholung (km 6)

Försterei Schierenwald am Parkplatzende, Wildbretverkauf, ☞ Tour 3

Spielplatz in Lockstedt (km 1,2); kurzes Stück Straße mit wenig Verkehr ohne Gehweg, zweimal kreuzen Sie die stark befahrene L121 in Lockstedt, ☺ die Straßenquerung kann vermieden werden, wenn Sie gleich vom Restaurant Zur Erholung starten, zunächst der Dorfstraße nach Süden folgen und beim Unterstand wieder auf die beschriebene Route einbiegen. Somit kürzen Sie die Tour dazu um 1,4 km ab.

Meistens gehen Sie auf Betonplattenwegen und Asphaltstraßen. Im Plessenholz sind größere Stücke des Waldweges recht matschig und können stark zerfurcht sein und bereiten Buggys dann erhebliche Probleme.

Mülleimer in Lockstedt (km 1,2 und 1,3), Auslaufmöglichkeit auf den Feldwegen zum Plessenholz hinauf und hinunter, kein Wasser, kurze Stücke Asphaltstraße

P Start/Ziel, alternativ können Sie vom Parkplatz am Restaurant Hotelpension Zur Erholung (☞ Tour 4), GPS N 54°00.443' E 009°41.226', starten.

☞ Tour 3

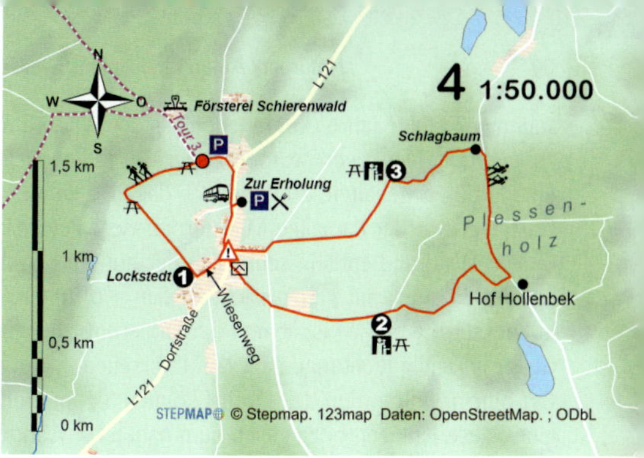

Vom P **Wanderparkplatz** folgen Sie bei der Bank dem Betonplattenweg mit der 2 den Knick entlang. Ein wenig später wendet der Weg sich nach Süden hinab nach **Lockstedt ❶** (km 1,1). Dort setzen sich die Route 2 und 3 nach rechts ab, Sie müssen hier unmarkiert nach links weiter. Die Straße Wiesenweg führt am Spielplatz mit Rastplatz vorbei zur 200 m entfernten Dorfstraße.

Achtung beim Queren. Die L121 ist eine wichtige Verbindung zwischen der Bundesstraße 430 und 206 und stark befahren.

Ein paar Schritte nach rechts biegen Sie auf der anderen Straßenseite beim Unterstand in den Kellinghusener Weg ein. Ausgeschildert ist auch „Reitweg". Am Ortsrand bleiben Sie auf der Straße aufwärts Richtung Oeschebüttel. Leider sind die nächsten 190 m ohne Gehweg, aber es herrscht nur wenig Verkehr. Weiter hinauf erspähen Sie an einer Kreuzung die Zeichen der Route 1. Erneut leitet Sie ein Betonplattenweg am Knick entlang.

Oben am Waldrand können Sie eine fantastische **Aussicht ❷** (km 2,4) bei der Bank genießen. Zu Ihren Füßen breitet sich hinter Lockstedt der Schierenwald (☞ Tour 3) aus. So weit das Auge reicht, gehörte das Gebiet nordwestlich von Ihnen zum Truppenübungsplatz Lockstedter Lager (☞ Tour 2). Doch auch schon während des Dreißigjährigen Krieges diente Lockstedt als Ausgangslager für die kaiserlichen Truppen unter Wallenstein bei der Belagerung Breitenburgs gegen den Dänenkönig Christian IV.

Die Route 1 (Schild „Privatweg" ignorieren) schlängelt sich auf dem stark von der Forstwirtschaft genutzten Weg durch das **Plessenholz**. Am T-Kreuz (km 3,3) liegt rechter Hand der **Hof Hollenbek** malerisch auf einer Lichtung von zwei Seen umgeben. Sie gehen hier nach Norden und die markierte Strecke verlässt den Plattenweg dann bei der Kuhweide. Hinter dem **Schlagbaum** (km 4) wird der Waldweg merklich schlechter. Ob die Schlammkuhlen von Wildschweinen stammen? Einige Jahre drohte jedenfalls der Wildschweinbestand außer Kontrolle zu geraten. Deswegen wurden revierübergreifende Drückjagden im Großraum um Fitzbek abgehalten, zu dem auch das Plessenholz gehört. Der prominenteste Gastjäger war der damalige Ministerpräsident Peter Harry Carstensen.

Am Waldrand entlang senkt sich der nun gute Waldweg langsam ab und tritt bei der Bank mit **Aussicht** ❸ (km 4,6) unter den Bäumen hervor. Unten in **Lockstedt** (km 5,5) ist keine Markierung zu sehen. Dafür sind gleich 60 m weiter links alle Richtungen mit der 1 versehen. Sie gehen hier nach rechts in den Ort hinein. Im Norden des Dorfes können Sie im **Dorfkrug Zur Erholung** (km 6) eine Pause einlegen oder gleich zum nahen **P** **Wanderparkplatz** durchmarschieren, wobei die L121 noch einmal gequert werden muss, bevor es links zum Ausgangspunkt geht.

Restaurant Hotelpension Zur Erholung, Dorfstraße 24, 25551 Lockstedt, ☎ 048 77/202, 01 72/415 47 99, FAX 048 77/213, stahl-lockstedt@freenet.de, www.zur-erholung-lockstedt.de, Mo, Mi, Do u. Fr 10:00 bis 14:00 u. 17:30 bis 21:00, Di u. Sa 10:00 bis 14:00, So geschlossen, holsteinische Küche zu guten Preisen, Spezialität ist Wild frisch aus der Region, Kinderstuhl ja, Wickeltisch nein

Vom Plessenholz ergibt sich ein malerischer Blick hinab nach Lockstedt

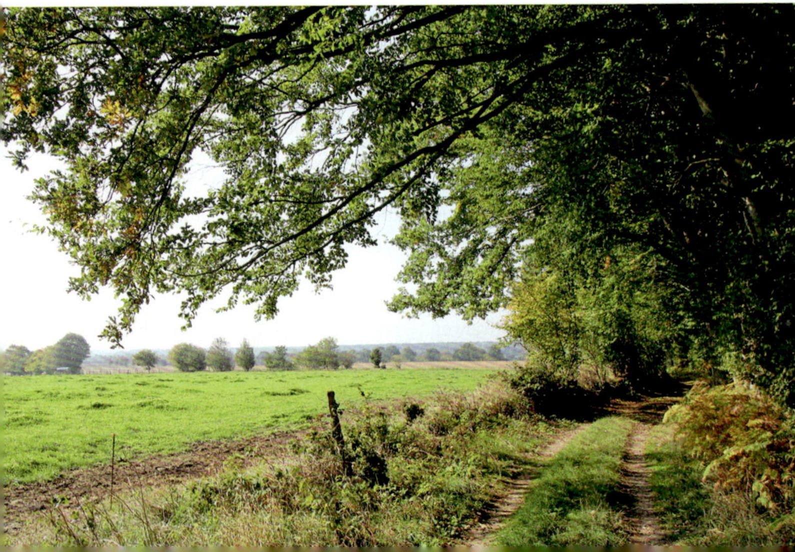

5 Vom Glasberg hinab zur Stör

Tour für Angelbegeisterte und Fans von Wiesenauen

Auf der abwechslungsreichen Tour wandern Sie von der Hohen Geest auf den flachen Sander der niederen Geest. Über den Glasberg geht es hinab durch die traumhaften Wiesenauen der Stör und Bünzau. Klare, dunkle Fischteiche, märchenhafter Wald, verwunschene Moore, seltene Arnikawiesen, vom Biber gefällte Bäume und fantastische Flusssteilufer sorgen für immer neue Naturerlebnisse. Ein besonderer Appetithappen ist der geräucherte Fisch aus der hiesigen Fischzucht.

Start/Ziel: Wanderparkplatz Glasberg, Bargfelder Weg, 24616 Sarlhusen, GPS N 54°02.391' E 009°46.807'

16,8 km

4 Std. 15 Min.

123 m/123 m

6-64 m

weiße 1 in blauem Kreis, blaue 2 in rotem Kreis, gelbe 3 in blauem Kreis, rote 4 in weißem Kreis, grün-weiße Radwegschilder, gelbe Pfeile des Naturparkweges NPW, gut ausgeschildert, aber Markierung wechselt öfters, keine Übersichtskarte

Die gemütliche Wanderung durch die Flusstäler der Stör und Bünzau vollzieht sich vornehmlich auf Feldwegen aus Betonplatten. Angenehme Schattenpausen erleichtern an sonnigen Tagen die Runde über den bewaldeten Glasberg und die dicht bewachsenen Uferpfade.

keine

mehrere Bänke bis km 3,6, dann wieder ab km 10,4, Rastplatz Glasberg (km 0,8)

Fischzucht Reese (km 2 und 15,1), Verkauf von frischem und geräuchertem Fisch

Ponys können gestreichelt werden, es gibt Kinder- bzw. Familienangeln bei der Fischzucht Reese; Vorsicht bei den hohen Ufern der Fischteiche und Steilufer Bünzau, auf den Zufahrtswegen der Fischzucht muss mit ein wenig Verkehr gerechnet werden (kein Gehweg).

Die Waldwege oben auf dem Glasberg sind in der Regel von den Forstfahrzeugen stark beschädigt. Die ersten 500 m des schmalen Fußpfades entlang der Stör sind für Buggys nicht geeignet. Dadurch entfällt die Schleife entlang dieses Flusses, aber ein kürzere Alternativstrecke hin und zurück entlang des Steilufers der Bünzau ist möglich. Der Uferpfad entlang der Bünzau ist allerdings streckenweise sehr wurzelig. Insgesamt verringert sich dadurch die Tour auf 12 km.

keine Mülleimer, größere Auslaufmöglichkeiten auf den Feldwegen, bei den Fischteichen (km 3,5) und der Bünzau (km 5,2, 11,7 und 13,2) Trinkwassermöglichkeit, dennoch für längere Strecken lieber Wasservorrat mitnehmen, 450 m Asphaltstraße bei der Fischzucht, zwei zu querende Holzbrücken und ein Holzsteg, pfotenfreundliche Tour

P am Start/Ziel

Anfahrt nur mit Auto möglich, keine öffentlichen Verkehrsmittel zum Start/Ziel

Beim oberen Ende des P **Wanderparkplatzes** suchen Sie vergeblich eine Markierung. Dafür machen gleich zwei Tafeln mit sinnigen Sprüchen am Anfang der Wanderung auf die besondere Schutzbedürftigkeit des Waldes aufmerksam. Die langsam ansteigende Forststraße entlang des Waldrandes wird flankiert von knorrigen Eichen. Nach 320 m biegen Sie vor der Sackgasse nach rechts hoch ab in den Wald, der hauptsächlich von Nadelhölzern dominiert wird.

Der Abzweig zum Glasberg (km 0,6) ist mit der 4 gekennzeichnet.

Leider zerwühlen die schweren Fahrzeuge der Forstwirtschaft immer wieder die Wege auf der Moräne. Mit Buggy ist das kein Vergnügen. Der dicht bewachsene Glasberg bietet eh keine Aussicht. Wer sich den Umweg ersparen möchte, kann gleich geradeaus auf der Forststraße zur Fischzucht abkürzen.

Das kleine Gipfelplateau des **Glasberges** ❶ (km 0,8) betreten Sie durch ein Holztor. Der höchste Punkt versteckt sich unspektakulär irgendwo im Gras der Lichtung. Zurück auf dem Waldweg wartet knapp 50 m weiter der einzige **Rastplatz** des Tages. Die Route 1 windet sich den Hang hinab und wendet sich nach Süden. An der Kreuzung mit dem Reitweg steht die nächste **Bank** (km 1,5). Dort treffen Sie wieder auf den Weg vom Parkplatz.

In östlicher Richtung orientieren Sie nun an den Routen 2 und 3. Die folgende **Bank** (km 1,9) neben dem **Gedenkstein des Wasserwerkes** ❷ hat ein lauschiges Plätzchen in einer Blätterlaube. In der Kurve kommt der NPW dazu. Auf der Asphaltstraße nach rechts aufwärts und dann nach links am Wald entlang umlaufen die Wanderrouten das Gelände der **Fischzucht Reese** im Talgrund.

Fischzucht Reese, Papiermühle 4, 24616 Sarlhusen, ☎ 043 24/881 08 40, FAX 043 24/881 08 45, reese@fischzucht-reese.de, www.fischzucht-reese.de, Angelpark ganzjährig tgl. 6:00 bis 20:00, Fischteiche zum Angeln für Kinder, spezielle Angebote für Familien

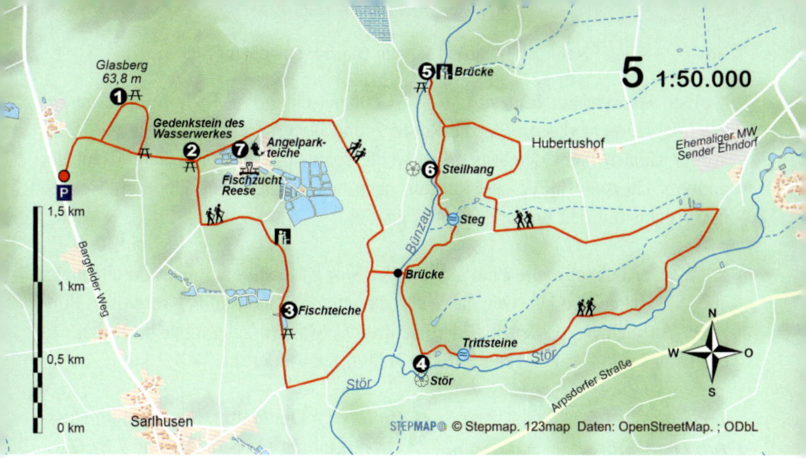

Verkauf von Frischfisch und geräucherter Ware, Mo bis Do 8:00 bis 16:00, Fr 8:00 bis 14:00, meistens nicht viel in der Auslage vorrätig, Sie sollten am besten zwei Tage im Voraus bestellen, da der Fisch möglichst frisch geschlachtet und zubereitet wird.

Fischzucht Reese

Ehemals wurde ab 1738 auf dem Gelände eine Papiermühle betrieben. Das Quellwasser der Wiesenauen eignete sich hervorragend zur Herstellung von hochwertigem Büttenpapier. 1864 vernichtete ein Feuer das Anwesen. Von der Mühle stammt noch der Straßenname Papiermühlenweg. Marx H. Reese erwarb das Grundstück zunächst für landwirtschaftliche Zwecke. 1885 begann er mit der Forellenzucht – erst einmal nur für den eigenen Topf. Heute lebt und arbeitet die Familie hier bereits in vierter Generation. Sie betreibt mittlerweile das größte Fischzucht– und Fischereiunternehmen in Schleswig-Holstein. Im traditionellen Altonaer Ofen wird mit eigener Rezeptur noch mit Holz und Spänen geräuchert – eine kulinarische Delikatesse. Zudem gehört die Fischzucht zum lokalen Netzwerk „Feinheimisch", einem Verbund für frische und qualitativ hochwertige Lebensmittel ohne Zusatzstoffe.

Vom Plattenweg am Waldrand erhalten Sie die beste **Aussicht** (km 3) über die ausgedehnte Teichanlage. Das märchenhafte Flair der kleineren **Fischteiche ❸** (km 3,5) lädt zum Fotografieren und Träumen ein. Im dunklen, klaren Wasser schwimmen große Prachtkerle. Sobald der Plattenweg in den Redder mündet, führt Sie die ✎ 2 in östlicher Richtung weiter. Neben der Asphaltstraße bleibt noch genug Platz für einen Grasstreifen zum Laufen.

Der Abzweig zur **Bünzau** (km 5) ist nur mit einem Radwegschild ausgezeichnet. Dort verlassen Sie die Route 2 und überqueren die **Brücke** (km 5,2). Weiter südlich fließt der Wasserlauf wenig später in die Stör. Während auf der anderen Uferseite NPW und Radweg nach links abdrehen, orientieren Sie sich nach rechts auf den unmarkierten Weg.

Der nur fußbreite Pfad entlang der Stör ist für Buggys nicht durchgängig, aber Sie sollten den Uferweg nach links entlang der landschaftlich reizvollen Bünzener Au nicht verpassen. Er ist stellenweise etwas wurzelig, aber befahrbar. An der weiter nördlich gelegenen Brücke kehren Sie wieder um. ⇆ 3,2 km

Am Fluss Stör

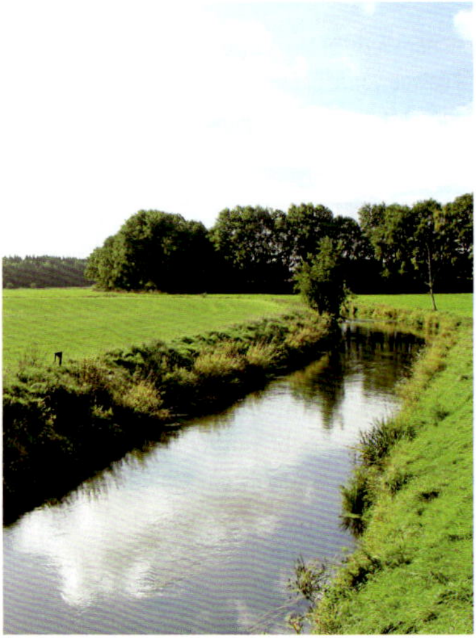

Der Plattenweg endet im Flusstal der **Stör** ❹ (km 5,8). Zwischen zwei Findlingen hindurch gelangen Sie auf den bezaubernden Uferpfad. Ein Bachbett kann bei Bedarf mit Trittsteinen überwunden werden. Hinter einem Durchlass aus Findlingen verbreitert sich der Weg und wandelt sich in einen Plattenweg.

Vom Gewässer selbst mitten im Tal ist zwischen den Bäumen hindurch nichts zu sehen. Hier im Oberlauf gleicht das Bett eher einem Rinnsal. Ihrem Namen wird die Stör – er bedeutet „großer Fluss" – erst viele Kilometer später hinter Kellinghusen außerhalb des Naturparks Aukrug gerecht. Ein verzweigtes Netz von Zuflüssen wie die Bünzau und Entwässerungsgräben speist den Fluss, auf dem sich dann der Schiffverkehr bis zur Elbe bewegt. Dem kurvenreichen Uferweg kehren Sie den Rücken zu, wenn links ein Radweg (km 8,4) in die weite Knicklandschaft einbiegt. An der Radwegverzweigung (km 10) richten Sie sich nach dem Ochsenschleichweg nach Innien/Bargfeld. Er lotst Sie am Hubertushof vorbei in den Wald zurück an die **Bünzau** (km 11,3).

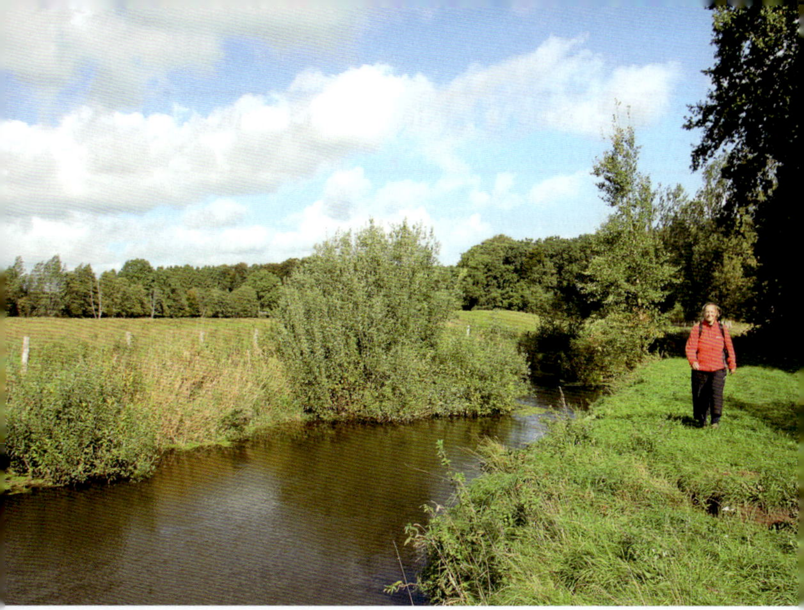

An der Bünzau

Nach rechts lohnt sich ein Abstecher zur 300 m entfernten **Brücke ❺**. Von der Bank können Sie in Ruhe die wunderbare Aussicht über den Bach genießen. Eine Infotafel informiert über den Einsatz von Heckrindern zum Naturschutz im Autal (☞ Tour 8).

Zurück am Abzweig passieren Sie den Durchlass in der Absperrung für Radler und Fußgänger. Der NPW schlängelt sich entlang der **Steilkante der Bünzener Au ❻** nach Süden. Der Ufersaum wird von einem urwüchsigen Wald aus Birken, Weiden und Schilf überwuchert. An dieser Stelle hat sich der Geestwasserlauf tief in die sanft abfallenden eiszeitlichen Sanderflächen im Westen eingeschnitten – bis zu 10 m. Ein **Steg** (km 12,7) über ein Rinnsal wurde aus Totholz gezimmert. Die Runde schließt sich mit der Querung der **Brücke über die Bünzau** (km 13,3). Zunächst in nördlicher Richtung bringen Sie der NPW und die Route 2 nun durch die Wiesenauen zurück und drehen sich zur **Fischzucht Reese** hin mit reizvollen Ausblicken über die **Angelparkteiche ❼** (km 15,4). Sie treffen erneut auf den **Gedenkstein der Wasserwerke ❷** (km 16). Ab da halten Sie sich geradeaus, queren auf dem Waldweg die Südflanke des Glasberges und biegen dann am westlichen Waldrand nach links zum nahen **P Wanderparkplatz** ab.

6 Vom Boxberg zu den Fischteichen bei Waldhütten

Tour für Naturfreunde und Familien

Die meistbesuchte Attraktion des Naturparks Aukrug ist unzweifelhaft der Boxberg. Die verschiedenen Erlebnispfade und familienfreundliche Infrastruktur haben Jung und Alt einiges zu bieten. Ruhig wird es dagegen wieder auf dem alten Handelsweg Lübsche Trade im Reich der märchenhaft anmutenden Fischteiche vom Waldgut Waldhütten. Die kleine Siedlung ist für ihre sehenswerten Holzhäuser bekannt.

↻ Start/Ziel: Wanderparkplatz, Am Boxberg, 24613 Aukrug, an der B430, GPS N 54°04.357' E 009°43.840'

➲ 9,6 km

⌛ 2 Std. 30 Min.

↑↓ 206 m/206 m

⇧ 35-77 m

Höhepunkt dieser Tour ist die Aussicht vom Gipfel des Boxberges

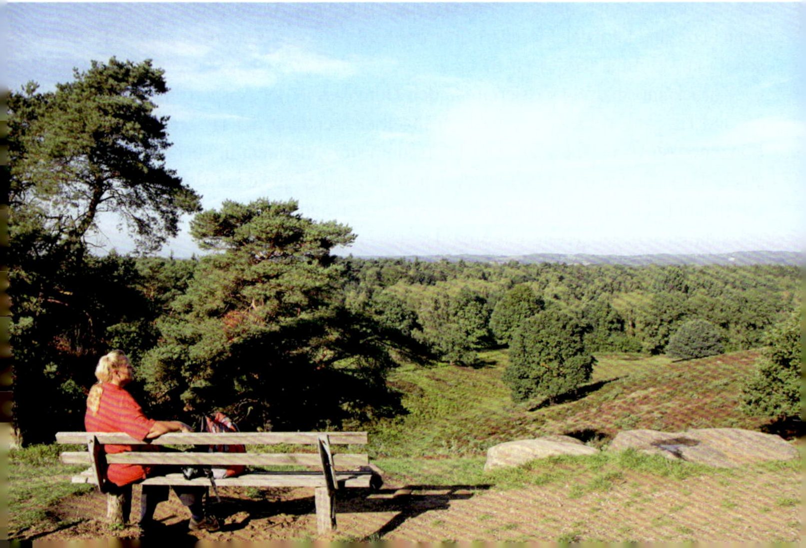

✎ Beige für Nordic-Walking-Pfad, grün für Walderlebnispfad, blau für Fitnesspfad, Holzschild mit Nr. 12, 13 und 17, Infotafeln, Übersichtskarten am Boxberg, schlecht markiert, öfters sind die Schilder erst nach der Verzweigung beim Umdrehen zu sehen, die Orientierung ist insbesondere im Wegegewirr auf dem Boxberg schwierig.

Im hügeligen Moränengelände zwischen Boxberg und Waldhütten geht es schon ein bisschen rauf und runter. Zumindest werden die Höhenunterschiede spürbar. Es ist eine ausgesprochene Waldrundtour und bestens für heiße Sommertage geeignet. Nur von der L121 bis zum Heidehaus verläuft die Wanderung unter dem Kronendach auf einem Betonplattenweg.

Café Am Boxberg am Start/Ziel

mehrere Bänke und Rastplätze im Bereich des Boxberges, sonst Rastplätze in Waldhütten an den Fischteichen (km 4,1), Bank unterwegs (km 6,22 und 7,2), Schutzhütte auf Gipfel (km 1,2 und 8,9)

Rund um den Boxberg sind Walderlebnispfad, Spielplatz und Fitnesspfad interessant für Kinder; zweimal gefährliche Kreuzung der B430, kaum befahrener Plattenweg zum Heidehaus, ☺ für entspannten Familienausflug machen Sie nur die kleine Rundtour rund um den erlebnisreichen Boxberg.

Baumstamm quer über dem Weg am Boxberg, kleine Treppe zur B430, kurzes Stück grasiger Damm bei den Fischteichen, 200 m schmaler Pfad in Waldhütten mit Rohrüberquerung, Damm und Pfad können aber umgegangen werden. Ansonsten ist die Tour problemlos.

kein Auslauf unterwegs, Trinkwassermöglichkeit entlang der Fischteiche für 600 m ab km 3,6 und km 5,2, Mülleimer am Spielplatz Boxberg und im Wald vor Heide (km 7,2), pfotenfreundlich

P Start/Ziel, alternativ können Sie vom Wanderparkplatz an der L121,
GPS N 54°03.234' E 009°45.290', oder dem Wanderparkplatz beim Heidehaus,
GPS N 54°04.021' E 009°44.933', starten.

Linie 785 (Infos ☞ Tour 7), Haltestelle „Aukrug Bucken", 700 m in östliche Richtung auf Fußweg entlang der B430 bis zum Start/Ziel

Am **P Wanderparkplatz** am Boxberg beginnt die ✎ Wanderroute 12 und der Nordic-Walking-Pfad rechts vom Teich. Von seinem Hochsitz oberhalb des Gewässers schaut das **Café Am Boxberg** über sein „Reich" am Fuße des Moränenhügels.

Café Restaurant Am Boxberg, Am Boxberg, 24613 Aukrug, ☎ 048 73/625, info@am-boxberg.de, www.am-boxberg.de, Mo bis So 11:00 bis 22:00, Kinderstuhl und Wickeltisch ja

Wenig später am Ende des Spielplatzes steigt das Gelände stark an. Kein Wunder, dass die Expressroute zum Gipfel im Winter bei Schnee sich in eine Rodelbahn verwandelt. Schlitten sausen dann in rasanter Fahrt den Hang hinab. Den Anfang des ❀ **Wald- und Erlebnispfades** markiert rechter Hand eine große Infotafel (km 0,3). Dort setzt sich auch der beige Nordic-Walking-Pfad fort. Er schwingt sich um die mit Heide bewachsenen Bergflanken herum. Käfer, bunte Schmetterlinge und zahlreiche Vogelarten tummeln sich zwischen den immergrünen Zwergsträuchern.

Nach den unzähligen, taunassen Netzen zu urteilen, die im Schein der Morgensonne glitzern, dürfte die Spinne der häufigste Bewohner sein. Die ✎ beigen Zeichen nehmen Sie dann im Wald beim Abzweig des blauen Fitnesspfades weiter den Boxberg hinauf. Kiefern und Buchen prägen das Grün. Die Buche gab der Moränenkuppe ihren Namen. **Booksberg** ist das altdeutsche Wort für „Buchenberg". Der Bestand wurde durch die massive Abholzung vor dem 20. Jh. kräftig reduziert.

☺ ↳ Wer schon Gipfelluft schnuppern möchte, kann einen 60 m langen Abstecher nach links zum Aussichtspunkt machen.

Am T-Kreuz wenden Sie sich nach rechts. Unmarkierte Abzweige werden nicht beachtet. Durch das Wegegewirr schlängelt sich der beige markierte Weg bis zu einem großen **Wegekreuz** (km 1,5) nahe der Infotafel über die Lübsche Trade langsam wieder hinab. Dort spaltet sich der Nordic-Walking-Pfad in zwei Arme auf. Zusammen mit dem ✎ blauen Fitnesspfad geht es nach rechts weiter. Einen Steinwurf entfernt liegt kurz nach einer Gabelung ein Baumstamm quer über dem Weg. Nach 120 m zweigt der schwierigere Fitnesspfad „blau plus" nach rechts ab. Geradeaus dauert es nicht lange bis die beige und blaue Route sich nach links absetzen, beide werden ignoriert. Geradeaus (✎ unmarkiert) ist schon der Verkehrslärm der **B430** (km 1,9) zu hören. Eine kurze Treppe überwindet die letzten Meter hinab zur viel befahrenen Straße.

✋ Die Querung einer der Hauptverkehrswege in Schleswig-Holstein ist nicht ganz unriskant.

Auf der anderen Straßenseite macht ein ⌘ **Gedenkstein auf den alten Handelsweg Lübsche Trade ❶** zwischen Lübeck und Tondern aufmerksam. Dieser Weg folgt zunächst der Route 17 (✎ Zeichen fehlt hier). Der Trubel des Boxberges bleibt zurück. Auf dem sanft abfallenden Weg hinab durch den urwüchsigen Wald wird gefühlt die Uhr zurückgedreht.

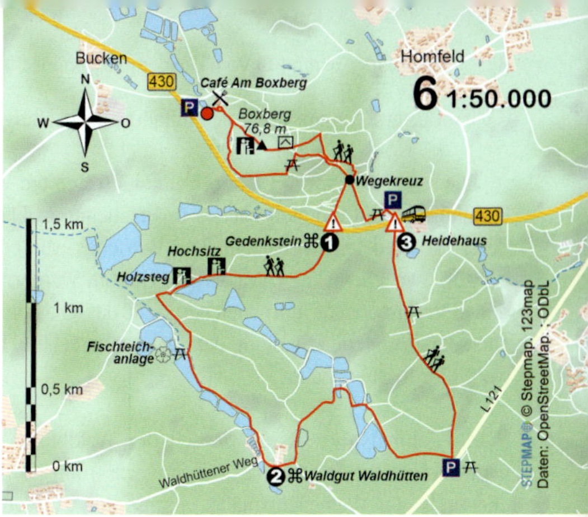

Gut vorstellbar, wie sich ehemals die Handelskarren zwischen den Erdwällen hinauf mühten. Damals im Mittelalter war der Weg jedoch nicht so gut befestigt.

Im Mischwald wachsen hauptsächlich Eiche und Buche. Ahorn, Erle, Esche und Pappeln haben sich daneben ein Plätzchen ergattert. Der Nadelwald besteht aus Fichte und Tanne sowie in kleinen Teilen aus Douglasie, Lärche und Kiefer. Bei einem **Hochsitz** (km 2,7) linker Hand weichen die Stämme auseinander. Der erste **Fischteich** wird sichtbar. Das wildromantische Gewässer mit Schilfgürtel, Teichrosen und kleinen Inselchen ist einer der 42 Fischteiche, die sich im Wald weit verstreuen. Sie werden von den zahlreichen eigenen Quellen des Gebietes gespeist.

☺ 100 m weiter kürzen Sie den Weg über den grasigen Teichdamm ab. Ein **Holzsteg** eignet sich wundervoll als Aussichts- und Pausenplatz zugleich. Am Ende des Dammes sind es nur ein paar Schritte nach rechts zum Schlagbaum und dem Wanderweg.

Nahebei wendet sich die Wanderroute Nr. 17 von der Lübschen Trade (km 3,2) weg und führt nach Südosten. Der nächste Abzweig (km 3,5) nach rechts ist leider unmarkiert. Indessen ist das Wasser der umfangreichen **Fischteichanlage** (km 3,6) zwischen den Bäumen zu erspähen. Umrahmt von Schilf und Rohrkolben verbreiten die Teiche eine friedliche Atmosphäre. Libellen schwirren über dem Wasser. Frösche quaken zwischen den Seerosen. Zahlreiche Wasservögel finden sich dort an. Selbst Seeadler, der seltene Schwarzstorch und Fischreiher gehen hier auf Futtersuche. Eine als Fischer verkleidete Vogelscheuche soll die Fischräuber abhalten. In den Tiefen schwimmen Forelle, Karpfen, Graskarpfen, Zander und Schlei.

Entlang des linksseitigen Ufers spazieren Sie zur Auffahrt des Jagdhauses. Verpassen Sie unterhalb des rot-weißen Gebäudes am Wäldchen nicht, nach rechts auf den Fußpfad durch den Talgrund zu wechseln. Ein paar Rohrleitungen bilden den letzten Stolperstein bis zur Straße **Waldhüttener Weg** (km 4,5).

☺ Buggys können über die Auffahrt zur Straße geschoben werden.

Die ✎ Zeichen der Wanderroute 17 treten am Wegesrand vom ⌘ **Waldgut Waldhütten** ❷ (Infotafel) wieder in Erscheinung. Die alten Wirtschaftsgebäude des forst- und teichwirtschaftlichen Betriebes wurden aus Feldsteinen und Holz gebaut. Die ehemaligen Waldarbeiterhütten wurden in Ferienhäuser umgewandelt. Der historische Kornspeicher stellt das Glanzlicht der wie aus einem Märchen entsprungenen Siedlung dar. Dementsprechend heißt eines der Ferienhäuser wohl Dornröschenhaus.

☺ Lohnenswert ist ein Besuch der Waldhütten zur Weihnachtszeit. Dann wird immer (wegen Corona noch ungewiss) am dritten und vierten Adventswochenende ein Weihnachtsmarkt veranstaltet. Auf dem Gelände des Waldgutes können in den weihnachtlichen Buden neben den eigenen Weihnachtsbäumen auch frische geräucherte Frische aus den Teichen, Glühwein und Bratwurst gekauft und genossen werden. Ein Lagerfeuer vertreibt die Kälte. Kinder können auf den Norwegerpferden reiten.

Erneut versteckt sich die 17. Sie ist nur nach dem Richtungswechsel beim Umdrehen zu erblicken. Sobald die Straße hinter der Siedlung nach rechts abknickt, marschieren Sie nach links in den Wald. Links am Bolzplatz vorbei bleiben Sie auf dem breiten, kurvigen Waldweg bis zu den nächsten **Fischteichen** (km 5,2). Gleich nach dem ersten Teich biegen Sie zwischen den Gewässern hindurch nach rechts ab. Vor dem nächsten Teich halten Sie sich erneut rechts. Am Ende dieses Teiches führt der Weg zwischen den Weihern nach links hindurch. Geradeaus am Waldrand entscheiden Sie sich für die Kurve nach rechts. Nun können Sie alle Abzweige bis zum ⛩ 🅿 **Wanderparkplatz** an der **L121** (km 6,2) missachten. In nördlicher Richtung endet der Betonplattenweg (mit ✎ 17 ausgeschildert) beim **Heidehaus** ❸ (km 7,7) an der **B430**. Unterwegs treffen Sie auf die ⛩ Bank (km 7,2) mit Mülleimer. Außerdem sausen hier gerne Radfahrer lang. Die ehemalige Einkehr Heidehaus Aukrug hat seit 01.04.2021 wegen Geschäftsaufgabe leider geschlossen.

✋ Die zweite Querung der verkehrsreichen B430 steht an.

Beim 🅿 ⛩ **Wanderparkplatz** mit Infotafel trennen Sie sich von der Route 17. Mit der ✎ 13, dem beige markierten Weg und dem blauen Fitnesspfad laufen Sie in den Wald am Boxberg.

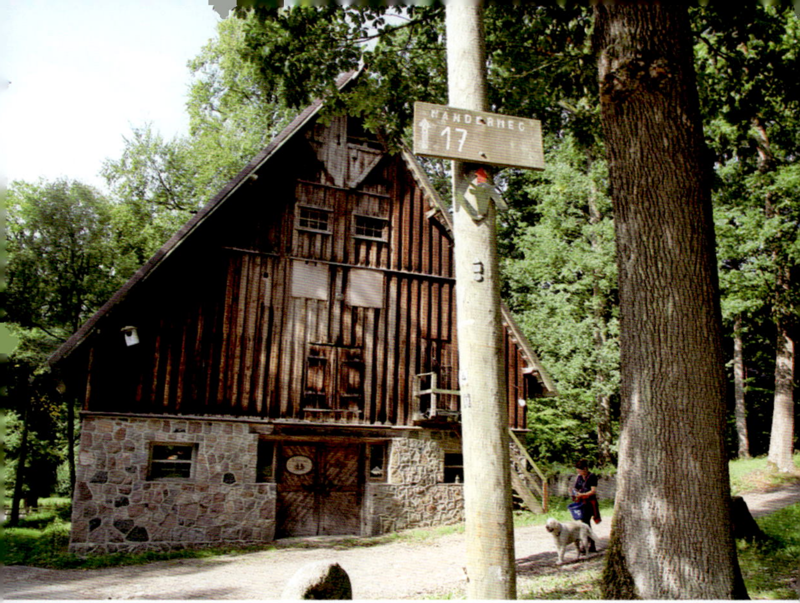

Alte Scheune in Waldhütten

Am großen **Wegekreuz** (km 8,2) vom Hinweg verspricht der Pfad neben der Infotafel neue Eindrücke. 100 m weiter steigen Sie nach links weiter hoch bis zur nächsten Infotafel (Klein Paris). Dort geht es nach rechts weiter. Schließlich überwinden Sie an der nächsten Kreuzung mit der 12 das letzte Stück nach links hinauf zum Gipfel. Mehrere Infotafeln und die **Schutzhütte** bzw. der Infopavillon (km 8,9) finden sich dort. Den höchsten Punkt des **Boxberges** (km 9,1) kennzeichnet ein mächtiger Findling. Mit 76,8 m ist die eiszeitliche Moränenkuppe einer der höchsten „Berge" Schleswig-Holsteins. Die Itzespitze dagegen trägt mit 83,4 m den Titel der höchsten Erhebung des Naturparks. Sie liegt etwa 1 km südlich von den Waldhütten an der L121.

Die Aussicht ist grandios. Weit gleitet der Blick von den Heidehängen über die endlose, hügelige Waldlandschaft bis nach Hohenwestedt im Westen. Noch vor 200 Jahren war alles dicht bewaldet.

Von seiner „Krone" aus Findlingen bringt Sie der Expressweg in Nullkommanix hinab zum Ausgang der Tour und dem **Wanderparkplatz**.

7 Im Tönsheider Wald

Tour für Naturinteressierte und Familien

Das viel besuchte Naturschutzgebiet Tönsheider Wald rahmt das Gelände der Fachklinik Aukrug halbkreisförmig ein. Ein dichtes Wegenetz mit etlichen Informationsschildern ermöglicht einen ausgezeichneten Einblick in das aufgeforstete Heidegebiet mit seinem naturnahen Feucht-, Laub-, Nadel- und Heidewald. Dieser gewährt vielen seltenen Tier- und Pflanzenarten Unterschlupf.

Start/Ziel: Parkplatz Klinik Aukrug, Tönsheide 10, 24613 Aukrug, an der L121, GPS N 54°03.622' E 009°45.814'

4,8 km

1 Std. 15 Min.

109 m/109 m

48-72 m

Gelbe Schilder mit schwarzen Zahlen, Routen 1 bis 8 im Wegegewirr, Infotafeln, Übersichtskarte am Parkplatz, schlecht markiert, öfters sind die Schilder erst nach der Verzweigung beim Umdrehen zu sehen, die Orientierung ist nicht immer einfach.

Teiche – Stillgewässer als Lebensraum

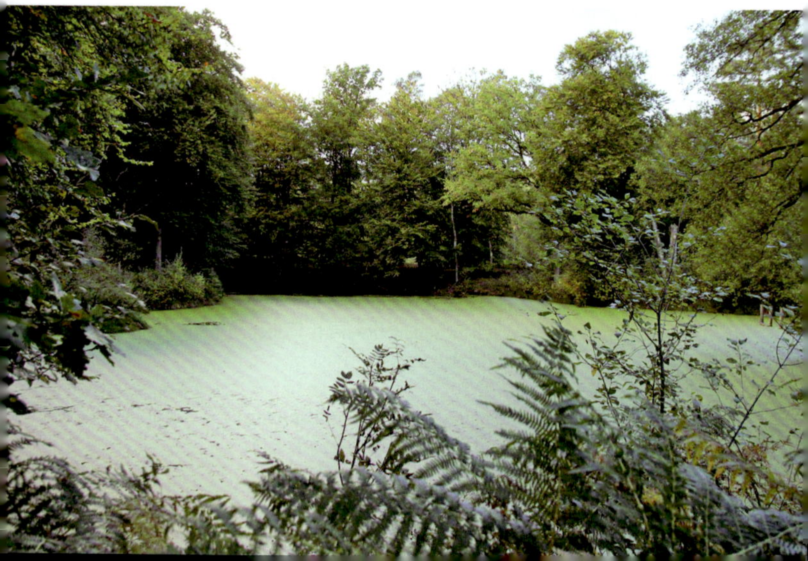

Im leichten Auf und Ab werden die Wald- und Parkwege rund um das Klinikgelände in der Tönsheide erforscht.

Café Tönsheide (km 0,4 und 4,4)

reichlich Bänke und Mülleimer unterwegs

WC Klinik Aukrug beim Café Tönsheide

Sie können Blaubeeren pflücken und Bucheckern sammeln, es gibt einen Baumlehrpfad, einen Naturlehrpfad und Minigolf im Kurpark; im Klinikbereich etwas den Verkehr beachten, Gehwege sind vorhanden.

problemlos für Buggys, nur wenige Meter auf Graswegen

kein Auslauf und Trinkwasser, dafür massenhaft Mülleimer, größtenteils pfotenfreundliche Wege, kleine Abschnitte auf Asphalt

P Start/Ziel

Linie 785 Itzehoe – Nortorf, Haltestelle „Aukrug Kurklinik", direkt an der Einfahrt zur Klinik, mehrmals tgl., mit Umstieg in Nortorf in Linie 780 bis Kiel, alternativ Anschluss in Nortorf mit Zug RE 7 stündlich nach Neumünster, Rendsburg, Hamburg

Sie beginnen die Tour am P **Parkplatz** und spazieren 150 m die Zufahrtsstraße zur **Kurklinik Aukrug** hoch. Oben an der Gabelung folgen Sie an der Schranke vorbei der Ausschilderung „Café Tönsheide" und Nummer 6 und 8. Kurz vor dem Wendehammer unten schwingt sich Ihr unmarkierter Fußweg nach rechts den steilen Hang entlang. Ein Weg links hinab zum Café Tönsheide ermöglicht kurz danach eine Stärkung oder Sie gehen gleich in den Wald.

Café Tönsheide (gehört zum Klinikbetrieb), Mo bis Fr 8:00 bis 13:00 u. 14:00 bis 17:30, Sa 11:00 bis 13:00 und 13:30 bis 17:30, So 14:00 bis 17:30, kleines Angebot an Speisen und Getränken, Wickeltisch und Kinderstuhl ja

Aber auch ein romantisches Plätzchen mit Bank unter einer prächtigen Buche lädt zum Verweilen ein. Sie halten sich erst einmal stets geradeaus, queren eine grasige **Lichtung** und geraten an ein **T-Kreuz** (km 0,7).

Nach rechts ist die Route 8 ausgewiesen. Sie wandern hier aber nach links weiter auf den Weg durch die baumbestandene Heide. Einige mächtige Birken, Tannen und Eichen sind zu sehen. Schließlich wächst rechts ein dichter Birkenwald, während links ein Kiefernwäldchen am Wegesrand steht. Den Boden teilen sich Heidesträucher, Farne und Blaubeerbüsche. Nach einer Kurve sind an der Gabelung (km 1,2) zurück die Markierungen 7 und 8 zu sehen. Sie setzen Ihren Weg nach links durch das hügelige Gelände fort.

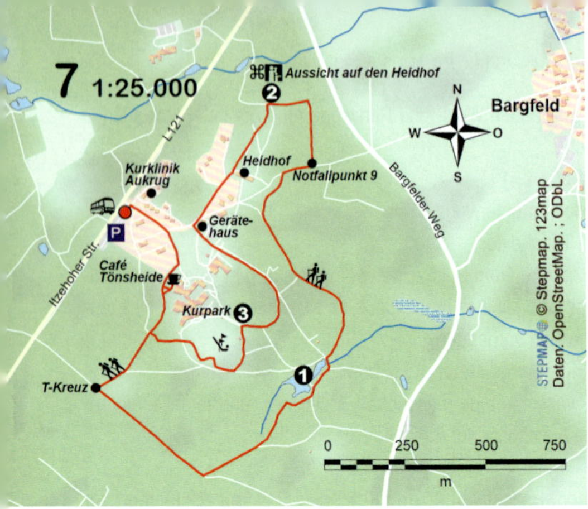

An der folgenden Gabelung (km 1,3) trennt sich Ihre ✎ Route 7 nach links ab. Ein trockenes Bachbett linker Hand begleitet Sie. Umgestürzte Baumstämme und viele dekorative Baumwurzeln bedecken den Waldboden. Bald nachdem ein kleiner **See** (km 1,6) vor Ihnen aufgetaucht ist, wählen Sie den Weg nach links am Gewässer entlang. Die 7 führt rechts um die zwei **Teiche** mit Entengrütze ❶ (km 1,6) herum. An der nächsten Kreuzung weist die ✎ 5 nach links. Sie wenden sich allerdings nach rechts in den Buchenwald. Im Herbst bedeckt ein Teppich aus Bucheckern die Erde. Ein Abzweig mit der Markierung 4 nach links bei der Infotafel **Tönsheider Wald** (km 2,1) wird ignoriert.

In Sichtweite der Klinikgebäude biegen Sie an der Gabelung (km 2,3) nach rechts auf den schmalen Pfad ab. Ein großer Baum fordert Ihren sportlichen Einsatz beim Überklettern oder Sie laufen drum herum. An der Straße **Tönsheide** (km 2,4) müssen Sie nach rechts weiter. Beim **Notfallpunkt 9** (km 2,5) zweigt ein Grasweg durch lichten Mischwald nach links ab. Der **Notfallpunkt 10** (km 2,8) wurde oberhalb einer lang gezogenen Lichtung errichtet, über die hinweg sich eine schöne **⌘ Aussicht auf den Heidhof ❷**, eines der ältesten Klinikbauten, öffnet.

Klinik Aukrug

Schon 1925 konnten sich in der Umgebung Tuberkulosekranke im Erholungsheim Tannenfelde pflegen lassen. Weil die Einrichtung bald aus allen Nähten platzte, erfolgte der Spatenstich für eine Klinik. Die Einweihung fand im Juni 1931 statt. Das Wahrzeichen, der Heidhof, wurde 1935 als Nachfürsorgeheim eingerichtet. Seine strenge Fassade wurde mit Skulpturen des Kunsthandwerkers Alwin Blaue gestaltet. Eine pittoreske Tür schmückt den Eingang. Im Zweiten Weltkrieg wurde das Krankenhaus als Reservelazarett genutzt. Heutzutage werden in der Fachklinik Aukrug Erkrankungen der Atemwege, des Bewegungsapparates und der Psychosomatik behandelt.

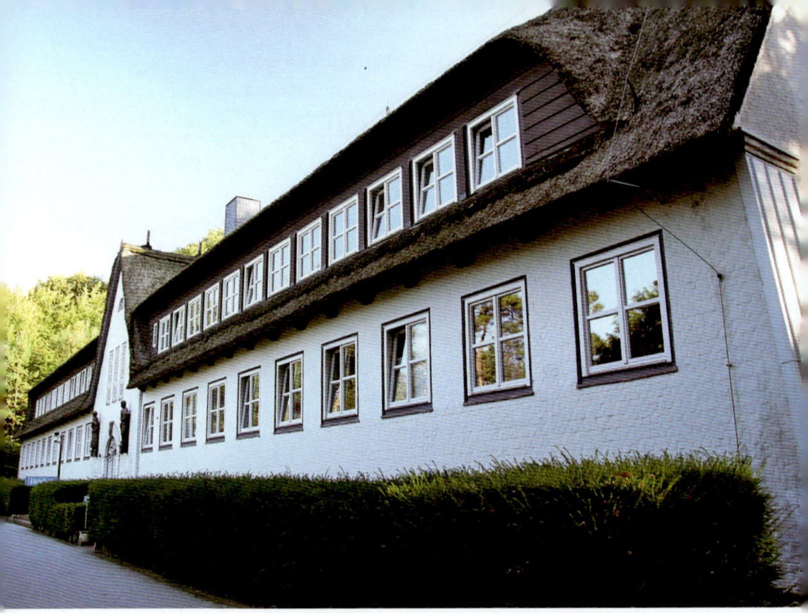

Die historischen Gebäude der Fachklinik Aukrug

Sie nehmen den Weg, der rechts am ersten Haus, dem Heidhof, entlangführt. In der Sonne blendet die strahlend weiße Fassade des beeindruckenden, reetgedeckten Gebäudes. Die Zufahrtsstraße endet oben am **Gerätehaus** (km 3,3). Nach links bildet die Straße einen weiten Bogen um das Klinikgelände mit ✎ den Routen 2, 3 und 4. Auf einem ↳ ❀ **Baumlehrpfad** (km 3,5) kann die Wanderung unterbrochen und die heimische Flora erkundet werden. Sobald der Wald dem **Kurpark ❸** (km 3,8) weicht, betreten Sie nach links die Ruheoase mit Kneippbecken, Minigolf und reihenweise Liegestühlen. Ein Sandweg führt im Kreis drum herum. Am anderen Ende steigen die ✎ Routen 1 und 3 den Hang hinauf. Oben an der **Kreuzung** (km 4,3) treffen Sie auf den Hangweg durch den Wald vom Anfang der Tour und folgen ihm zurück. Nahebei befindet sich auch die lange Treppe hinab zum **Café Tönsheide** (km 4,4).

☺ Buggyfahrer bleiben auf dem Weg zur Straße, wenn Sie einkehren wollen. Unten am Wendehammer gibt es einen barrierefreien Zugang zum Café.

Vom Café kehren Sie zurück zum **Parkplatz P** auf gleichem Weg wie zu Anfang der Tour.

8 Entlang der Bünzener Au

Tour für Natur- und Geschichtsfreunde

Diese Tour hält gleich zwei Aushängeschilder des Naturparks Aukrug bereit. Einmal die historische Wassermühle in Bünzen – wer auf der A7 an der Ausfahrt Neumünster-Mitte vorbeifährt, sieht ihre pittoreske Silhouette auf der touristischen Hinweistafel für den Naturpark. Das zweite Aushängeschild ist die Bünzener Au. Sie zeigt sich auf diesem Abschnitt von ihrer schönsten Seite. Zu ihrem Erhalt wird aktiver Naturschutz betrieben. Beispielhaft für die nachhaltige Pflege der Wiesenau werden Heckrinder – dem Auerochsen ähnliche Zuchtrinder – eingesetzt. Und in Bünzen und Bargfeld erfahren Sie viel über das Dorfleben heute und damals.

Start/Ziel: Wanderparkplatz Aukrug, Dat Ole Hus, 24613 Aukrug, GPS N 54°04.296' E 009°47.911'

9 km

2 Std. 15 Min.

41 m/41 m

14-22 m

Holzschilder mit Nummern (1, 2 und 3), gelbe Pfeile des Naturparkwanderweges (NPW), grün-weiße Radwegschilder, kurzes Stück unmarkiert, aber eindeutig, gut zu finden, Infotafeln, keine Übersichtskarte

Die waldarme, flache Bünzener Au ist an heißen Sommertagen nicht zu empfehlen. Der größere Teil der Tour wird auf den Straßen bzw. Gehwegen von Bargfeld und Bünzen absolviert. Allein die Strecke an der Bünzau und im Bargfelder Moor offeriert fußfreundliche Feld- und Wiesenwege.

Dat Ole Hus am Start/Ziel

regelmäßig Bänke unterwegs, Rastplatz in Bargfeld bei der Feuerwehr (km 6,5), in Bünzen auf dem Sportplatz (km 8,6)

in Bünzen Hofladen am Start/Ziel und Laden 1 km abseits der Tour am Ortsrand

Freibad in Bünzen (km 8,3)

Einen Spielplatz gibt es in Bünzen und Bargfeld, Sie können im Freibad in Bünzen baden und im Redder Brombeeren pflücken; hinter Bünzen Querung der gefährlichen B430, vor Bargfeld 1 km ohne Gehweg auf wenig befahrener Straße, ab Bargfeld bis Wanderparkplatz in Bünzen Gehweg, in Bargfeld Unterführung der B430, ab da mehr Verkehr bis Tourende, zweimal Querung der Rinderwiese.

kurze Treppe bei Querung der zweiten Rinderwiese, entlang der Bünzau auf Grasweg, ansonsten problemlos

Baden und trinken können Hunde am Mühlenteich in Bünzen nahe dem Start/Ziel, Hundebadestelle an der Bünzau (km 1,9 und 2,1), für den Rest des Weges schadet etwas Trinkwasser nicht. Längerer Auslauf halbwegs möglich auf den Feldwegen rund ums Moor für 2,5 km. Keine Mülleimer. Die Hälfte der Strecke ist pfotenfreundlich.

P Start/Ziel, alternativ können Sie vom Wanderparkplatz an der Bünzau, Am Flugplatz, GPS N 54°03.981' E 009°48.525', starten.

Linie 758 Ortsbus Aukrug, Haltestelle „Aukrug Bünzener Au“, mehrmals tgl., 250 m zum Start/Ziel, vom Aukrug Bahnhof Anschluss an RE 63

RE 63 Büsum – Heide – Aukrug – Hohenwestedt – Neumünster, tgl. stündlich, Anschluss in Neumünster an Bus und Zug in alle Richtungen

Vom **Wanderparkplatz** P in **Bünzen** starten Sie mit dem NPW nach rechts durch das Dorf. Auf dem Weg zur ⌘ **Wassermühle** ❶ (km 0,3) schließen sich noch die Routen 3, 2 und 1 an. Das teilweise weiß getünchte Fachwerkhaus schmiegt sich im Schutze der Kastanien- und Pappelallee an den Mühlendamm. Um das Gebäude herum kann der Mühlendamm mit schöner Aussicht auf den Mühlenteich betreten werden. Ein Hinweisschild an der Hauswand erläutert ihre Bedeutung als königliche Mühle.

Die Bünzer Wassermühle

Die gut erhaltene Wassermühle stammt aus dem 16. Jh. Vor der Industrialisierung wurde zum Bau das Material verwendet, das es vor Ort gab. Holz für das Gerüst und das Fachwerk, Lehm für Wände und Fußböden, Stroh und Reet für die Bedachung. Nur einige wenige Teile aus Eisen wie Türangeln und die zumeist kleinen Glasfenster mussten vom Handel erstanden werden. Ab 1769 wurde die Mühle „modernisiert“ (☞ Tour 9, Bünzen und Dat Ole Hus). Die originale Inneneinrichtung mit Kegelrad, Stirnradgetriebe für zwei Gänge und eine Quetsche sind noch komplett intakt.

Der Weg nebenan gehörte im Mittelalter zu einem der wenigen überregionalen Handelswege in Schleswig-Holstein – der Lübschen Trade. Sie verband Lübeck mit Dithmarschen. Der Ausbau des Wegenetzes begann vor allem mit der Industrialisierung. Die erste gepflasterte Chaussee in Schleswig-Holstein ist die 1832 eröffnete Verbindung zwischen Altona und Kiel, heute überwiegend die B4. Die Pflasterung an diesem Ort ist also wesentlich jüngeren Datums.

Die Allee endet am benachbarten Hof. Die Markierungen fehlen auf dieser Seite. Quer über das Hofgelände gelangen Sie zur **B430** (km 0,6).

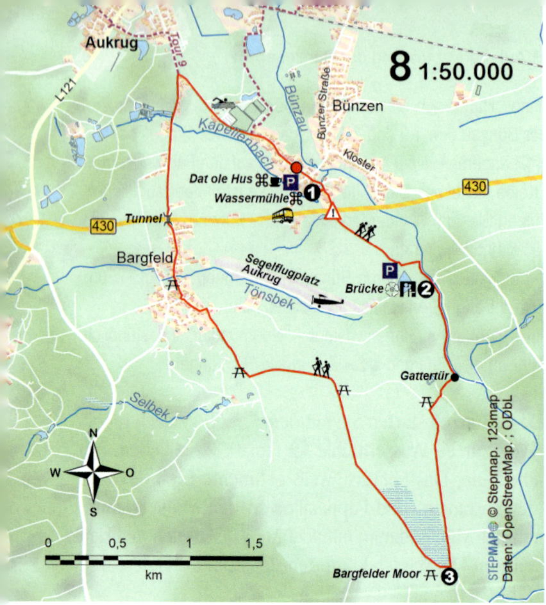

Die Überquerung der stark befahrenen B430 ist eine echte Herausforderung.

In Richtung Segelfluggelände kommen Sie zum P **Wanderparkplatz** (km 1,1) an der Bünzener Au. Als Bünzener Au wird das gesamte Flusstal mit seinen wertvollen Wiesen bezeichnet, während die Bünzau nur der Flusslauf allein gemeint ist. Bevor Sie die Rinderweiden überschreiten, können Sie sich noch an einer Tafel über das Modellprojekt „Extensive Robustrinderhaltung im Naturpark Aukrug", kurz ERNA (☞ Tour 2), zum Naturschutz informieren.

Auf dem Wanderweg entlang der **Bünzau** (km 1,3) können die Heckrinder auf den Bachwiesen gut beobachtet werden. Vom Gewässer ist durch das dicht bewachsene Ufer kaum etwas zu sehen. Dafür erfreuen Unmengen des Roten Springkrautes das Auge. Die dunkelvioletten Blüten sind eine echte Pracht. Die **Brücke ❷** (km 1,5) erweist sich als hervorragender Ausguck über den naturnahen Bachlauf und das Steilufer (☞ Tour 5). Der NPW klettert die Böschung hoch in den Wald, Sie bleiben auf dem Bünzau-Wanderweg mit den Routen 1, 2 und 3 (✎ hier keine Markierung), der sich weiterhin entlang der Rinderweiden windet.

Schließlich verlassen nun Ihre ✎ Routen 2 und 3 (NPW kommt dazu von Süden) den Uferweg und Sie überqueren erneut die Rinderweiden durch ein **Gattertürchen** (km 2,1). Auf der Westseite des Wäldchens setzt sich die 2 nach Norden ab, Sie aber wenden sich mit der ✎ 3 und dem NPW nach Süden. Die nächste Bank (km 3,5) markiert das Südende des kleinen **Bargfelder Moores ❸**. Die Feuchtwiesen überragt ein dichter Birkenwald. Während der NPW nun in gleicher Richtung weiterführt, umläuft Ihre Route 3 das Moorgebiet.

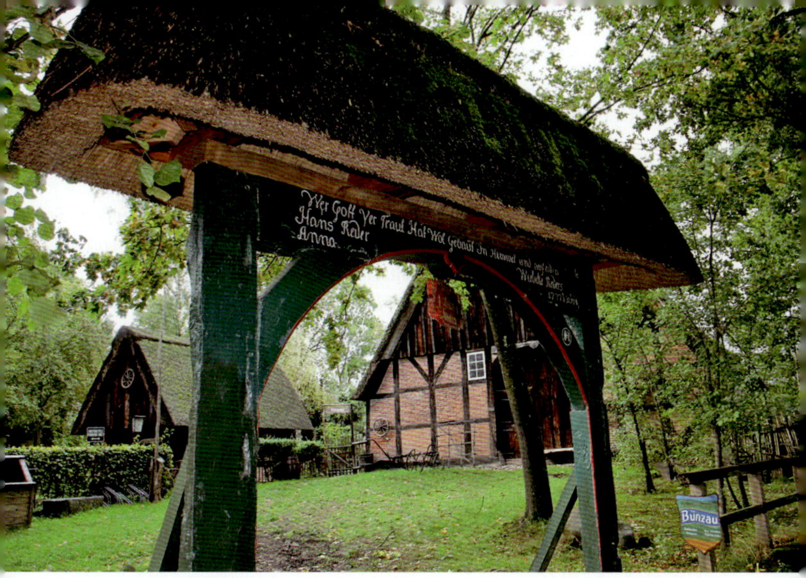

Das Heimatmuseum und Café Dat Ole Hus im Ortsteil Aukrug-Bünzen

Doch bereits ab der folgenden Bank (km 5) halten Sie sich an die Radwegschilder und folgen ihnen durch **Bargfeld** (km 6,1). Ein paar schöne alte Höfe säumen den Straßenrand. Außerdem findet wohl ein Wettbewerb um die originellste Vorgartendeko statt. Dort gibt es einiges zu bestaunen und zu bewundern. Der Bargfelder Hof hat sein Outfit sogar mit farbenfrohen Malereien aufgepeppt.

☹ Im April 2019 feierte Hanßens Gasthof noch sein 100-jähriges Bestehen. Im September gingen die Wirtsleute nach 40 Jahren in den wohlverdienten Ruhestand. Somit muss leider auf ein weiteres Traditionsunternehmen verzichtet werden. Ausruhen können Sie sich zumindest am nahen **Rastplatz** (km 6,5) bei der Feuerwehr.

Im Norden des Dorfes erleichtert eine Unterführung (km 6,9) die Querung der **B430**. Auf der anderen Seite fällt eine mit Motiven der Region bunt bemalte Trafostation auf.

Schließlich stehen Sie an der Straßenabzweigung nach **Bünzen** (km 7,9). Nach rechts folgen Sie der Straße zurück zum **Wanderparkplatz**. Auf dem Weg passieren Sie ein Freibad, die ⌘ Turmhügelburg und Hof Holm und nahe dem Parkplatz befindet sich ⌘ Dat Ole Hus mit Café (☞ alle Infos Tour 9).

9 Zum Viertshöher Moor

Tour für Natur- und Kulturinteressierte

Im Herzen des Naturparks lernen Sie gleich drei der Orte Aukrugs kennen. So können Sie sich auf der einen Seite in Bünzen, Böken und Innien ein Bild von dem Dorfleben heute und anno dazumal machen. Andererseits formen die für den Naturpark so typischen Wiesenauen der Bünzau, Fuhlenau und der Buckener Au einen bezaubernden Gegenpol. Als ein ausgesprochener Naturbonbon zeigt sich das Viertshöher Moor.

↻ Start/Ziel: Wanderparkplatz Aukrug, Dat Ole Hus, 24613 Aukrug, GPS N 54°04.296' E 009°47.911'

➲ 14,6 km

⌛ 3 Std. 45 Min.

↑↓ 182 m/182 m

⇧ 8-41 m

✎ Holzschilder mit Nummern (7, 8 und 15), gelbe Pfeile des Naturparkwanderweges (NPW), grün-weiße Radwegschilder, kurzes Stück unmarkiert, aber eindeutig, gut zu finden, Infotafeln, keine Übersichtskarte

P Den beinahe flachen Bereich der Bünzener, Fuhlener und Buckener Au durchziehen reizvolle Feld- und Wiesenwege. Der Wald im Viertshöher Moor bietet im Sommer nur eine kleine Flucht vor der Sonne. In Böken und zurück von Innien nach Bünzen warten etwas längere Asphaltstrecken in den Ortschaften.

✕ Dat Ole Hus am Start/Ziel, in Innien das Erlenhof-Café (km 12,7) und weitere in der Ortschaft, ☺ Alte Kaffeewirtschaft (bei km 11,8, Abstecher von ⇔ 320 m)

viele Bänke unterwegs, Rastplatz in Bünzen auf dem Sportplatz (km 0,6), in Böken auf dem Spielplatz (km 1,8) und in Innien an der Kirche (km 13,1)

WC Erlenhof (km 12,7)

in Bünzen Hofladen am Start/Ziel und Laden 1 km abseits der Tour am Ortsrand, Imker in Böken (km 3,2), in Innien Hofladen (km 12,7) und verschiedene Läden und zwei Supermärkte weiter im Ort

Freibad in Bünzen (km 13,8)

Sie können Brombeeren pflücken, es gibt einen Spielplatz in Bünzen und Böken, Sie können Eicheln sammeln, im Moor und im Freibad in Bünzen baden; längere Strecken entlang stärker befahrener Straßen mit Gehweg in den Ortschaften, Kreuzung der viel befahrenen L125 und K84.

größtenteils problemlos für Buggys, Fußpfad in Bünzen an den Teichen stellenweise sehr schmal, kurze grasige und wurzelige Abschnitte auf dem Moorrundweg, Brücke über die Fuhlenau mit zweistufiger Treppe, 700 m von dort auf Grasweg

Außerhalb der Ortschaften ist längerer Auslauf auf den Feldwegen vor und nach dem Moor möglich, mehrere Mülleimer unterwegs, in Böken sogar Station mit Hundebeutel (km 3,2). In Bünzen und Böken sind die Ufer der Teiche und Bäche dicht zugewuchert bzw. eingezäunt, daher ergeben sich Trinkwasserstellen erst an der Fuhlenau (km 8,2) und Buckener Au (km 9,4), Sie sollten lieber etwas Wasser einpacken. Nur das letzte Stück von Innien nach Bünzen verläuft für 3 km auf Asphalt bzw. gepflasterten Gehwegen, sandige Gehsteige in Böken, sonst ist die Tour pfotenfreundlich.

P Start/Ziel, alternativ können Sie von den Wanderparkplätzen am Viertshöher Moor, GPS N 54°06.317' E 009°47.830' und GPS N 54°06.020' E 009°47.934', oder dem Schulparkplatz in Innien, GPS N 54°04.744' E 009°46.916', starten.

☞ Tour 8

☞ Tour 8, vom Bahnhof Aukrug können Sie die Tour alternativ starten.

Auf der Brücke über den Fluss Fuhlenau

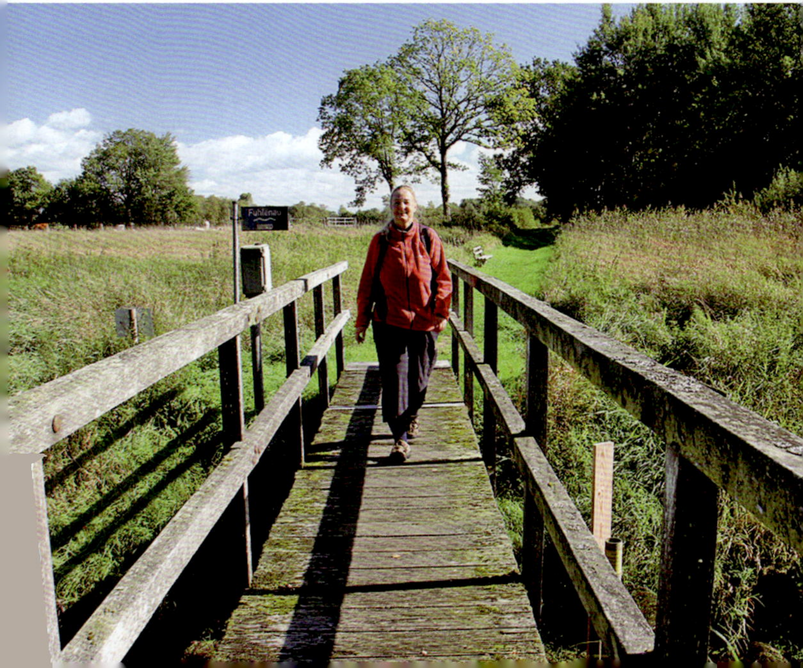

Vom P **Wanderparkplatz** in **Bünzen** geht es mit dem NPW nach links durch das Dorf.

Hofladen Holm, Zum Sportplatz 12, 24613 Aukrug, ☎ 048 73/91 85, nur offen zur Spargelsaison, sonst Eier, Kartoffeln und Gemüse der Saison vor der Scheunentür zur Selbstbedienung, seit 1539 in Familienbesitz

Vorm Sportplatz zeigen die gelben Pfeile nach rechts abwärts ins Tal der Bünzau. Rechts vom Weg liegt die ⌘ **Turmhügelburg** ❶ (km 0,6, Infotafel) und links der Rastplatz. Ein paar Schritte weiter nehmen Sie vor dem Gatter den Waldweg (fehlt) nach Norden. Er zieht am Sportplatz und zwei idyllisch gelegenen, dunkelgrün schimmernden Teichen vorbei.

In **Innien** (km 1,5) trennen Sie sich vom NPW. Direkt hinter dem Bahnübergang spazieren Sie beim Infoschild „Imker" auf dem unmarkierten Weg nach rechts hinab zur Bünzau ❷ (km 1,6). Von der Brücke haben Sie den besten Ausblick über die fotogenen Mäander der Bachlandschaft. Der Spielplatz (km 1,8) gehört bereits zur Neubausiedlung von **Böken**. An der Böker Straße (km 2,2) ist rechter Hand die Bahntrasse zu sehen. Sie gehen links und können sich in nördlicher Richtung bald am Radweg Innien orientieren. Am Dorfplatz (km 2,7) bietet eine überdachte Bank Schutz vor Regen. Ein Steinwurf entfernt verabschiedet sich der Radweg nach Innien. Sie bleiben auf der Böker Straße.

Die Wirtschaft Zum Rübezahl um die Ecke scheint gerade öffnen zu wollen. Selbst das Schild „Zum Biergarten" hängt noch am Gartenzaun. Doch dort wird jetzt eine Firma für Land- und Gartentechnik betrieben. In der Böker Straße blühen die Geschäftsideen. Angeblich wegen großer Nachfrage wird in einem Nachbargarten das Unkraut zum Selbstpflücken angeboten. Neben dem **Imker** (km 3,2) dem und Infoschild über Honig und Bienen stellt jemand Hundebeutel zur Verfügung.

Imker Reimers, Böker Str. 5 a, 24613 Aukrug, ☎ 048 73/574, werktags 15:00 bis 20:00 oder auf telefonische Anfrage, vier verschiedene delikate Sorten Honig der Böker Region

Sie kreuzen am Ortsende die stark befahrene **L121** (km 3,5). Zunächst führen die Wanderrouten 7 und 15 durch das Reddernetz. Dann knickt nach knapp 1 km die Route 7 zum nordöstlich gelegenen **Viertshöher Moor** (km 4,3) ab. Von der Bank am Waldrand schweift der Blick über die Knicklandschaft der Bünzener Au im Westen. Eicheln übersäen den Boden.

Der dunkle, düstere Eichen- und Birkenwald wirkt wie aus einer Räubergeschichte entsprungen. Um das Moor herum gelangen Sie zum östlich gelegenen P **Wanderparkplatz** (km 4,8). Eine Infotafel erklärt allerlei Wissenswertes über das Gebiet.

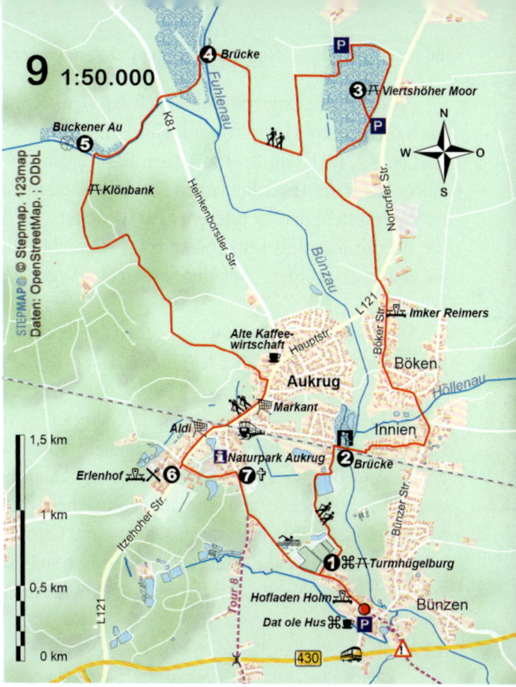

Ein 200 m langer Abstecher beim Infoschild bringt Sie vom Rundweg zu den wiedervernässten Bereichen mitten im **Viertshöher Moor** ❸. Von der Bank im Birkenwald wird die Sicht zwischen den Birkenstämmen hindurch zwar eingeschränkt, dennoch vermittelt es einen sehr schönen Eindruck vom Hochmoor. Eine weitere Infotafel erzählt tiefergehend über Entstehung und Nutzung des Biotops. Viele große Fliegenpilze wachsen im Herbst an dieser Stelle. Unterwegs ist noch eine alte Torfdampfpresse zu bestaunen.

Sie kehren zum Rundweg zurück. Bevor der Weg um das Moor im Norden in den Plattenweg (km 5,6) am Waldrand mündet, wählen Sie den Grasweg nach links.

☺ Für Buggyfahrer empfiehlt sich der Plattenweg.

Beide Wege streifen den zweiten P **Wanderparkplatz** (km 6), wo Sie noch einmal nach links kurz ins Moor eintauchen. Am Wegesrand wuchern massenhaft Brombeeren. An der **Bank am Waldrand** (km 6,3) empfängt Sie wieder die Knicklandschaft. Die 7 und bald darauf die 15 lotsen Sie im weiteren Verlauf hinüber zur **Brücke über die Fuhlenau** ❹ (km 8,2). Ein dicker Schilfgürtel rahmt das Flüsschen ein. Auf der anderen Seite ist nur der Weg zurück ausgeschildert.

An der Gabelung halten Sie sich auf dem Grasweg nach links. Ein Abzweig nach rechts zum Hochsitz wird ignoriert.

Die **K81** (km 8,7) zwischen Aukrug und Heinkenborstel ist eine schöne Allee. Nach der Querung laufen Sie am besten mit den gelben Pfeilen vom NPW im Wegesystem der **Buckener Au** 5 weiter. Auf der weiten Ebene liefert selbst die **Brücke** (km 9,4) keine bessere Aussicht. Die **Klönbank** am Waldrand ist eine witzige Idee. Auf den einsamen Wegen sind zeitweise nur Krähen zu hören.

Sobald die Route 8 abzweigt, gehen Sie jedoch weiter geradeaus in den nahen Ort hinein. In **Innien** (km 11,8) an der Hauptstraße wenden Sie sich nach rechts.

Die kleine Extratour zum Café Alte Kaffeewirtschaft ist ein Muss. In der hauseigenen Backstube werden traumhafte Torten und Kuchen gezaubert. Das große Angebot wird dazu in einem alten Bauernhof von 1800 auf den Tisch gestellt. Im stilvollen Ambiente mit gemütlichen, plüschigen Sitzecken mit antiken Möbeln lässt es sich fantastisch schlemmen. Ob nun im Ofenzimmer mit nostalgischem Flair oder draußen auf der Terrasse mit Strandkörben, es ist auf jeden Fall einen Besuch wert. An der Hauptstraße in Innien sind es nach links 160 m bis zum Café.

Alte Kaffeewirtschaft, Hauptstr. 39, 24613 Aukrug, 048 73/890, info@alte-kaffeewirtschaft-aukrug.de, www.alte-kaffeewirtschaft-aukrug.de, Sa/So u. feiertags 13:00 bis 17:00, E-Bike-Ladestation, Kinderstuhl ja, Wickeltisch nein

Im Ortskern finden sich einige Geschäfte, Supermärkte, Gaststätten und der Bahnhof. Nach 900 m in südwestliche Richtung erreichen Sie den **Erlenhof** (km 12,7). Er ist eine gemeinnützige Einrichtung mit Wohn- und Werkstätten für behinderte Menschen.

Erlenhof-Café, Itzehoer Straße 26, 24613 Aukrug-Innien, 048 73/99 89 49, www.erlenhof.org, Di bis Fr 9:00 bis 17:00, Sa 9:00 bis 12:00, So 14:00 bis 17:00, Di bis Fr wechselnde Mittagsgerichte, auch für Vegetarier, Kinderstuhl ja, Wickeltisch nein

Hofladen im Café mit Erzeugnissen aus der eigenen Näherei und Gärtnerei wie Tischdecken, Fruchtaufstriche und Honig, Fleisch- und Wurstwaren aus der Region, Kaffeespezialitäten aus der Eckernförder Werkstatt, Kunsthandwerk vom Eiderheim Flintbek, wie Café

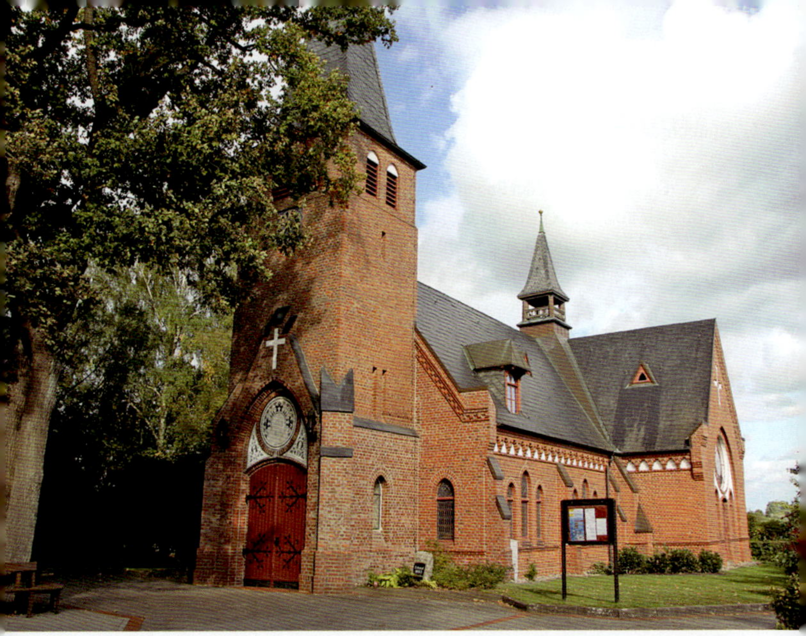

Kirche in Backsteingotik im Ort Innien

Auf der anderen Straßenseite führt Sie der Radweg Richtung Bargfeld durch Innien weiter. An der Schule mit P Parkplatz vorbei gelangen Sie zur ✞ **Kirche** ❼ (km 13,1) mit Rastplatz. Die neugotische Saalkirche aus Backstein wurde 1893 in Kreuzform mit einer halbrunden Apsis errichtet. Sie ist ein typisches Beispiel für die Dorfkirchen jener Zeit. Neben dem Ehrenmal für die Gefallenen im Ersten Weltkrieg stellen die Villen gegenüber einen zusätzlichen Blickfang dar.

Wenn Sie der Bargfelder Straße vor der Kirche nach links folgen, kommen Sie zu den Infozentren des Naturparks.

Naturpark Aukrug, Bargfelder Str. 10, 24613 Aukrug, ☏ 048 73/871 46 61, info@naturpark-aukrug.com, www.naturpark-aukrug.com, Mo bis Fr 8:00 bis 17:00, nur per Mail

Naturschutzring Aukrug e. V., Bargfelder Str. 10, 24613 Aukrug, ☏ 048 73/871 46 60, oder Niklas Zander: 01 70/180 64 81, info@naturschutzring-aukrug.de, www.naturschutzring-aukrug.de, Mo bis Fr 8:00 bis 17:00, Infos und Führungen im Naturpark

280 m von der Kirche nach rechts befindet sich bereits der Abzweig nach Bünzen und zum Freibad (km 13,8).

Freibad Aukrug, Zum Sportplatz 1b, 24613 Aukrug, 01 78/507 37 55, freibad-aukrug@gmx.de, www.freibad-aukrug.de, Mai bis August Mo, Mi u. Fr 6:00 bis 8:00, Mo bis So 10:30 bis 12:30 u. 13:00 bis 20:00, Kinder unter 5 frei, von 5 bis 16 und Jugendliche € 2, Erw. € 3, Tiere nicht erlaubt

Am Sportplatz und dem bekannten Hof Holm vorbei endet schließlich die Tour am **Wanderparkplatz** in der Ortsmitte.

⌘ Dat Ole Hus, Dat Ole Hus 1, 24613 Aukrug-Bünzen, 048 73/603, museumscafe@datolehus.de, www.datolehus.de, Sa/So und feiertags 14:00 bis 18:00, Führungen 15:00, Kinder € 1 u. Erw. € 2, ansonsten Eintritt frei, vom Parkplatz ein paar Schritte die Straße „Dat ole Hus“ entlang

Dat Ole Hus, Museumscafé, Kaffee trinken in historisch eingerichteten Räumen oder im Bauerngarten, selbst gemachte, knusperige Waffelberge, gebacken auf dem alten Holzofen, und Kirschgrütze satt, kleine Kinder € 2, große Kinder € 4, Jugendliche € 6, Erw. € 10, wie Museum

☺ Genuss-Aukrug Gbr, Haarkoppeln 9, 24613 Aukrug, 048 73/871 46 97, www.genuss-aukrug.de, Di, Do 10:00 bis 18:00, Sa 10:00 bis 14:00, viel auf Märkten in SH unterwegs, selbst gemachte Pestos, Saucen, Dips, Öle und mehr, sehr schmackhaft, 1 km von Ortsmitte am Nordrand

Bünzen und Dat Ole Hus

Beim Gang durch den Ort finden sich noch einige schöne alte Backsteinbauten aus der Gründerzeit. Sie stehen für den Wandel der Dörfer in der Kaiserzeit. Während jahrhundertelang sich alles um die Landwirtschaft gedreht hat, veränderte die Industrialisierung dann erheblich die Dorfansichten.

Es begann in den 1820er- und 1830er-Jahren und nahm in den 1870ern rasant an Fahrt auf. Mit dem Wohlstand und der Verbesserung der Arbeitsmethoden konnten und wollten die Leute sich mehr leisten. Es wurde zweigeschossig gebaut. Die neuen Ziegeleien lieferten massenweise maschinell gefertigte Backsteine. Oft wurden die Fassaden mit dekorativen Elementen versehen. Größere Fenster mit gusseisernen Rahmen wurden genormt in beträchtlicher Zahl günstig in den Fabriken hergestellt. Der Wert von Komfort und Hygiene stieg. Der Wohn- und der Arbeitsbereich wurden getrennt. Ein wahrer Bauboom setzte ein und das Dorf rückte enger zusammen.

Mancher Hausbesitzer verfügte allerdings nicht über die nötigen Mittel für eine Modernisierung oder wollte dies auch nicht. So blieben von den traditionellen Häusern wie Dat Ole Hus einige erhalten. Heute stehen sie unter Denkmalschutz, aber schon in den letzten Jahren des 19. Jh. galten sie als „museumsreif“. Die strohgedeckte Kate ist ein typisches Fachhallenhaus mit zweimal vorspringendem, bretterverschaltem Frontgiebel und rückseitig abgewalmtem Reetdach. Vieh und Mensch lebten hier unter einem Dach. Charakteristisch ist die große Diele mit offener Feuerstelle unter dem Schwibbogen. Der Rauch zog durch das Haus und räucherte bzw. konservierte die Vorräte unter dem Dach – daher die Bezeichnung Rauchkate.

Um 1700 wurde „Dat Ole Hus“ erstmals errichtet (☞ Tour 8, Die Bünzer Wassermühle). Es fiel jedoch 1804 einem der damals häufigen Großfeuer zum Opfer. Durch die neuen, oft mangelhaften Schornsteine entzündeten sich durch Funkenflug die Strohdächer. Weil die Häuser nun enger zusammenstanden, konnte sich das Feuer schneller ausbreiten. Ganze Dörfer wurden durch verheerende Brände vernichtet. Die Obrigkeit verordnete daraufhin eine feuerfeste Bedachung. Die Dächer wurden nun mit Teerpappe, Schiefer, Dachpfannen und später auch mit Blech gedeckt.

Die damals wieder aufgebaute Kate ist das Kernstück des Museums. Die Einrichtung und Arbeitsgeräte stammen aus den Jahren zwischen 1750 und 1850 aus der Umgebung von Aukrug. Dazu sind noch ein Stall, eine Remise und ein Bienenstand zu besichtigen. Ein Museumsverein kümmert sich um den Erhalt und Betrieb der wirklich sehenswerten Anlage.

☺ Weil die Leute früher oft kein Besteck besaßen, wurde zuerst die Grütze und die Sahne auf den Teller getan. Dann wurde die Waffel hineingestippt. Das hatte somit den Vorteil, dass das Gebäck knusprig blieb.

⑩ Durch Berg und Tal: Vom Westerholz durch Mörel und Rade

Tour für Natur- und Dorfbegeisterte

Im weniger bekannten Norden des Naturparks repräsentiert das Zusammenspiel der hügeligen Moränenlandschaft des Staatsforstes Barlohe und des Tals der Buckener Au ganz typisch den so charakteristischen Naturraum der Hohen Geest. Die alten Buchenbestände im Naturwald Westerholz begeistern genauso wie das dichte Knicknetz auf den weiten Wiesen im Tal der Buckener Au. Und die bäuerlich geprägten Dörfer Mörel und Rade verbreiten norddeutschen Charme.

Start/Ziel: Wanderparkplatz Gehege Westerholz, Nindorfer Straße, 24594 Heinkenborstel, GPS N 54°07.773' E 009°43.924'

12,4 km

3 Std. 15 Min.

181 m/181 m

14-81 m

Holzschilder mit Nummern (1 und 2), gelbe Pfeile des Naturparkwanderweges (NPW), grün-weiße Radwegschilder, roter Pfeil, Reitwegschilder, kurze Stücke unmarkiert, Übersichtskarte und Infotafel am Start/Ziel, streckenweise nicht einfach, Orientierungssinn und gute Karte nötig

Im Dorfbereich verläuft die aussichtsreiche Tour auf etwas längeren Asphaltstrecken. Im Talraum der Buckener Au sind die Feldtrassen mit Betonplatten befestigt. Knapp die Hälfte der Wanderung geht über herrliche Waldwege im hügeligen Gelände.

keine

erste Bänke erst nach Mörel (km 3,32 bis 5,5), bis vor Rade etwa jeden Kilometer, dann wieder regelmäßig im Gehege Bredenhop (km 9,4 bis 10,7), Rastplatz nach Mörel (km 3,3)

Bodenlehrpfad im Gehege Bredenhop, Sie können auf dem Weg nach Rade Obst pflücken; es gibt wenig befahrene und berittene Dorfstraßen und Feldwege.

Normalerweise problemlos für Buggys, im Naturwald Westerholz kann schon mal ein Baum quer über dem Weg liegen.

Außerhalb der Ortschaften können Sie zwischen Mörel und Rade auf den wenig befahrenen Straßen und Feldwegen für etwa 4 km den Hund schon mal von der Leine lassen. Beachten Sie nur, dass ein Teil als Reitweg ausgewiesen ist. Trinkwasser gibt es an der Quelle (km 8,1) und den Teichen in Rade. Für den Großteil der Strecke muss Wasser ins Gepäck. Mülleimer gibt es nur am Sportplatz Mörel (km 3,3).

P Start/Ziel, alternativ können Sie vom Wanderparkplatz Heinkenborstel, Dorfstraße, 24594 Heinkenborstel, GPS N 54°07.467' E 009°44.814', oder dem Gehege Bredenhop, Bredenhop, 24594 Nindorf, GPS N 54°06.915' E 009°43.374', starten.

Von Heinkenborstel müssen Sie von der Bushaltestelle noch 1,3 km zum Start der Tour laufen. Daher können Sie besser in Mörel an der Haltestelle „Ortsmitte" oder in Rade direkt am Tourverlauf starten: Linie 757 Oldenhütten – Hohenwestedt mehrmals tgl., in Hohenwestedt Anschluss an Zug und Bus mehrmals tgl.

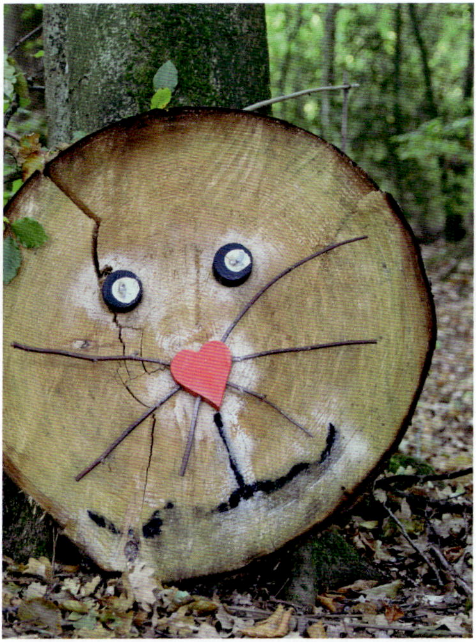
Kunst im Westerholz

Vom P **Wanderparkplatz** am Nordrand des **Westerholzes** schlängeln sich die Rundwege 1 und 2 von der Infotafel nach Südosten durch den hügeligen Naturwald. Sonnenstrahlen fallen wie Lichtschwerter durch das Blätterdach der alten Buchenbestände. Sobald sie den rotbraunen Laubteppich streifen, leuchtet er golden auf.

Beim Schlagbaum am P **Wanderparkplatz bei Heinkenborstel** (km 1,3) am Ostrand des Naturschutzgebietes ändert sich die Gehrichtung. Nun übernimmt der NPW die Führung. Machen Sie sich die Mühe am **Waldrand** ❶ (km 2,5) **nahe der Försterei** und steigen die paar Meter auf die Weide rechter Hand hinauf. Von dort entrollt sich ein wundervolles Panorama über die Wiese hinab über Mörel. Es liegt eingebettet zwischen den umgebenden Moränen. Im Herbst entfaltet sich ein prächtiges Farbenspiel.

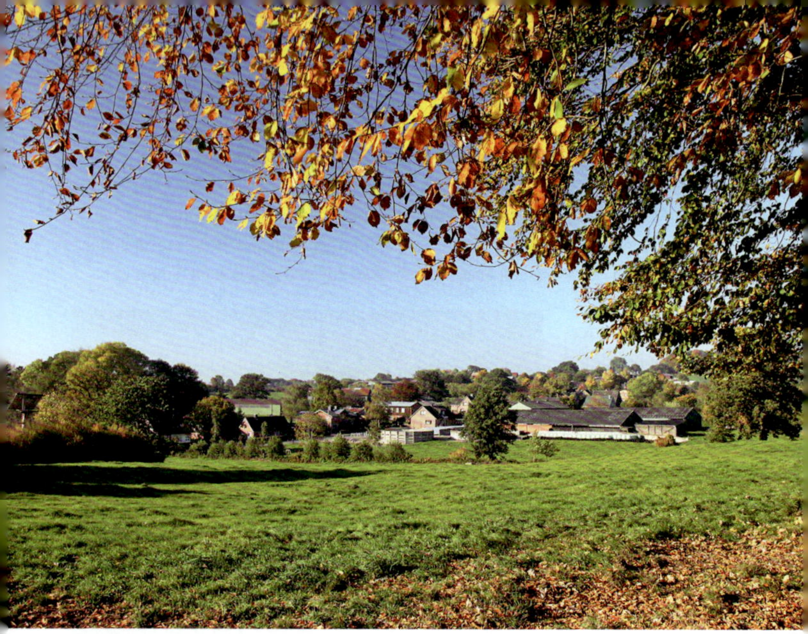

Blick ins Tal auf den Ort Mörel

Mörel

Mörel sieht wie dem Märchenbuch entsprungen aus. Vielleicht ranken sich deshalb so viele Sagen und Legenden um das kleine Örtchen. Der Name wird auf eine Begebenheit zurückgeführt, wonach die Bürger sich als Einzige nach Tagen dazu bereit erklärten, eine Leiche im Moor zu beerdigen.

Eine der Koppeln in der Gegend verdankt ihren Namen einem Riesen. Als ein Bauer mit dem Fuhrwerk im Schlamm eines tiefen Grabens stecken blieb, konnten ihn nicht mal acht Pferde befreien. Ein Riese schaffte es schließlich. Als Dank verlangte er vom Bauern ein Stück Land – den Hünjekamp.

Und als der Riese einmal den Bauern beim Dreschen half, war der Raum erst hoch genug, als die Dielenbretter weg waren. Weil der Riese den Bewohnern aber mittlerweile lästig war, ergriffen sie die Gelegenheit und erschlugen ihn beim Mittagsschlaf im Wald. Damit er seinem Grab nicht mehr entkommen konnte, packten sie zur Sicherheit drei mächtige Steine auf ihn drauf: auf den Kopf, den Bauch und die Füße. Die Steinreihe soll noch eine gute Zeit im *Breedenhop* (heute Bredenhop) zu sehen gewesen sein.

☺ In Mörel bietet die Firma Horsetrail Touren auf dem Pferd durch den Naturpark Aukrug an.

Horsetrail, Na de Hoss 10, 24594 Mörel, 048 71/49 05 33, 01 70/949 20 67, www.horsetrail.de, geführte Reittouren durch den Naturpark Aukrug

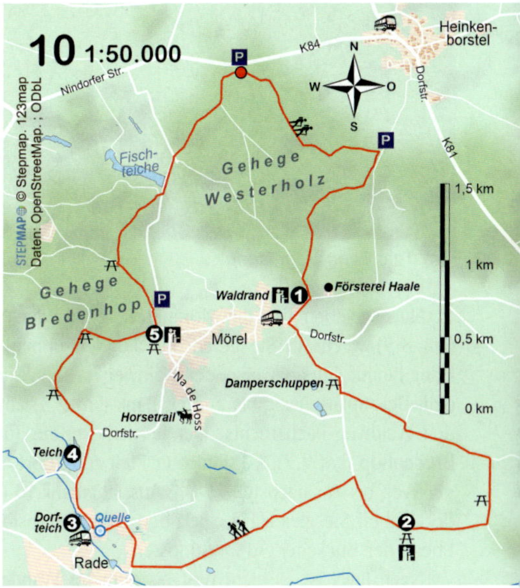

Unten in **Mörel** (km 2,7) führt der NPW gleich wieder nach Südosten Richtung Hohenwestedt aus dem Ort heraus. Am **Dorfgemeinschaftshaus** Damperschuppen (km 3,3) befindet sich ein Rastplatz. In Richtung Aukrug geht es noch ein gutes Stück durch die Redder hindurch. Erst in der offenen Knicklandschaft wendet sich Ihr Weg vom NPW ab. Während alle markierten Routen auf die Straße geradeaus weisen, biegen Sie nach rechts auf den unmarkierten Plattenweg (km 4,5) am Knick ab. Zunächst orientieren Sie sich weiter am Reitweg. Die Obstbäume am Wegesrand sind im Frühjahr schöne Fotomotive. Von einer **Bank ❷** (km 5,5) lässt sich der unglaubliche Weitblick über den Talraum der **Buckener Au** am besten genießen. Nicht weit entfernt biegen Sie mit dem Reitweg Richtung Remmels/Mörel nach links ab. Am folgenden Abzweig weist der Radweg Richtung **Rade** (km 6,4) Ihnen den Weg in den weiter östlich gelegenen Ort (km 7,6) hinein.

Der Radweg verläuft dann nach Süden, Sie gehen hier nach rechts weiter. Die Dorfstraße passiert die **Quelle** (km 8,1) und streift kurz danach rechts am **Dorfteich ❸** vorbei. Kastanienbäume schmücken das Ufer. Der Abzweig Vogelsang (km 8,5) linker Hand vor dem nächsten **Teich ❹** wird ignoriert.

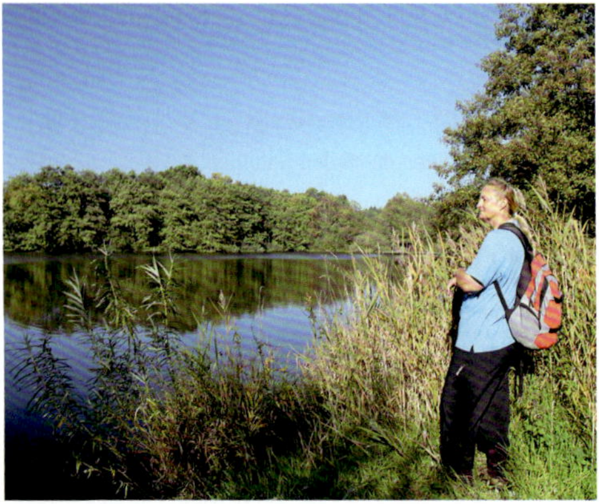

Am Teich von Vogelsang

Eine Lücke im dichten Uferbewuchs gibt einen reizvollen Blick auf das Gewässer frei. Es wird vom Mühlenbach gespeist. Im quell- und bachreichen Aukruggebiet wurden viele solcher Mühlenteiche aufgestaut. Früher tat eine Wassermühle in Rade ihren Dienst. Als einige der wenigen blieb die in Bünzen erhalten (☞ Tour 8).

Nun schieben sich die Moränenrücken wieder ins Bild. In der Straßenkurve (km 8,9) wechseln Sie geradeaus auf den unmarkierten Betonplattenweg den Hang hinauf. Ein abzweigender Waldweg nach links wird ignoriert. Sie bleiben auf dem Betonplattenweg bis zur **Bank** (km 9,3) am Waldrand. Dort wählen Sie den Waldweg nach rechts. Der herrliche grüne Tunnel mündet in das **Gehege Bredenhop** (km 9,7). ✎ Ein roter Pfeil zeigt dort nach rechts. Auf und ab führt der Weg bis zur nächsten **Aussichtsbank ❺** (km 10,2) am Waldrand. Von dort haben Sie gleichfalls eine überragende Fernsicht über Mörel hinweg in die Ebene der Buckener Au im Südosten.

Nach links ist es nicht weit bis zum **P Wanderparkplatz Bredenhop**. Dort nach links in den Wald ist der Bodenlehrpfad ausgeschildert. Bei der folgenden **Bank** (km 10,7) marschieren Sie nach rechts. Beim Wegekreuz am **Schlagbaum** (km 11,3) erreichen Sie den Nordsaum des Geheges. Sie gehen die paar Schritte nach rechts zur Straße, die nach links eine kleine Talsenke mit etlichen Fischteichen linker Hand durchquert. Auf der anderen Seite verlassen Sie in der Kurve die Straße und treten geradeaus wieder in das **Gehege Westerholz** (km 11,6). Hinter dem Schlagbaum verzweigen sich die Wege, hier stoßen Sie auf den ✎ Rundweg 2. In nordöstlicher Richtung führt er durch den Buchenwald. Die Zeichen an einer Verzweigung beim höchsten Punkt sind nur schlecht zu erkennen. Nach links geht es zum **P Wanderparkplatz** vom Start.

⓫ Von Bargstedt ins Himmelreich

Tour für Naturfreunde

Die kaum bekannte Tour durch das unbekannte Kleinod im Süden von Bargstedt entführt in die weite Wiesenau der Buckener Au und in einen schönen Laubmischwald mit dem glanzvollen Namen Himmelreich. Als Highlight entpuppt sich ein paradiesisches Plätzchen am Baggersee.

Start/Ziel: Parkplatz Dibberns Landgasthof, Dorfstraße, 24793 Bargstedt, GPS N 54°09.750' E 009°46.062'

4,9 km

1 Std. 15 Min.

51 m/51 m

16-46 m

Gelbe Pfeile des Naturparkwanderweges (NPW), grün-weiße Radwegschilder, Reitwegschilder, trotz unmarkierter Stellen ist die Orientierung einfach.

Auf den flachen Strecken wechseln sich Betonplattenwege mit Asphaltstraßen ab. Einzig ins „Himmelreich" müssen Sie etwas hinaufsteigen. Wald und die Hecken der Redder bieten im Sommer viel Schatten.

Das Highlight der Tour ist das Plätzchen am Baggersee

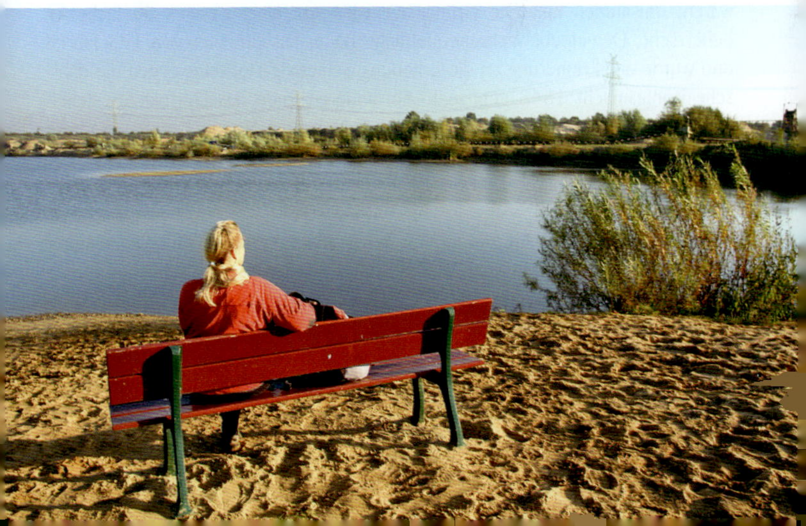

keine

Bank zu Anfang und am Ende der Tour und am Baggersee (km 1,2)

Sie können im Herbst Brombeeren pflücken, auf den Wiesen Rehe und Hasen beobachten; größere Strecken verlaufen auf Straßen ohne Gehweg, diese sind aber kaum befahren, zweimal Kreuzung der stark befahrenen L121 in Bargstedt, steile Abbruchkante am Baggersee (Lebensgefahr).

problemlos für Buggys

viel Auslauf auf den Feldwegen und den kaum befahrenen Straßen, kein Trinkwasser unterwegs, Mülleimer in Bargstedt und am Baggersee, längere Abschnitte auf Asphalt

P am Start/Ziel

Linie 760, Haltestelle „Am Dorfteich" beim Start, Richtung Hamweddel nach Hohenwestedt dreimal tgl., Richtung Nortorf/Bordesholm mehrmals tgl. In Bordesholm, Nortorf, und Hohenwestedt haben Sie Anschluss an Zug und Bus.

Vom P **Parkplatz** sind es nur ein paar Schritte bis zu **Dibberns Landgasthof** in der Kurve der Dorfstraße. Er ist seit 1909 in Familienbesitz. In den 1960ern machte er Furore als eines der beliebtesten Tanzlokale der Gegend. 900 bis 1.200 Gäste an einem Abend waren keine Seltenheit. Heute wird er allerdings nur noch für größere Gesellschaften genutzt und ist ansonsten geschlossen.

Sie queren die Straße **L121** hinüber zum **Dorfplatz**. Backsteinhäuser aus der Gründerzeit (☞ Tour 9), wie sie in den Dörfern der Kaiserzeit charakteristisch waren, umsäumen ihn. Die Grünanlage wird von einer riesigen ⌘ **Eiche ❶** beherrscht. Der efeubewachsene stattliche Baum hat ein Alter von 173 Jahren und wurde zur Erinnerung an die Erhebung Schleswig-Holsteins gegen die dänische Königsmacht 1848 gepflanzt. Am anderen Ende des Dorfplatzes stehen eine Informationstafel und eine Bank. Dort biegen Sie mit dem Radweg Richtung Nortorf nach rechts von der L121 ab. Kurz läuft der NPW parallel. Die Radwegschilder leiten Sie über den Hellmoorweg dann nach Südosten aus **Bargstedt** (km 0,4) hinaus.

Die Straße verläuft im Redder. An den Wallhecken können im Spätsommer reichlich Brombeeren genascht werden. Immer wieder ergeben sich wunderbare Aussichten nach Westen über die Wiesen und Felder hinüber zum dunklen Band des Geheges Himmelreich.

Häufig äst Wild friedlich auf den Flächen. Kaninchen jagen hin und her. In der Kurve am **Baggersee ❷** (km 1,3) wurde eine Bank mit Mülleimer aufgestellt.

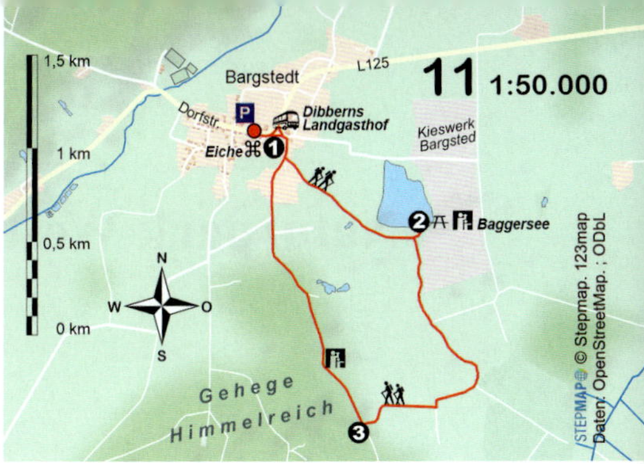

Ein Pfad führt durch eine Lücke im Knick zum nahen Strand des Baggersees. Jugendliche aus dem Dorf haben eine Bank dorthin geschleppt. Entspannt können Sie einen fantastischen Rundblick über das dunkelblaue Gewässer und über die in Betrieb befindlichen Anlagen des Kieswerkes dahinter schweifen lassen – industrieller Charme pur.

Achtung! Das Baden und Betreten der Uferkante ist lebensgefährlich! Zwar möchte die Gemeinde Bargstedt an dem Strand einen Badeplatz einrichten, aber noch ist die bröckelige Uferkante nicht gesichert. Die Böschung fällt dort steil in den 5 bis 6 m tiefen Baggersee ab. Das Wasser ist sehr kalt und in dem losen Sand rutschen Sie ab bzw. kommen Sie nicht mehr aus dem Wasser raus. Hunde auf jeden Fall anleinen.

Dort wo der Radweg (km 1,9) nach Osten abknickt, setzen Sie die Tour geradeaus auf dem Reitweg durch den Redder fort. Schließlich gelangen Sie auf die ausgedehnte Ebene der **Buckener Au** (km 2,3). Ein unmarkierter Abzweig nach links wird ignoriert. Jetzt dreht der Reitweg nach Westen ab und kreuzt den Talgrund hinüber zum **Gehege Himmelreich** ❸ (km 3). Charakteristisch sind totholzreiche Bestände des Eichen-Hainbuchen-Waldes sowie des Waldmeister-Buchen-Waldes. Als Teil der Naturwälder der Landesforsten Barlohe (☞ Tour 10) wurde der überwiegende Teil unter Naturschutz gestellt. Von Ihrem erhöhten Ausguck am Waldrand ergibt sich noch einmal ein herrlicher Blick zurück, bevor der Reitweg nach rechts am Hang entlang von hohen Bäumen verschluckt wird.

Unmarkierte abzweigende Wege werden nicht beachtet. Am Nordende geht es hinab durch einen urigen Hohlweg, dessen Kanten von bizarren Wurzeln gekrönt sind, aus dem Wald hinaus. Beim **Abzweig nach Heinkenborstel** (km 4,3) gibt es einen Schilderwald. Geradeaus winkt allerdings schon das Ortsschild von **Bargstedt**. Im Dorf passieren Sie den **Hellmoorweg** (km 4,6), über den Sie anfänglich den Ort verlassen haben. Der nahe Dorfplatz und der **P** **Parkplatz** sind nun leicht zu finden.

Naturpark Westensee

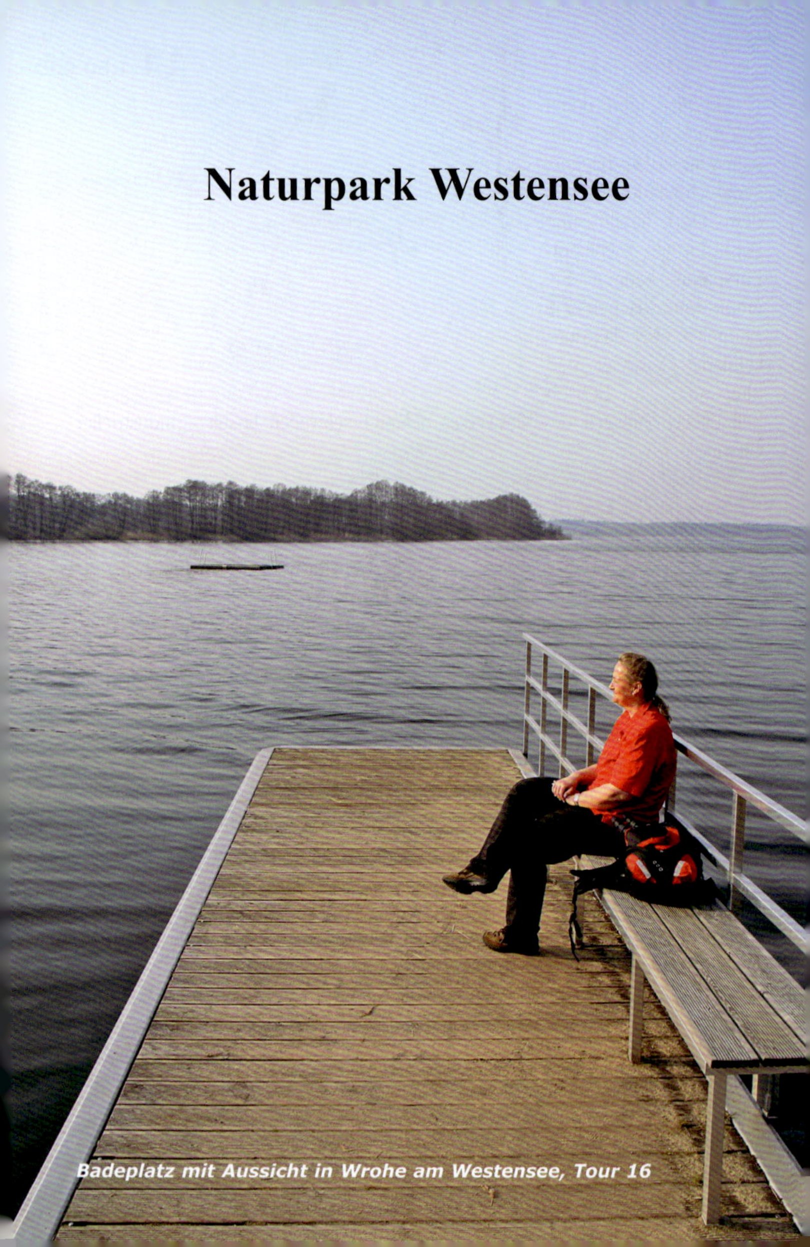

Badeplatz mit Aussicht in Wrohe am Westensee, Tour 16

⓬ Im Schülper und Großen Moor

Tour für Moorinteressierte

Während das Dosenmoor bei Neumünster bereits touristisch erschlossen ist, sind für das Schülper Moor und Große Moor südlich von Dätgen bisher nur Pläne vorhanden. Wanderer verirren sich nur selten auf die Rundwege. Es ist noch ein echter Geheimtipp. Hauptsächlich rauschen Radfahrer auf den Nord-Süd-Achsen mal schnell durch. Dabei kann das wiedervernässte, mystisch anmutende Naturkleinod mit einer reichen Tierwelt aufwarten. Vor allem Schlangen wie Kreuzottern oder die Wespenspinne lauern am Wegesrand. Ein altes Torfwerk und Moorleichen gibt es obendrein.

Start/Ziel: Parkstreifen am Schülper Moor, 24589 Schülp bei Nortorf, GPS N 54°09.626' E 009°53.658'

15,1 km

3 Std. 45 Min.

147 m/147 m

23-48 m

streckenweise grün-weiße Radwegschilder, ein Reitwegschild, im Wesentlichen unmarkiert, etwas Orientierungssinn und eine Karte erforderlich

Die einzigen Erhebungen verdeckt das Gehege Hölln. Auf den flachen Rundwegen durch die Moore und Wiesen kann die Sonne an heißen Tagen ganz schön stechen. Streckenweise spendet der Moorbirkenwald etwas Schatten. Drei längere Abschnitte auf Asphaltstraßen von 800 m bis 1 km sind mit dabei.

keine Verpflegungsmöglichkeit unterwegs, nächstes Restaurant 1,4 km entfernt vom Start/Ziel in Schülp

Bank zu Anfang und am Ende der Tour, Schutzhütte und Bank (km 10,5)

Sie können Rehe und Reiher auf den Wiesen beobachten; drei Abschnitte von 800 m bis 1 km auf verkehrsarmen Landstraßen, in den Mooren auf den Wegen bleiben, es gibt viele Wildschweine in dem Gebiet, speziell im Frühjahr in der Frischlingszeit ist Vorsicht geboten, das Moor ist außerdem schlangenreich, die giftige Kreuzotter ist keine Seltenheit.

Überwiegend problemlos für Buggys. 800 m im Gehege Hölln sind etwas wurzelig und uneben, dort ist ein steiniger Graben zu queren, 2 km auf dem östlichen Moorkreis sind stark grasig und zerfurcht, 800 m auf dem mittleren Kreis vor dem Torfwerk sehr grasig.

Das ganze Gebiet gehört zum Stiftungsland Naturschutz Schleswig-Holstein und außerdem ist wegen der reichlichen Wildtierpopulation überall Leinenpflicht. Es gibt kein Trinkwasser und keine Mülleimer, drei längere Abschnitte verlaufen auf Asphalt, aber die Tour ist meistens pfotenfreundlich.

P am Start/Ziel

Linie 768 Schülp – Nortorf, Haltestelle „Schülp (Nortorf) Looper Weg", Mo bis Fr mehrmals tgl., 400 m bis zum Start/Ziel. In Nortorf haben Sie Anschluss an Zug und Bus.

Südöstlich der Ortschaft **Schülp bei Nortorf** startet die Tour am Ende eines namenlosen Abzweiges vom **Schülper Weg**. An der Gabelung mit Bank und Radwegweiser wandern Sie auf der nicht ausgewiesenen Straße im Redder nach rechts. Bereits nach 250 m biegen Sie nach links in die weite Ebene ab. Auf den Wiesen machen oft Reiher Rast und Rehe äsen auf Sichtweite. Beim T-Kreuz am **Schülper Moor** ❶ (km 1) macht ein Schild auf die zahllosen Wildschweine in der Gegend aufmerksam. Davon zeugen ebenso die Massen an Hochsitzen. Ringförmig umschließen die Wege den Kern des Moores.

Schülper Moor

Heidekraut auf dem Weg zum Moorgraben

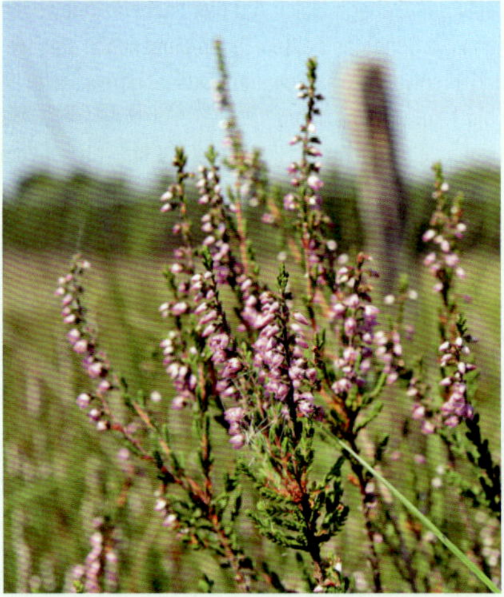

Das Schülper Moor ist Teil des 450 ha großen Großen Moores. Mit dem Ende der wirtschaftlichen Nutzung 2007 hat die Stiftung Naturschutz Schleswig-Holstein mit Maßnahmen zur Renaturierung begonnen. Auf 10 ha sollen Flachwasserseen entstehen. Schwierigkeiten bereiten die Dämme, an denen ständig kniffflige Reparaturarbeiten durchzuführen sind. Mit Totholz werden die Böschungen aufwendig frisch abgedichtet. Langsam kehrt das Wasser in die Gräben und Senken zurück. Wollgras und Torfmoose erobern erneut das Schülper Moor.

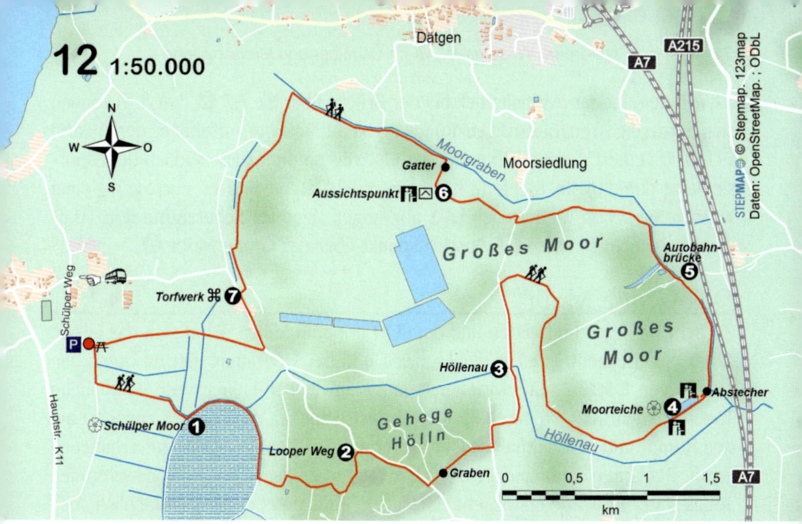

Sie wenden sich nach links auf den nördlichen Bogen. Wie vielerorts hat der Birkenwald und der dichte Farnbewuchs mit dem Klimawandel zu kämpfen. Es ist oft zu trocken. Auf der Ostseite zweigt der Weg links zum nahen **Gehege Hölln** (km 2,1) ab. Am Waldrand lassen Sie den Grasweg rechts liegen. Nur wenig später verlassen Sie die Forststraße und folgen dem breiten Waldweg (Schild am Anfang „Reiten verboten") nach rechts. Auf und ab schlängelt sich dieser durch den Mischwald. Alle Abzweige werden ignoriert.

An der Straße **Looper Weg** ❷ (km 2,9) folgen Sie weiter dem Radweg durch das Gehege nach Südosten. Kurz vor dem Waldrand (km 3,4) nehmen Sie den Weg linker Hand. Immer unverändert weiter geradeaus durchqueren Sie einen trockengefallenen, grobsteinigen **Graben** (km 3,6) und stoßen auf der Ostseite des Geheges auf die nächste Straße, die **Höllenkamp** heißt (km 4). Diese bringt Sie zusammen mit dem Radweg im Zickzack nach Norden zum Bach **Höllenau** ❸ (km 4,7). Während der Bach an dieser Stelle noch seinem begradigten Verlauf folgt, fließt der obere Abschnitt mittlerweile wieder in naturnahen Kurven.

An der nächsten Kreuzung (km 5,2) geht es nach rechts mit dem ✎ Reitweg zum ❀ **Großen Moor**. Der Rundweg umläuft den Moorbirkenwald. Im Knick rechter Hand wachsen Himbeeren und Brombeeren. Im Südbogen öffnet sich der Blick auf die ❀ **Moorteiche** ❹ (km 7,4). Es sind mit Wasser vollgelaufene alte Torfstiche. 340 m weiter können Sie einen kurzen Abstecher ins Moor wagen. Von der anderen Uferseite erhalten Sie einen noch besseren Ausblick. Reiher sind dort gerne auf Nahrungssuche. Im hohen Gras hat die auffällige gelb-schwarze Wespenspinne ihr Netz gesponnen.

Auf dem kurzen Asphaltstück bei der **Brücke über die A7** ❺ (km 8,5) sonnen sich gerne die Kreuzottern. Der Rundweg bleibt links der Autobahn, deren Lärm sich bald verliert. Schließlich endet der Ostkreis an der Straße südlich der **Moorsiedlung** (km 10). In Richtung ✎ Langwedel/Dätgen sind es nur 50 m, dann müssen Sie schon wieder nach links abzweigen. Eine ⌂ **Schutzhütte** (km 10,5) steht bei einem schönen **Aussichtspunkt über das Große Moor** ❻.

Das Große Moor

Zwischen Dätgen im Norden und dem Ort Loop im Süden dehnt sich das Große Moor aus. Bekannt ist es in der Fachwelt und bei Moorinteressierten durch den „Mann von Dätgen". Die Moorleiche aus dem 2. bis 4. Jh. wurde 1959 beim Torfstechen aus der Erde geholt. Kurioserweise stießen die Arbeiter zunächst auf den Rumpf und erst ein halbes Jahr später auf den Kopf mit einer gut erhaltenen Frisur. Bei Untersuchungen stellte sich heraus, dass der Mann eines gewaltsamen Todes starb. Er wurde erstochen, erschlagen, enthauptet und wahrscheinlich auch kastriert. Vermutlich wurde der Kopf so weit entfernt im Moor versenkt, damit auf keinen Fall eine Wiederauferstehung möglich war. Er selbst und seine nähere Geschichte sind im Museum Schloss Gottorf in Schleswig zu erkunden.

Ein weiteres ungesühntes und grausames Verbrechen spielte sich im Moor während des Dritten Reiches ab. Zwangsarbeiter aus dem KZ Fuhlsbüttel bzw. seiner hiesigen Außenstelle mussten bei der schweren Torfstecherei zur Hand gehen. Mindestens drei aus ihrer Heimat verschleppte Norweger ließen durch Entkräftung und Hunger dabei ihr Leben.

Wollgras wiegt sich im Wind. Die Heidevegetation wächst üppig. Um die Ecke sind am Wegesrand gut die übereinanderlagernden Torfschichten zu erkennen. Hinter dem Gatter zieht sich der **Moorgraben** (km 10,8) am Birkenwald entlang. Die nächsten zwei Abzweige zum Ort **Dätgen** werden missachtet. Bald danach knickt der Weg nach Süden ab und Sie gehen auf ihm unbeirrt weiter. Auch wenn Sie schon fast an der Straße sind, entscheiden Sie sich für den Waldweg. Er endet am Verladeplatz des ⌘ **Torfwerkes** ❼ (km 13,5), wo Sie nach rechts zu den Hauptgebäuden an der Straße gehen.

Torfwerk Schülp

Der Torf im Moor wird schon seit Jahrhunderten verwendet, denn als Brennmaterial war es ein lebenswichtiges Produkt. Allerdings wurde in dem Torfwerk außer Torfstreu und Mull nur Presstorf in Massen hergestellt. Das Torfwerk wurde 1998 stillgelegt. Der letzte Torf wurde 2008 mit der Güterlore aus dem Moor geholt.

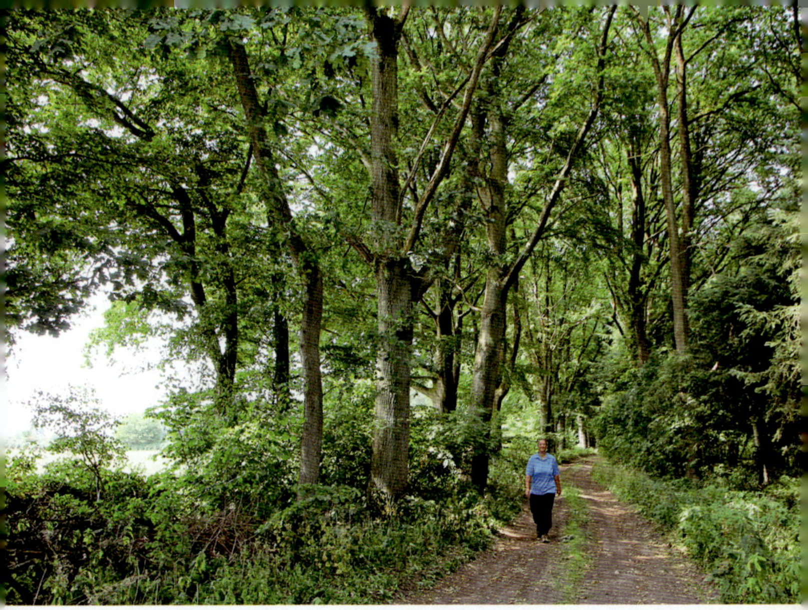

Im Wald südlich des großen Moores

Das Gebiet mit dem Torfwerk gehörte seitdem der Stiftung Naturschutz Schleswig-Holstein, das nun für die Wiedervernässung der Moore sorgt. Die Lorenbahn, Gleise und Förderbänder verleihen ein mystisches Flair. Das Gelände des Torfwerkes kaufte 2010 der Schülper Achim Neelsen von der Stiftung. Er möchte alles touristisch erschließen und daraus einen Anziehungspunkt für den Naturpark machen. Das Projekt steht schon in den Startlöchern, aber bis zur Verwirklichung ist es noch ein langer Weg.

Dort geht es nach links weiter. Sie kreuzen die alte Bahntrasse und hinter den letzten Häusern am südlichen Ortsausgang wechseln Sie vom **Looper Weg** (km 13,9) nach rechts auf den ✎ Radweg nach **Schülp**. Der lang gezogene Redder endet beim Startpunkt an der Gabelung.

☺ In Schülp können Sie im Landhotel Möllhagen einkehren und dort auch Swingolf und Fußballgolf spielen.

✕ Landhotel Möllhagen, Möllhagen 5, 24589 Schülp bei Nortorf, ☏ 043 92/917 60, info@moellhagen.de, www.moellhagen.net, Di bis So ab 17:00, kleinere Karte ab 11:00

FUN Swingolf und Fußballgolf, Landhotel Möllhagen, Mi bis So ab 11:00

⑬ Rund um den Pohlsee

Tour für Seefreunde

Von Nord nach Süd hängen die Seen Kleiner Pohlsee, Großer Pohlsee und Manhagener See aneinander. Die Tour umrundet die beiden letzteren Seen in landschaftlich reizvoller Umgebung. Unter den Holsteiner Naturschützern gilt sie als einer der Hotspots für seltene Pflanzen. Weil die Flächen des Gutes Manhagen lange nicht mehr bewirtschaftet wurden, konnte sich die Natur ungestört entfalten.

Start/Ziel: Parkplatz Badeplatz, Pohlsee, 24631 Langwedel, GPS N 54°14.265' E 009°56.051'

7 km

1 Std. 45 Min.

139 m/139 m

20-46 m

auf der Westseite manchmal grün-weiße Radwegschilder, ansonsten unmarkiert, aber nicht schwer zu finden

Rund um die Seen geht es die Moränen rauf und runter. Die Westseite umhüllen lang gezogene Wellen. Auf der Ostseite verläuft der Weg eher über kleine Anhöhen. Genauso zweigeteilt zeigt sich die Landschaft. Schatten werfen westlich nur die Hecken der Knicks und Redder. Östlich sind die Kuppen am Uferrand bewaldet. So verläuft die Hinroute auf Straßen und Betonplattenwegen. Zurück sind es Wiesen- und Waldwege.

keine am Weg, abseits des Weges beim Tierpark Arche Warder die Farmküche

Bank am Start/Ziel, zwei weitere auf dem Weg (km 2,4 und 4,1)

am Start/Ziel, weitere Möglichkeiten entlang des Weges (km 1,2, 6,1, 6,5 und 6,9)

Bademöglichkeiten im See, abseits des Weges der Tierpark Arche Warder; auf der Westseite der Gewässer laufen Sie auf verkehrsarmen Landstraßen ohne Gehweg, in Langwedel auf dem Bürgersteig, auf der Ostseite der Gewässer verläuft ein kleiner Abschnitt auf schmalem Grat, an der Nordostbucht gibt es steile Böschung mit Fußtritten am Hang entlang.

meistens problemlos für Buggys, Ostseite kurzes Stück auf einem schmalen Grat, einige Baumhindernisse, kurz vorm Ziel kurzes Stück auf abschüssiger Böschung mit vielen Wurzeln

viel Auslauf auf den Feldwegen und den kaum befahrenen Straßen auf der Westseite, Ostseite auf Privatbesitz und im Landschaftsschutzgebiet Leinenpflicht, regelmäßig Trinkwasser unterwegs, Badeplatz Pohlsee für Hunde nicht erlaubt, aber mehrere

Stellen zum Reinspringen für Hunde unterwegs, Mülleimer und Hundebeutel in Langwedel (km 3,9), einmal ein kleiner Steg (km 6,1), längere Abschnitte auf Asphalt auf der Westseite, aber öfters ein breiter Grasstreifen zum Laufen, Ostseite pfotenfreundlich

P am Start/Ziel

Am Start/Ziel keine Busverbindung; Alternativ starten von Enkendorf (gleichnamige Haltestelle) mit Linie 768 Schülp – Nortorf, Mo bis Fr mehrmals tgl., in Langwedel können Sie zusätzlich die Linie 780 Nortorf – Kiel nehmen, Haltestelle „Langwedel (Holst) Denkmal", mehrmals tgl., von der Haltestelle 450 m auf der Mühlenstraße bis zum Abzweig Hohlweg; in Nortorf und Kiel Anschluss an Zug und Bus

Gegenüber dem P **Parkplatz** liegt das Gestüt Pohlsee. Bei Reitern und Züchtern ist es eine wohlbekannte Adresse für Holsteiner Zucht- und Turnierpferde. Selbst der Name des berühmten Springreiters Ludger Beerbaum ist hier zu finden. Ein paar Schritte die Straße hinab befindet sich am Nordende des **Großen Pohlsees** der Badeplatz. Der Strand wird entzückend von einem dichten Schilfgürtel umrahmt und besitzt einen Ausblick nach Süden über die ganze Länge des Sees.

Badeplatz Pohlsee, Liegewiese, Steg, Bank, kein Mülleimer, unbewacht

Am Westufer des Pohlsees hinter Enkendorf

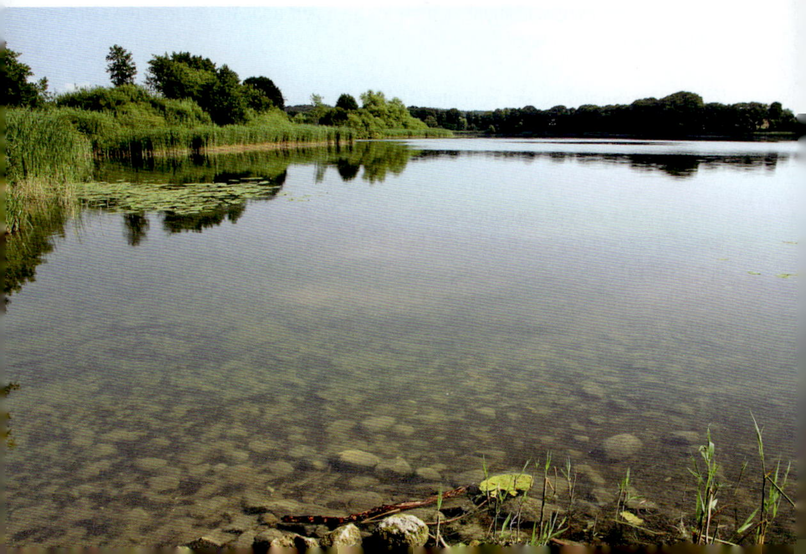

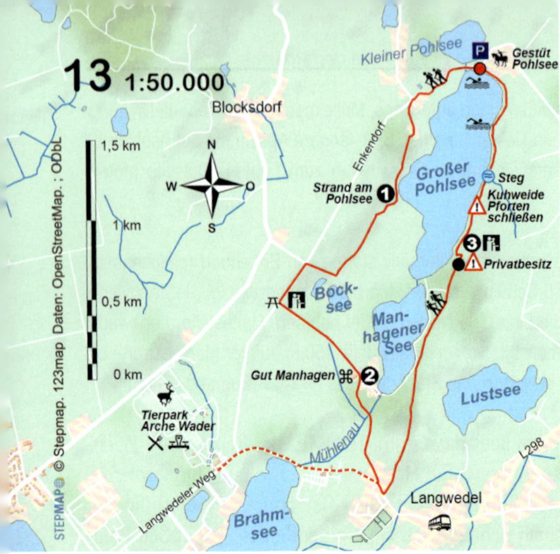

Rechts der Straße bezaubert der **Kleine Pohlsee** den Betrachter. Seerosenteppiche treiben auf dem nur 6 ha großen „Teich“. Beide Seen können sich auf eine hervorragende Wasserqualität berufen. Daher sind sie nicht nur bei Badefans beliebt, sondern hier fühlen sich gleichermaßen Hecht, Zander, Schlei, Barsch, Wels, Weißfisch, Aal und selbst Teichmuscheln wohl.

Die Landenge zwischen den Gewässern wird von einem urwaldartigen Wäldchen eingenommen. Anschließend windet sich die Straße durch die hügelige Knicklandschaft nach **Enkendorf** (km 0,6) hinauf. In der winzigen Siedlung wird der erste Abzweig Richtung Blocksdorf/Deutsch Niendorf ignoriert. Ein paar Schritte weiter wählen Sie den Abzweig nach links (ausgeschildert „FeWo am See“). Der Feldweg schlängelt sich im leichten Auf und Ab wieder zum **Großen Pohlsee ❶** (km 1,2) hinab.

☹ Der Strand ist ein beliebter Haltepunkt bei Reitern, wie die zahlreichen Pferdeäpfel bezeugen. Zum Baden empfiehlt sich diese Stelle nicht, aber für Hunde ist es ideal zum Abkühlen.

Nun geht es die Moränenrücken abermals hinauf. Oben an der **Kreuzung** (km 2,1) orientieren Sie sich Richtung Langwedel. Den **höchsten Punkt** (km 2,4) erreichen Sie beim nächsten Abzweig mit Bank. Von den hintereinanderliegenden Seen Bocksee, Manhagener See und Brahmsee schimmert nichts blau in östlicher Richtung. Dafür reichen die Höhenunterschiede in dieser für diese Gegend typischen gewellten Knicklandschaft leider nicht aus.

Ein Findling am Wegesrand wurde laut Inschrift als erster Preis für den Landeswettbewerb in Kiesabbau und Landwirtschaft im Jahr 1986 vergeben. Das heißt, die umliegenden Felder gehören nicht zum Gut Manhagen, denn dort werden seit 1980 die Felder nicht mehr intensiv landwirtschaftlich genutzt.

Der Radwegweiser schickt Sie hier nach Südosten Richtung Blumenthal/Langwedel. Von der Straße aus wird das Pächterhaus von ⌘ **Gut Manhagen** ❷ (km 3,2) von einer riesigen Trauerweide etwas verdeckt.

Gut Manhagen

Als 1575 an diesem Ort die Wassermühle in Betrieb genommen wurde, gehörte der Grund und Boden noch zum Gut Deutsch Nienhof. Die Mühle ist bis heute voll funktionstüchtig. Die gegenwärtig erhalten gebliebenen historischen Gebäude stammen aus dem 18. und 19. Jh., darunter eine Kellerholländer-Windmühle von 1873. Ein Teil der Gebäude wurde in Ferienwohnungen umgewandelt. Daneben wird hauptsächlich biologische Weidewirtschaft mit alten Landrassen getätigt. Die Schweine und Rinder dienen dabei gleichzeitig als natürliche Landschaftspflege.

Das Gut Manhagen

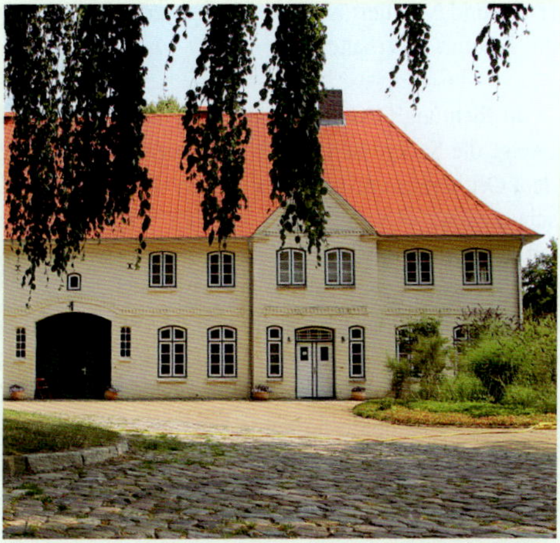

Dazu werden Ackerbohnen, Erbsen und Getreide angebaut. Maiswüsten werden Sie auf diesem Grund vergeblich suchen. Die Ideologie und Umsetzung des Gutes entspricht dem Konzept des benachbarten Tierparkes Arche Warder. Daher arbeiten beide seit Jahren zusammen. Das Anwesen ist leider nur für Feriengäste zugänglich. Das delikate Fleisch kann aber online bestellt werden.

💻 www.essbare-landschaften.de

Der verwilderte Bachlauf der **Mühlenau** (km 3,4) setzt beim Austritt aus dem Manhagener See die Wassermühle des Gutes in Gang. An der Straße quert er den Erlenbruchwald und sucht sich dann durch Niedermoorwiesen, Weidenbüsche und Schilf seinen Weg zum 1 km entfernten Brahmsee im Süden. In **Langwedel** (km 3,8) biegt als Erstes ↳ die Straße zum **Tierpark Arche Warder** ab.

Tierpark Arche Warder, Langwedeler Weg 11, 24646 Warder, ☏ 043 29/913 40, info@arche-warder.de, www.arche-warder.de, März bis Okt tgl. 10:00 bis 20:00, Einlass bis 17:00, im Winter tgl. 10:00 bis Dunkelheit, Einlass bis 16:00, Erw. € 10, Kinder 4 bis 17 J. € 7, Streichelzoo, Spielplatz, Strohburg und viele andere Events für Kinder

Farmküche Arche Warder Restaurant und Grill, Do bis So ab 11:00, Sommerferien bereits ab Mi, zurzeit nur der Grill innerhalb des Parks am Wochenende geöffnet (Stand Mai 2021)

Hofladen Arche Wader, in der Eingangshalle, März bis Okt 10:00 bis 18:00, sonst 10:00 bis 16:00

☺ Vom Abzweig in Langwedel sind es noch 1,1 km zum Tierpark. Am besten Sie fahren nach der Tour in aller Ruhe dorthin und schauen sich den etwas anderen Arche-Tierpark ausgiebig an. Auf dem weitläufigen Gelände finden viele alte Haus- und Nutztierrassen einen artgerechten Platz, auch um die Biodiversität für die Zukunft zu erhalten.

In Richtung Ortsmitte sind es nur 90 m bis zur nächsten Seitenstraße. Dort zweigt die Sackgasse namens **Hohlweg** ab. Die sandige Fahrstraße führt Sie aus dem Ort heraus und am Kindergarten Uhu-Haus (km 4,2) vorbei ins Landschaftsschutzgebiet (Abzweig nach links am Schild ignorieren). Vom Manhagener See linker Hand ist durch den dichten Uferbewuchs nur etwas zu erahnen. Das Land östlich dieses Sees gehört zum Gut Manhagen.

Laubwälder, Niedermoorflächen, Hochstaudenfluren und Feuchtwiesen wechseln sich mit Äckern, Weiden und Koppeln ab. Durch die ökologisch nachhaltige Bewirtschaftung konnten sich seltene Pflanzen wie Kreuzblume, Teufelsabbiss, Zittergras, Sumpfdotterblume, Sumpf-Hornklee, Sumpfblutauge, Fieberklee, Wollgras oder Brennender Hahnenfuß ansiedeln. Am Ufer kann mit viel Glück der Eisvogel beobachtet werden. Der Uhu, die größte Eule der Welt, hat sich ebenfalls in diesem Gebiet niedergelassen.

Die **Absperrung zum Privatbesitz** (km 5,6) am **Großen Pohlsee** dürfen nur Fußgänger passieren.

Damit die Strecke zukünftig für Wanderer freigegeben bleibt, respektieren Sie bitte die privaten Grundstücke am Ufer des Pohlsees. Das Betreten ist strikt verboten. Der Grasweg am Feldrand ist nur zum Durchgang gedacht. Dafür entschädigt die weite **Aussicht über den Großen Pohlsee ❸**.

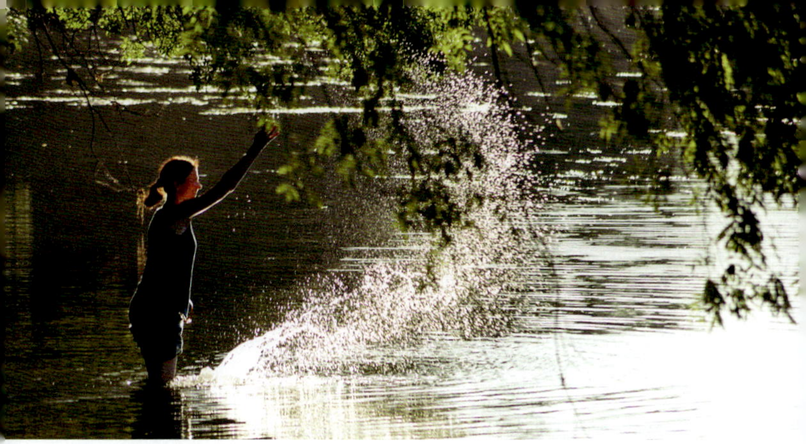

Am Nordostufer findet sich immer wieder eine Stelle zum Abkühlen

Beim Aufstieg verschmälert sich die Moränenkuppe zusehends. Der Fußpfad schlängelt sich auf der steilen Böschung zwischen den Eichen hindurch. Dann wird eine Kuhweide (km 5,9) gequert.

Pforten unbedingt schließen.

Nun gestaltet sich der östliche Uferweg gelegentlich etwas abenteuerlich. Baumstämme bilden natürliche Hindernisse. Ein hoher Absatz ist zu bewältigen. Im kurzen Auf und Ab hüpfen Sie stellenweise über Baumwurzeln. Der urige Buchenwald mit skurril verformten Ästen und Bäumen hat dafür echt Unterhaltungswert. Auffällig sind auch die vielen riesigen, terrassenartig verwachsenen Baumpilze. Ein kleiner Steg überbrückt den Bach **Asbek** (km 6,1). Mehrere kleine Strände verlocken zum Verweilen und Baden.

Insbesondere das letzte kleine Stück hat es in sich. Auf der steilen Uferböschung haben Sie kaum Tritt.

Schließlich wird es am letzten **Strand** mit Liegewiese (km 6,9) flach. Das versteckte Plätzchen im Schilf wird gerne von verliebten Pärchen genutzt. Der restliche Pfad zum **Badeplatz** am Ausgangspunkt wird von urwaldartigem Gestrüpp umlagert.

Vorsicht ist geboten, wenn die Brennnesseln schulterhoch auf den Weg ragen.

⑭ Zum Gut Emkendorf

Tour für Natur- und Kulturinteressierte

Das Dorf Westensee mit seinem historischen Ortskern und Badestelle zählt zu den Lieblingszielen ausflugsfreudiger Kieler. Ebenso wird das sehenswerte Gut Emkendorf mit der imposanten Parkanlage gerne angesteuert. Dennoch verlieren sich nur wenige auf das Wanderwegenetz, das das Herz des Naturparks erschließt. So können Sie die Hügel und Täler, Wiesen, Wälder und Moore in aller Ruhe erforschen.

Start/Ziel: Parkplatz Westensee, Dorfstraße, 24259 Westensee, GPS N 54°16.597' E 009°54.068'

9,3 km

2 Std. 30 Min.

250 m/250 m

5-64 m

gelbe Pfeile des Naturparkweges (NPW) und des Nord-Ostsee-Wanderweges (NOW), grün-weiße Radwegschilder, streckenweise unmarkiert, etwas Orientierungssinn und Karte erforderlich

Vom tiefer gelegenen Westensee müssen Sie erst einmal die umliegenden Moränen „erklimmen". Nach dem lang gezogenen Anstieg führt Sie der Weg durch einen reizvollen Wiesengrund. Anschließend wird es in den Wäldern rund um Gut Emkendorf hügelig, bis es wieder abwärts zum Westensee geht. Auf den ersten und letzten 1,4 km in Westensee gehen Sie auf asphaltierten und gepflasterten Wegen, ansonsten laufen Sie mehr auf Wald- als auf Wiesenwegen. Ein kleiner Abschnitt des Waldlehrpfades kann von Brennnesseln zugewuchert sein, lieber eine lange Hose anziehen.

am Start/Ziel und in Café Zeit Westensee (km 0,5 und 8,9)

regelmäßig Bänke, Rastplatz am Start/Ziel, Schutzhütte am Start/Ziel und bei km 2,7

Wochenmarkt in Westensee nahe Start/Ziel

WC am Badeplatz Westensee am Start/Ziel, etwas abseits des Weges am Badeplatz am Dörpsee in Emkendorf (☞ Tour 15)

Badeplatz Westensee am Start/Ziel, etwas abseits des Weges nahe Gut Emkendorf der Badeplatz am Dörpsee

Bademöglichkeit im See, Waldlehrpfad; Bürgersteig in Westensee und entlang der viel befahrenen L48 (nur 30 km/h in Ortschaft erlaubt), die zweimal gequert werden muss, zweimal Querung der weniger frequentierten K67, morsche Brücke im Wald überwiegend problemlos für Buggys, von Westensee nach Emkendorf längere Strecke über Graswege und schmale Waldpfade für etwa 1,3 km, kurze Treppe zum Waldfriedhof von Gut Emkendorf

Leinenpflicht im gesamten Gebiet zum Wildschutz, Badeplätze für Hunde verboten, Zugang nur zum Hasensee (km 5), Trinkwasser mitnehmen, mehrere Mülleimer unterwegs, kleine Holzbrücke (km 2,9), größtenteils pfotenfreundlich, außer in Westensee für 1,4 km am Anfang und Ende der Tour

P am Start/Ziel, alternativ können vom Parkplatz Badeplatz am Dörpsee (☞ Tour 15), 24802 Emkendorf, GPS N 54°15.567' E 009°51.412', starten.

Linie 765 Kiel – Nortorf, mindestens dreimal tgl., Haltestelle „Westensee Am Sandberg" (nahe Gasthaus Westensee), Haltestelle „Westensee Abzweig Dorfstraße" (beim Café Zeit), Anschluss in Kiel und Nortorf an Zug und Bus in alle Richtungen oder bei Umstieg am Bahnhof Felde an Zug stündlich nach Kiel und Rendsburg

Vom P **Parkplatz** folgen Sie der Dorfstraße um den Friedhof und die hoch aufragende ✝ Kirche herum.

St.-Catharinen-Kirche Westensee

Die ältesten Teile der Feld- und Backsteinkirche stammen aus dem 13. Jh. Ein Schatzfund soll das nötige Kleingeld für den Bau geliefert haben, der den Erzählungen nach zwischen Emkendorf und Brux vergraben war. Zu Anfang gab es getrennte Eingänge für Männer und Frauen. Die zugemauerten Türen sind noch heute ausfindig zu machen. Eine Zeit lang kamen Pilger auf Wallfahrt zum der heiligen Katharina von Alexandrien geweihten Gotteshaus. In der Kirche und in den angebauten Kapellen ruhen Verstorbene der regionalen Adelsfamilien.

Im historischen Dorfkern mit Kopfsteinpflasterstraße erinnern die kleinen Häuschen mit ihren winzigen Vorgärten, dekorativen Fassaden und Türen an schmucke Örtchen in Dänemark. Gleichfalls tut dies das **Café Zeit** an der Hauptstraße **L48** (km 0,5), das in einem hübschen alten Backsteinhaus auf Gäste wartet.

Café Zeit, Dorfstraße 23, 24259 Westensee, ☎ 043 05/681, www.cafezeit-westensee.de, Sa/So 13:00 bis 17:00, Fr 17:30 bis 21:00 Pizza außer Haus, bekannt für seine selbst gemachten Torten, gemütliches Café im alten Backsteinhaus, kein Kinderstuhl und Wickeltisch

Wochenmarkt in Westensee entlang der Dorfstraße, jeden Dienstag 9:00 bis 12:00, regionale Anbieter (Hofläden und Direktvermarkter)

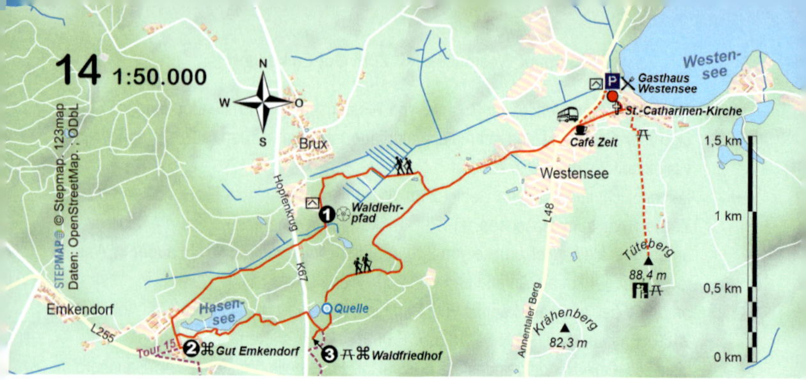

Der ✎ Radwegweiser und die gelben Pfeile des NOW schicken Sie Richtung Groß Vollstedt den „Berg" hinauf. Beim Abzweig (km 0,7) nach rechts in den **Emkendorfer Weg** zur Schule und Sportanlage geht es nun Richtung Rendsburg/Brux am Hang entlang weiter. Nur wenig später verabschiedet sich der Radweg allerdings hinab in den Wiesengrund. Die ✎ gelben Pfeile am Pfahl des Sackgassenschildes erfordern eine intensivere Suche. Sie bleiben auf dem Emkendorfer Weg auf gleicher Höhe.

Am Ortsende begrüßt Sie ein sanft ansteigender **Redder**. Mitten im grünen Tunnel folgt der nächste Abzweig (km 1,7). Die gelben Pfeile lotsen Sie hinab in den Wiesengrund. Dort knickt der Wanderweg zwischen zwei Findlingen hindurch nach Westen ab. Er durchquert das idyllische Tal mit Feuchtwiesen, Teichen, Gräben und hohem, im Wind wogendem und raschelndem Gras. Ein Abzweig nach rechts wird ignoriert. Am Knick entlang geht es weiter. Vor einem kleinen Tiergehege (km 2,4) sind die ✎ gelben Pfeile im Gebüsch nur schlecht zu sehen. Sie halten sich an den Feldweg, der davor nach rechts abbiegt und um das Gehege herum in den Wald aufwärts zieht.

Am nächsten Abzweig (km 2,5) nach links trennen Sie sich vom NOW. Der Pfad schlängelt sich im Auf und Ab durch den Wald. An der ⌂ Schutzhütte (km 2,7) wurde ein herrlicher ⛩ Picknickplatz angelegt. Immer geradeaus kommen Sie zum ❀ **Waldlehrpfad ❶** (km 2,8).

☹ Dieser wurde leider etwas vernachlässigt. Die **Brücke** (km 2,9) ist schon etwas morsch und der Weg wird von Brennnesseln zugewuchert. ✋ Eine lange Hose empfiehlt sich.

Nahebei markiert ein großer Findling den nächsten Richtungswechsel. Nach rechts gelangen Sie zu den Häusern an der Straße **K67/Hopfenkrug** (km 3,2).

Auf der anderen Straßenseite halten Sie sich an den Weg, der Sie am Waldrand entlang oberhalb des Wiesengrundes zum Gutsgelände führt. Am Ende der langen Gutsmauer (km 4,2) stehen rechter Hand hübsche Wohnhäuser. Nach links marschieren Sie ins Zentrum des Gutsgeländes. Vor dem ersten großen Stall linker Hand weist das Schild „Hasensee" (km 4,3) auf Ihren Rückweg hin. Zunächst sollten Sie sich jedoch geradeaus die ansehnliche Vorderfront des ⌘ **Gutes Emkendorf ❷** (km 4,4) anschauen. Die umliegenden Stall- und Wirtschaftsgebäude lohnen sich ebenfalls für ein Foto.

Gut Emkendorf

Das Gut Emkendorf zählt zu den größten adligen Besitztümern Schleswig-Holsteins. Mit seiner wundervollen Parkanlage scheint es einem englischen Roman des 18. Jh. entstiegen zu sein. Das ganze streng symmetrisch angelegte Anwesen versprüht einen klassizistischen Stil. Das verdankt es Friedrich Graf Reventlow und seiner Frau Julia. Unter ihrer Ägide bildete sich der Emkendorf Kreis, ein wichtiger musisch-literarischer Zirkel und damit ein Treffpunkt für Künstler, Dichter und Denker. Zu ihm gehörten auch so bekannte Dichter wie Friedrich Gottlieb, Klopstock und Matthias Claudius. Über Kontakte zu anderen Adelsfamilien wie Bernstorff, Stolberg und Schimmelmann erlangte der Kreis auch einen überregionalen politischen Einfluss.

1929 erwarb die Familie Heinrich das Gut. Sie öffnen ihre Türen für Konzerte, Besichtigungen, Feste und Gästeübernachtungen

♦ Herrenhausverwaltung, Gutshof 3, 24802 Emkendorf, ☏ 043 30/99 46 90, ✉ herrenhaus@gutemkendorf.de, 💻 www.gutemkendorf.de, 🚪 auf Anfrage

Peper Kutschfahrten bieten Touren vom Gut Emkendorf nach Groß Vollstedt (☞ Tour 15) an, Infos ☞ Tour 20.

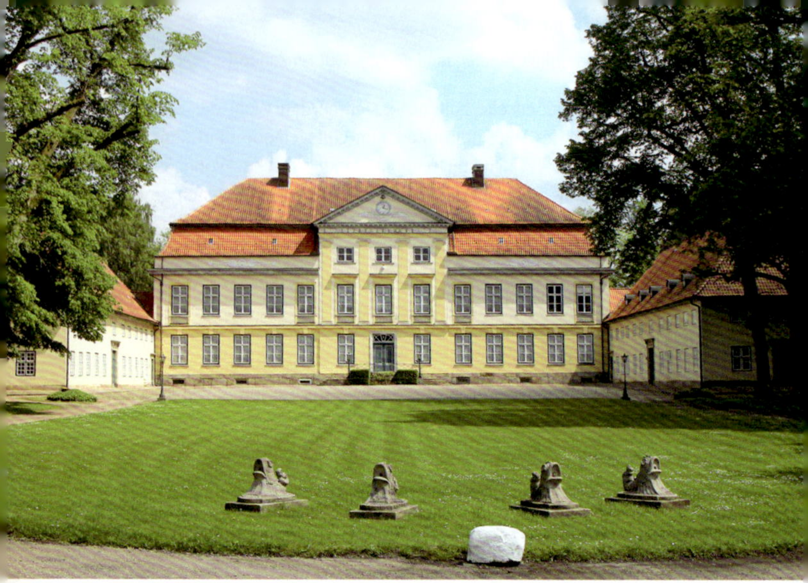

Gut Emkendorf

Zurück am Abzweig zum Hasensee betreten Sie am Stall vorbei den Park. Die Rückfront des Herrenhauses ist ebenso attraktiv wie die Toreinfahrt. Stattliche Bäume spenden Schatten am Rande der ausgedehnten Parkwiese.

Am **Hasensee** entlang lassen Sie den Park hinter sich und erreichen im Wald die Verzweigung (km 5,2) am Ostende des malerischen Gewässers. Sie halten sich äußerst rechts. Der nächste Abzweig (km 5,5) nach rechts wird ignoriert. Ein kleiner Bach im Talgrund nahebei wird überschritten. An der **K67** (km 5,7) bzw. der Straße **Hopfenkrug** setzt sich der Waldweg auf der anderen Straßenseite rechts vom Reetdachhaus und Teich fort.

Eine Treppe rechter Hand markiert weiter aufwärts den Zugang zum ⌘ **Waldfriedhof von Gut Emkendorf ❸** (km 5,9) oben auf der Anhöhe. Findlinge dienen als Grabsteine. Eine Bank lädt ein, die friedvolle Stille zu erfassen. Nur Vogelgezwitscher ist zu hören. Sie kehren wieder auf den Weg zurück. Von der Treppe sind es nur ein paar Schritte zum ✿ **Waldlehrpfad**. Nach links können Sie noch einige seiner Stationen kennenlernen. Doch bereits nach 300 m läuft der Waldlehrpfad geradeaus weiter. Sie orientieren sich jedoch an den ✎ gelben Pfeilen des NPW, die Sie nach rechts auf die Forststraße entführen. Am nächsten Abzweig (km 6,8) biegt der NPW nach links ab. Am folgenden Abzweig nahebei können Sie über den Pfad abkürzen oder mit den gelben Pfeilen den größeren

Bogen vollziehen. Unten in der moorigen Teichsenke wird ein Abzweig nach rechts ignoriert. Oft ist hier Wild zu sehen. Schließlich tauchen Sie aus dem Wald (km 7,3) auf und stoßen auf einen Redder, ein alter Bekannter vom Anfang der Tour. Durch ihn hindurch (km 7,4) verlieren Sie nach **Westensee** hinab langsam an Höhe. Im Ort bietet sich vom Café Zeit eine Abkürzung entlang der Hauptstraße und dann über die Wiese zum P Parkplatz am Gasthaus Westensee und Badeplatz mit Aussicht an.

Gasthaus Westensee, Dorfstr. 1a, 24259 Westensee, ☏ 043 05/997 99 21, info@gasthaus-westensee.de, www.gasthaus-westensee.de, Mi bis So u. feiertags 12:00 bis 20:00, hat sich nicht nur wegen seiner guten Lage am Westensee, sondern auch wegen des guten Essens einen Namen gemacht, Kinderstuhl und Wickeltisch ja

Badeplatz Westensee, WC, Liegewiese, Badesteg

☺ Tüteberg ➲ 3,2 km

Unternehmungslustige können sich die Besteigung des Tütebergs vornehmen. Er ist mit 88,4 m die fünfthöchste Erhebung im Kreis Rendsburg-Eckernförde. Dazu gehen Sie an der Kirche auf der Dorfstraße nach links. Hauseingang Nr. 6 schmückt ein farbenprächtiges Rad. Davor markiert ein Pfahl (km 0,2) mit Wanderzeichen den Anfang des Anstiegs zum Tüteberg. Über eine kurze Treppe überwinden Sie die ersten Höhenmeter. Oben beim Mülleimer stoßen Sie auf den Hochzeitsweg. Auf ihm sind früher die Paare zur Trauung in die Kirche gegangen. Es sind nur 50 m nach links. Dort klettert bei der Bank der „Gipfelweg" weiter nach Süden zwischen Feldern den Moränenrücken hinauf.

Etwa 500 m weiter aufwärts ignorieren Sie den Abzweig nach links. Sie folgen dem Waldweg weiter steil aufwärts. Durch ein Gatter (☝ Tür unbedingt schließen) erreichen Sie die letzte Etappe über die Schaf- und Kuhweide. Ein Ahornbaum umgeben von Bänken ist der offizielle **Aussichtspunkt** (km 1,6) mit benachbartem Gipfelkreuz. Es ist jedoch nicht der höchste Punkt. Der verbirgt sich im unzugänglichen Waldstück am Ende der Wiese. Von oben ergibt sich eine weite Fernsicht über das Westenseegebiet Richtung Rendsburg und Kiel. Das Panorama nach Osten und Westen ist etwas begrenzt, da der Wald aus Naturschutzgründen ungehindert wachsen darf. Von weiter bergab ist das als weißer Riese bezeichnete Hochhaus in Kiel-Mettenhof zu sehen. Auf dem gleichen Weg geht es nun zurück.

15 Zum Vollstedter See

Tour für Seebegeisterte

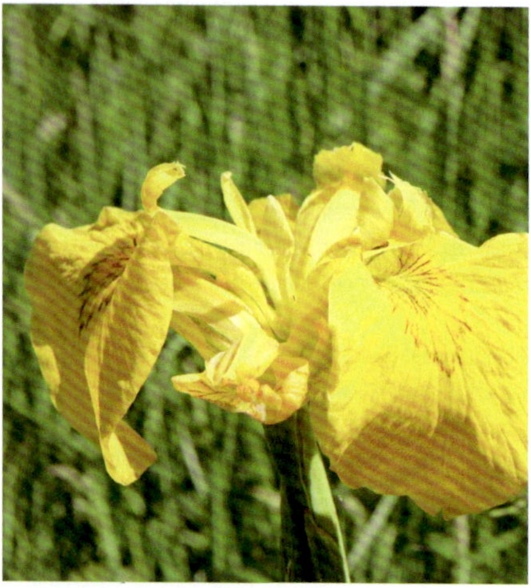

Die Sumpf-Schwertlilie leuchtet am Teichrand

Zwischen Groß Vollstedt und Emkendorf reihen sich die Seen wie Perlen an eine Kette. Sie ruhen in einem Meer aus sanften Ackerwellen in der Knicklandschaft. Jeder See hat sein ganz eigenes Flair. Der Hasensee vom Gut Emkendorf präsentiert sich im englischen Parkstil, die größeren Gewässer Dörpsee und Vollstedter See laden zum Baden ein. Die kleineren Teiche kommen mal düster- moorig im Wald oder im Schilfmantel mit Sumpf-Schwertlilie mal als gelber Farbtupfer daher.

Start/Ziel: Wanderparkplatz Emkendorf-Brux, Liethberg, 24802 Emkendorf, GPS N 54°15.539' E 009°52.096'

10,2 km

2 Std. 30 Min.

218 m/218 m

16-65 m

grün-weiße Radwegschilder, überwiegend unmarkiert, Infotafeln mit Übersichtskarte am Vollstedter See, etwas Orientierungssinn und Karte erforderlich

Nur kleine Wäldchen bei den Seen lockern die Knicklandschaft ein wenig auf. So wandeln Sie hauptsächlich auf landwirtschaftlichen, sandigen Fahrstraßen zwischen Emkendorf und Groß Vollstedt dahin. Während es in der ausgedehnten, moorigen Senke am Vollstedter See kaum nennenswerte Höhenunterschiede gibt, geht es im Wald vom Gut Emkendorf noch mal zur Sache.

Landgasthof Groß Vollstedt (km 3,2)

Bank (km 0,3) und in Groß Vollstedt (km 3,4), danach regelmäßig Bänke, Rastplatz am Start/Ziel und an den Badeplätzen (km 4,3 und 7,2), Schutzhütte Badeplatz Vollstedter See (km 4,3)

in Groß Vollstedt Supermarkt Topkauf Rohr (km 3,1), ☺ Imkerei Volcstide (km 4)

WC am Badeplatz Vollstedter See (km 4,3), am Badeplatz Dörpsee (km 7,2)

Badeplatz Vollstedter See (km 4,3), Badeplatz Dörpsee (km 7,2)

Bademöglichkeit im See, Spielplatz am Badeplatz Vollstedter See und in Groß Vollstedt, Waldlehrpfad; größtenteils verkehrsarme landwirtschaftliche Fahrstraßen, 575 m Bürgersteig in Groß Vollstedt an verkehrsreicher L48 vorhanden, bei Emkendorf müssen die L255 und die K67 gekreuzt werden, der Verkehr ist nicht stark (außer bei Veranstaltungen auf Gut Emkendorf), aber die Autos rauschen schon mit 100 km/h durch.

außer kurze Treppe zum Gutsfriedhof problemlos für Buggys

Leinenpflicht im FFH-Gebiet am Vollstedter See und im Wald von Gut Emkendorf, ansonsten viel Auslauf möglich auf den verkehrsarmen Fahrstraßen, allerdings sind an der Seenstrecke an schönen Tagen am Wochenende viele Radler unterwegs. Badeplätze für Hunde verboten, der Zugang zu den Seen ist meist entweder nicht erlaubt oder durch den dichten Uferbewuchs nicht möglich, Trinkwasser deswegen nur bei km 6,1 oder am Hasensee (km 8,7), Mülleimer in Groß Vollstedt und an den Badeplätzen. Der Weg ist größtenteils pfotenfreundlich, außer Asphaltwege für 1 km am Vollstedter See, 700 m in Groß Vollstedt und 500 m vor dem Dörpsee.

P Am Start/Ziel, alternativ können Sie vom Parkplatz Badeplatz Dörpsee, 24802 Emkendorf, GPS N 54°15.567' E 009°51.412', oder vom Parkplatz Badeplatz Vollstedter See, Seeredder, 24802 Emkendorf, GPS N 54°15.533' E 009°51.729', starten.

Linie 796 Schacht-Audorf – Flintbek, Haltestelle „Emkendorf-Hopfenkrug", mehrmals tgl., Umstieg in Flintbek in Linie 790 nach Kiel oder von Flintbek mit Zug nach Kiel oder Richtung Hamburg, alternativ Umstieg Haltestelle „Westensee-Krähenberg" in Linie 765 Kiel – Nortorf, dort Anschluss an Zug und Bus oder Umstieg in Felde mit Zug nach Rendsburg, außerdem möglich: mit Linie 796 nach Schülldorf und dort Anschluss mit Zug nach Rendsburg und Kiel

Der P **Wanderparkplatz** an der Straßenkreuzung Emkendorf/Brux liegt schön geschützt im Mischwald. Von dort folgen Sie der sandigen Fahrstraße namens **Osterheide** Richtung Süden. Schon bald tritt diese unter den Bäumen hervor und windet sich durch die Knicklandschaft. Eine mächtige Eiche (km 0,9) breitet in der letzten Kurve ihre Äste aus. Dann geht es fast schnurgerade an mehreren Höfen vorbei auf **Groß Vollstedt** zu.

↳ An der **Dorfstraße** (km 2,6) können Sie einen kleinen Abstecher nach links zum Ortsausgang machen. Dort steht rechter Hand der alte ⌘ **Wasserturm** von 1925 auf einer Anhöhe. Er beherbergt Fledermäuse und Eulen. Richtig interessant wird es allerdings erst zur Abenddämmerung, wenn die nachtaktiven Bewohner auf die Jagd gehen. ⇆ 360 m

Sie gehen rechts. Plattdeutsche Hinweisschilder schicken Sie zu den Geschäften in der Dorfstraße. Aus alten Zaunbrettern, Holzlatten und Holzresten wurden die originellen Wegweiser gezimmert. Thendoktor, Knackenbreker, Höker, Kroog oder Wachtmeester – das heißt Zahnarzt, Heilpraktiker, Kaufmann, Gasthof und Polizei. Der rustikale Charme passt zum Dorf. Nach rechts erreichen Sie im Ort einen Laden und den **Landgasthof Groß Vollstedt ❶** (km 3,2).

✕ Landgasthof, Groß Vollstedt, Dorfstr. 29, 24802 Groß Vollstedt, ☏ 043 05/754, info@landgasthof-gross-vollstedt.de, www.landgasthof-gross-vollstedt.de, Mo bis Mi, Fr u. Sa 17:00 bis 21:30, So 11:00 bis 15:00 u. 16:30 bis 21:30, regionale Küche nach Saison, Kinderstuhl ja, Wickeltisch nein

Topkauf Rohr, Dorfstr. 38, 24802 Groß Vollstedt, ☏ 043 05/387, Mo bis Fr 7:00 bis 13:00 u. 14:30 bis 18:30, Sa 7:00 bis 13:00

☺ ↳ Vom Landgasthof folgen Sie der Dorfstraße noch weiter und biegen wenig später nach links in die Straße zum Sportplatz ab. Nach 700 m kommen Sie zur Imkerei.

Imkerei Volcstide, Timo Gorlicki, Am Sportplatz 19, 24802 Groß Vollstedt, 01 77/372 04 71, imkerei@gorlicki.de, www.imkerei-volcstide.business.site, 10:00 bis 17:00, Raps-, Frühtracht- und Sommertrachthonig, 500g € 5

Vor dem Gasthof wenden Sie sich nach rechts in die Straße **Meiereiweg**. Am Dorfrand schließt sich ein Fußpfad an, der von Kopfweiden flankiert wird. Dort befindet sich eine Bank (km 3,4). An der ersten Infotafel (km 3,6) knickt der Weg nach Nordosten in den Redder ab. Mehr Wissenswertes über Land und Leute im FFH-Gebiet **Vollstedter See** erfahren Sie bei der Infotafel an der Straße **Seeredder** (km 4), wo Sie von der Kurve weiter geradeaus zum **P** Parkplatz und **Badeplatz Vollstedter See ❷** (km 4,3) gelangen.

Badeplatz Vollstedter See, Spielplatz, Feuerstelle, Schutzhütte, Wasserrutsche, Badesteg, WC, Rastplatz, Liegewiese, Infotafel

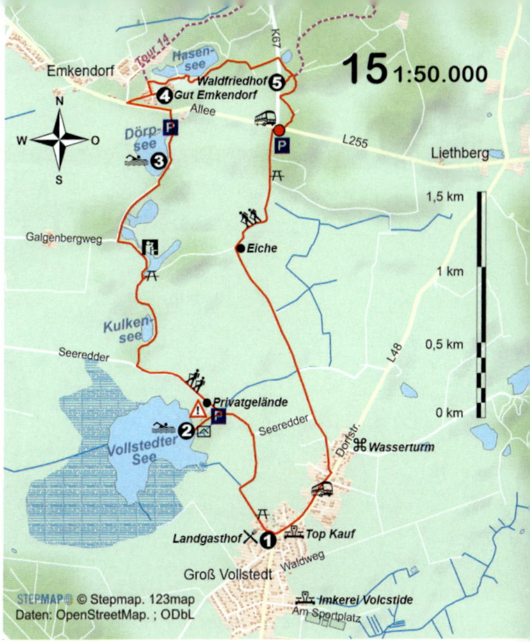

Nebenan sind der Parkplatz und Badeplatz in Privatbesitz und dürfen nicht betreten werden.

Nördlich des Vollstedter Sees lotst Sie der **Radwegweiser** (km 5,4) Richtung Emkendorf auf eine sandige Fahrstraße. Sie schlängelt sich zwischen den Seen hindurch. Der **Kulkensee** versteckt sich in einem Wäldchen. An den nächsten Teichen ergeben sich ein paar reizvolle Ausblicke über die Gewässer. An der Straße **Galgenberg** (km 6,5) orientieren Sie sich mit den Radlern nach rechts. Sie mündet in den **Badeplatz am Dörpsee ❸** (km 7,2).

Badeplatz am Dörpsee, Liegewiese, WC, Wasserrutsche, Badeponton, Rastplatz

Nördlich davon stoßen Sie auf den P Parkplatz und die ⌘ **Allee** (km 7,5) mit Infotafel von Gut Emkendorf.

Die Allee von Gut Emkendorf

Anfang des 19. Jh. war Reisen in Schleswig-Holstein sehr beschwerlich und oft die reinste Marter. Die fast allerorten unbefestigten Landstraßen waren meist tief zerfurcht, bei Regen überall mit Sumpfpfützen durchlöchert und voller Steine. Die Bauern trugen zu den schlechten Straßenverhältnissen bei, indem sie die ausgepflügten Steine von den Feldern auf die Wege warfen. Die Wageninsassen in den Kutschen wurden schrecklich durchgerüttelt und mussten sogar einen Rippenbruch fürchten. Vorbildlich waren dagegen die Alleen von Gut Emkendorf, die gut festgestampft wurden, später sogar gepflastert waren und für eine gute Durchfahrt sorgten.

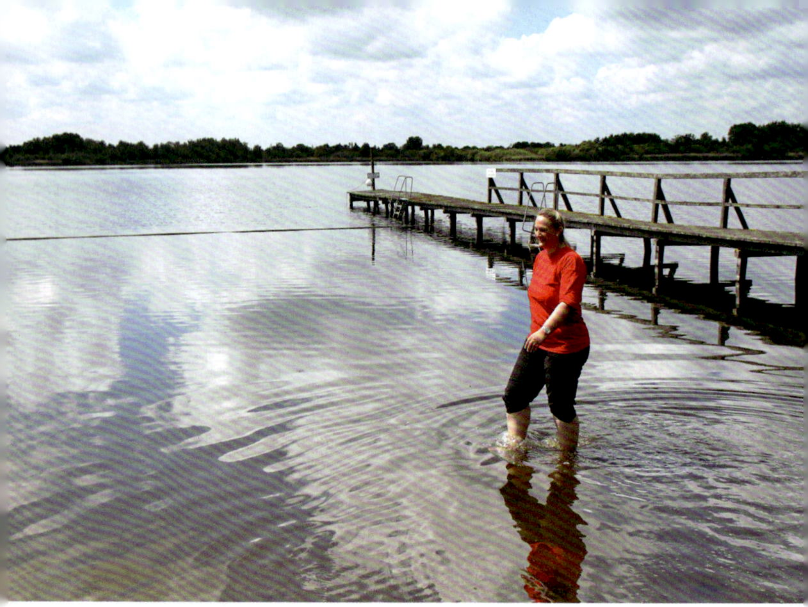

Der Vollstedter See ist einer der Höhepunkte dieser Tour

Entlang der Pflasterstraße laufen Sie 300 m nach links hinab zur Auffahrt von **Gut Emkendorf ❹** (☞ Tour 14). Vor der Toreinfahrt zum Herrenhaus wenden Sie sich nach links zwischen den Wirtschaftsgebäuden hindurch. Am Ende des langen Stalles rechter Hand zeigt Ihnen das Schild „Hasensee" den Weg hinten um das Gut herum in den Park. Sie schlendern entlang des **Hasensees** durch den Park und erreichen im Wald die Verzweigung (km 8,9) am Ostende des Gewässers. Sie halten sich äußerst rechts. Der nächste Abzweig (km 9,1) nach rechts wird ignoriert. Ein kleiner Bach im Talgrund nahebei wird überschritten. An der **K67** (km 9,3) bzw. der Straße **Hopfenkrug** setzt sich der Waldweg auf der anderen Straßenseite rechts vom Reetdachhaus und Teich fort.

Eine Treppe rechter Hand markiert weiter aufwärts den Zugang zum **Waldfriedhof von Gut Emkendorf ❺** (km 9,5). Sie kehren die Treppe hinab auf den Weg zurück. Oben auf der Anhöhe verläuft der ✿ **Waldlehrpfad**. Nach rechts führt er in Bögen über die Moränenhügel und berührt kurz die K67. Er endet bzw. startet nahe der **L255**. Nach rechts ist es nicht weit bis zur Straße gegenüber vom **P Wanderparkplatz**.

16 Kleiner und Großer Schierensee

Tour für Naturliebhaber und Badefreunde

Der Klassiker am Westensee ist die Umwanderung des Kleinen und Großen Schierensees. Herrliche Buchenwälder bedecken die steilen, bis zu 89 m hohen Moränen. Gerade im Frühjahr verzaubert ein weißes Meer an Buschwindröschen die Uferhänge. Aber auch der benachbarte Westensee sorgt für Glanzpunkte. Je nach Lust und Laune kann die Runde der Tagesform angepasst werden, sodass für einen kurzen Spaziergang oder eine längere Wanderung nur ein anderer Abzweig gewählt werden muss.

Start/Ziel: Parkplatz Wrohe am Westensee, Seeweg 2-4, 24259 Westensee, GPS N 54°16.044' E 009°57.552'

11,4 km

3 Std.

↑ ↓ 330 m/330 m

⇧ 3-48 m

grün-weiße Radwegschilder, gelbe Pfeile des Naturparkweges (NPW), Wanderweg-Schild, meistens unmarkiert, Infotafeln mit Übersichtskarte am Start/Ziel, am Schierensee (km 4) und am Unteren Schierenseebach (km 8,1), Orientierungssinn und Karte erforderlich

Die beiden Seen sind eingebettet in eine äußerst hügelige Moränenlandschaft. Nur auf der Landzunge, die in den Westensee hineinragt, finden sich streckenweise flache Uferwege. Ein märchenhafter Buchenwald taucht die Tour in ein faszinierendes Licht- und Schattenspiel. Nur im Dorf Schierensee strahlt die Sonne ungehindert. Umgestürzte Bäume und urwaldartige Uferpfade sorgen nach den längeren Abschnitten auf den breiten Forststraßen und Hauptwegen für spannende Abwechslung.

Imbiss am Start/Ziel, La Famiglia am Schierensee (km 3,8), Café am Schierensee (km 4,8)

Mehrere Bänke gibt es nur im Bereich des Dorfes Schierensee (km 2,5 bis 4,7).

WC am Badeplatz Wrohe am Westensee am Start/Ziel, am Badeplatz an der Südbucht (km 2,4), am Badeplatz Schierensee (km 4,8)

Badeplatz Wrohe am Westensee am Start/Ziel, Badeplatz an der Südbucht (km 2,4), Badeplatz Schierensee (km 4,8)

Das Baden im See, Spielen am Bach, Klettern und Turnen auf Bäumen im Wald bieten sich für Kinder an; verkehrsarme Straßen im Ort Schierensee und zur Badestelle (außer bei Ansturm an Badetagen), streckenweise gibt es steile Böschung, kurze Stücke verlaufen auf Forststraßen, auf denen auch mal ein Auto auftauchen kann.

Überwiegend problemlos für Buggys, der schmale Uferpfad westlich des Kleinen Schierensees ist nicht zu empfehlen, kann aber auf dem breiten Hauptweg umgangen werden. Sowieso ist auf den schmaleren Uferpfaden mit quer liegenden Bäumen zu rechnen. Am Südwestufer des Großen Schierensees sind größere Moraststellen mit Ästen „überbrückt". Die Hauptwege sind gut gepflegt, da sie teilweise auch als Forststraßen genutzt werden. Hauptweg auf der Landzunge für 100 m auf Privatbesitz gesperrt, leider ist nur ein Ausweichen auf laubbedecktem, wurzeligem Waldboden möglich.

Leinenpflicht im Naturschutzgebiet am Westensee und in den Wäldern, Badeplätze für Hunde verboten, mehrere Trinkwassermöglichkeiten unterwegs, Mülleimer an den Badeplätzen, Holzsteg (km 8,1). Die Tour ist meist pfotenfreundlich, außer kleinere Abschnitte auf Asphalt im Ort Schierensee.

P Start/Ziel, alternativ können Sie vom Parkplatz am Westensee, 24259 Westensee, GPS N 54°16.093' E 009°57.667', starten.

☞ Tour 15, Haltestelle „Westensee-Wrohe", 350 m von der Haltestelle an der L255 Fußweg hinab zum Seeweg in Wrohe und auf diesem zum Parkplatz

☺ Auf dem oberen **P** **Parkplatz** am Seeweg in **Wrohe** kann an publikumsreichen Tagen eher eine Lücke ergattert werden.

Zum unteren **P** Parkplatz direkt bei dem **Badeplatz am Westensee** sind es 120 m. Hier ist auch ein Imbiss.

Kiki's Imbiss, Seeweg 22, 24259 Wrohe, seit April 2020 wegen Corona Geschäftsaufgabe, aber ein neuer Pächter baut das Gebäude umfangreich in ein attraktives georgisches Restaurant um. Im Sommer 2021 Neueröffnung. Unbedingt mal ausprobieren.

Badeplatz Wrohe, Westensee, WC, Liegewiese, Badesteg und -ponton

Daneben schließt sich gleich der Naturcampingplatz an. Nicht weit entfernt finden Sie im Wald am Straßenrand eine große Informationstafel mit Übersichtskarte. Sie berichtet Wissenswertes über das Naturschutzgebiet Ahrensee und nordöstlicher Westensee. An dieser Stelle biegen Sie mit dem Radweg Flintbek/Schierensee nach rechts auf die Forststraße ab. Wenn linker Hand die

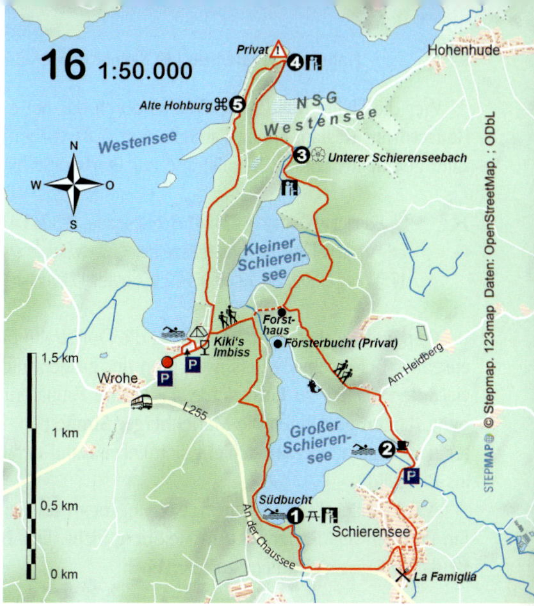

südlichste Bucht des **Kleinen Schierensees** zu sehen ist, kommt bald darauf Ihr Abzweig (km 0,7).

☺ Für die kleine Runde um den Kleinen Schierensee kürzen Sie geradeaus zum Forsthaus ab. ➲ Die Tour ist dann 6,2 km lang.

Während der NPW geradeaus weiterzieht, nehmen Sie rechter Hand den Waldweg. Dadurch, dass er nicht so häufig begangen wird, verstärkt sich zunehmend der Grasbewuchs.

☹ Weil die Nordbucht des **Großen Schierensees** in Privatbesitz ist, dürfen die Ufer der sogenannten Försterbucht nicht betreten werden. Sie bleiben auf dem langsam ansteigenden Waldweg. Erst nahe der **L255** (km 1,3) (noch im Wald) zweigt der Wanderweg zum See hinab ab. Unten treffen Sie auf den Uferpfad (km 1,6), dem Sie nun weiter nach Süden um den Großen Schierensee herum folgen.

Der Bereich wird weitestgehend naturnah belassen, deswegen werden umgestürzte Bäume nicht weggeräumt. Zumindest die morastigsten Uferstellen in dem Feuchtwald wurden mit Ästen „ausgestopft". In der **Südbucht** ❶ befindet sich ein kleiner Strand (km 2,4) und eine Bank beim Aussichtspunkt (km 2,5). Dann verlässt der Weg den Seebereich und folgt dem Zufluss **Bollhusengraben** hinauf zur **L255** (km 2,9). Der ✎ Wanderweg (ausgeschildert) verläuft etwas geschützt durch Bäume und Gebüsch bis zum Ortseingang von **Schierensee** (km 3,3). Kunstvoll geschnitzte Holzschilder ersetzen im Ort die üblichen Straßenschilder. An der nächsten Kreuzung (km 3,6) mit der **Poststraße** haben Sie die Wahl.

Wer die kleine Runde nach rechts durch das nette Örtchen mit einigen alten Häusern am Restaurant **La Famiglia** (km 3,8) vorbei nicht machen möchte, ↳ kann geradeaus auf der Schulstraße zur Dorfstraße hin abkürzen.

La Famiglia, Dorfstr. 6, 24241 Schierensee, ☏ 043 47/902 97 05, info@lafamiglia-schierensee.de, www.lafamiglia-schierensee.de, Di bis Sa 17:00 bis 22.00, So 12:30 bis 22:00, gutes italienisches Restaurant

Vom italienischen Restaurant führt die Dorfstraße hinab zum nördlichen Dorfausgang. Bei einem Zwischenstopp an der großen Informationstafel erfahren Sie viel Interessantes zu Geschichte, Flora und Fauna von Schierensee und Umgebung. Unten gibt Ihnen die **Marienberger Straße** (km 4,4) die Richtung vor. Hinter den letzten Häusern schiebt sich linker Hand der Große Schierensee wieder ins Blickfeld.

An der nächsten Straßenverzweigung beim P **Parkplatz** (km 4,7) brauchen Sie den Hinweis Rodenbek/Am Heidberg nicht. Der **Badeplatz von Schierensee** ❷ (km 4,8) ist nicht mehr zu übersehen.

Café am See, Am Heidberg 1a, 24241 Schierensee, 01 72/708 44 17, www.cafe-am-see-schierensee.de, Fr bis Sa ab 15:00, So ab 9:30, bei schönem Wetter Di bis Do ab 15:00 spontan geöffnet, kein Kinderstuhl und Wickeltisch

Badeplatz Schierensee, WC, Liegewiese, Wasserrutsche, Badesteg und -ponton

Ein Stück weiter aufwärts bei den **Häusern Am Heidberg** (km 5,2) wechseln Sie nach links auf die sandige Fahrstraße. Wenig später verschluckt Sie der Buchenwald.

↳ Angler können zu den Angelplätzen auf die Gaststrecke am Ostufer absteigen (km 5,4). Aal, Barsch, Hecht, Karpfen, Weißfische, Zander und diverse Kleinfische sind im See zu fangen.

Anglerverein Großer Schierensee e. V., Jochen Bollert, Poststr. 21, 24241 Schierensee, ☏ 043 47/75 43, Informationen und Ausgabe von Angelkarten, Tageskarte € 5

Alle anderen erreichen auf dem Hauptweg das **Wegekreuz beim Forsthaus** (km 6,2) zwischen Großem und Kleinem Schierensee.

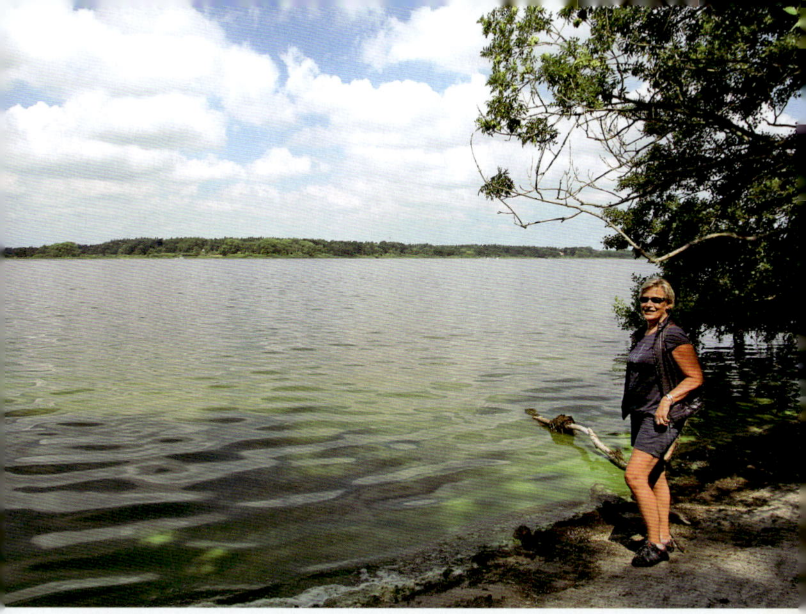

Westlich des kleinen Schierensees führt ein Weg direkt am Seeufer vom Westensee entlang

☺ ↳ Erneut bietet sich eine Verkleinerung der Tour an. Nach links kommen Sie wieder zum Westensee und dem Startpunkt. ➲ Die Tour ist dann 6,4 km lang.

Geradeaus blitzt schon der **Kleine Schierensee** zwischen den Bäumen hervor. Nach rechts schlängelt sich der breite Waldweg oberhalb des Gewässers am steilen Hang auf und ab. Erst am Nordende des Sees (km 7,4) ergibt sich eine Möglichkeit, kurz zum Ufer hinabzusteigen und die mystische Stimmung zu erfassen. Je nach Lichteinfall schimmert die Wasserfläche mal silbern oder mal grünlich.

Der folgende Bogen bringt Sie zum **Unterer Schierenseebach ❸** (km 7,7), der vom Kleinen Schierensee in den Westensee abfließt. Bei der Brücke über das Naturkleinod macht eine Informationstafel auf seine Besonderheiten aufmerksam. Ein Steinwurf entfernt wartet die nächste Informationstafel mit Übersichtskarte an der Forststraße. Sie enthält Auskünfte über das Naturschutzgebiet Ahrensee und nordöstlicher Westensee, zu dem der Bach und die folgende Landzunge gehören.

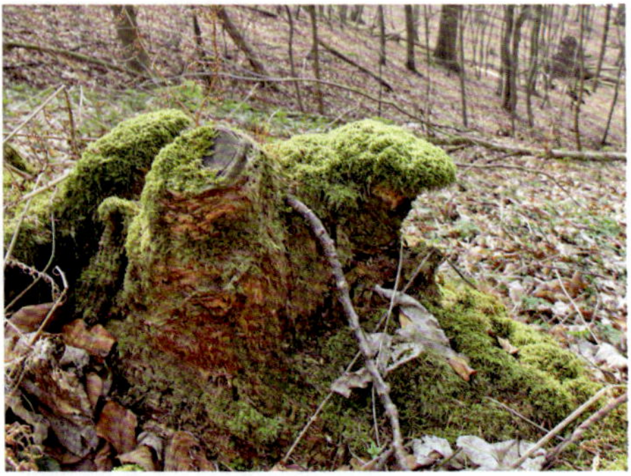

Auffällig stark ist der Moosbewuchs auf Totholz

Schräg gegenüber setzt sich die Wanderung fort. Abzweigende Wege nach links bleiben unbeachtet. Auffällig stark ist der Moosbewuchs auf Totholz, aber auch die Buchenbaumwurzeln haben grüne „Füße". Am Nordende der gekrümmten Landzunge öffnet sich vom Steg (km 8,6) die beste **Aussicht auf den nordöstlichen Westensee ❹**. Vom Uferweg geht es hier hinauf zum ehemaligen Ferienheim für Jugendliche. Der Weg quer durch den Privatbesitz ist versperrt. Sie müssen weglos drum herumlaufen. Auf der anderen Seite balanciert der Hauptweg auf dem Moränenrücken entlang.

An der nächsten Verzweigung (km 9,2) stehen gleich zwei Informationstafeln. Sie berichten über die Entstehung der Landschaft in der Eiszeit und die See- und Siedlungsgeschichte. Hier auf der Anhöhe hat z. B. die ⌘ **Alte Hohburg ❺** gestanden.

Mit Buggy müssen Sie auf dem guten Hauptweg bleiben. Sie treffen dann in südlicher Richtung ebenfalls auf die Straße, die nach rechts zum Campingplatz führt.

Nach rechts abwärts gelangen Sie zum westlichen Uferpfad am **Westensee** (km 9,3).

Unten am Strand ist im Naturschutzgebiet das Baden nicht erlaubt. Aber die Füße können Sie schon abkühlen.

Sie gehen links weiter. Immer geradeaus schlängelt sich der Uferpfad durch das urwaldartige Gestrüpp. Mal hängen Bäume quer über den Weg, mal überklettern Sie einen Baumstamm. Der Weg mündet beim Ortsschild von **Wrohe** (km 11) in die Straße. Nach rechts am Campingplatz vorbei kommen Sie wieder zum Ausgangspunkt beim Badeplatz.

17 Durch die Gemeinde Felde

Tour für Eisliebhaber und Orchideenfreunde

Beim Zug durch die Gemeinde Felde begegnen Sie hinter der Häuserkulisse weniger bekannten, kleineren Schätzen wie dem Alten Heuboden oder einer Orchideenwiese. Das Verwöhnprogramm schließt den aussichtsreichen Badeplatz am Westensee und das beste Eiscafé weit und breit ein.

Start/Ziel: Parkplatz Bahnhof Felde, Am Bahnhof, 24242 Felde, GPS N 54°18.599' E 009°56.810'

9 km

2 Std. 30 Min.

201 m/201 m

5-34 m

Rundweg Nr. 3 + 4 (Markierungen nur laut Karte, vor Ort nicht ausgeschildert), gelbe Pfeile des Naturparkweges (NPW), Infotafeln Badeplatz und Hof Wulfsfelde, wenig markiert, Karte und guter Orientierungssinn erforderlich

Im Talraum der Eider am Anfang und Ende der Tour durchwandern Sie eine zauberhafte Wiesenlandschaft. Die bewaldeten Moränenhügel am nordwestlichen Westensee wurden von einer lockeren Ferienhaussiedlung erobert. Sandige Fahrstraßen, Wald- und Feldwege durchkreuzen das Areal. Nach längerer Trockenphase kann es manchmal staubig werden. In den Wohngebieten fügen sich kürzere Abschnitte auf Asphalt hinzu.

am Start/Ziel das Eidercafé (☞ Tour 18), Pavarotti am Felder See abseits des Weges, Ali`s Schnellrestaurant in Felde abseits des Weges

Im Bereich des Bahnhofs am Start/Ziel und des Felder Sees nach etwa 5 km häufen sich die Bänke, ansonsten gibt es längere Strecken von 1,5 bis 2 km ohne Sitzgelegenheit.

abseits des Weges in Felde Edeka Schmoock mit Bäckerei

WC am Badeplatz Westensee (km 2,4)

Badeplatz Westensee (km 2,4)

Bademöglichkeit im Westensee, Spielplatz an der Schule; mehrheitlich verkehrsarme Fahrstraßen ohne Gehweg, die Zufahrtsstraße zum Badeplatz und zur Ferienhaussiedlung ist im Sommer dagegen stark frequentiert, am Bahnhof und Dorfstraße ist einiger Verkehr.

Meistens problemlos, auf den Fahrstraßen ist es stellenweise etwas sandig, im Wald verhindert mal eine Wurzel das schwungvolle Schieben. 500 m über die Orchideenwiese sind grasig, die letzten 200 m zum Ortsteil Brandsbek quetscht sich der Pfad zwischen Zäunen hindurch, dieser kann auch etwas zugewuchert sein, es empfiehlt sich über die Dorfstraße auszuweichen.

Kein Auslauf möglich, Leinenpflicht im LSG Westensee und NSG Ahrensee und nordöstlicher Westensee, am Badeplatz ist es verboten, Hunde ins Wasser lassen, mehrere Mülleimer und sogar Hundebeutel unterwegs, Trinkwassermöglichkeit und Abkühlung Felder See (km 5,1). Die Tour ist meist pfotenfreundlich, außer kleinere Abschnitte auf Asphalt.

P Start/Ziel beiderseits des Bahnhofes, alternativ können Sie vom Parkplatz des Badeplatzes am Westensee, Wulfsfelder Weg, 24242 Felde, GPS N 54°17.753' E 009°57.040', starten.

☞ Tour 14, Haltestelle „Felde Bahnhof"

RE74 und RE75 Husum – Rendsburg – Kiel, tgl. stündlich, Anschluss in Rendsburg und Kiel an Zug und Bus in alle Richtungen

Anleger der Steggemeinschaft Wulfsfelde e.V.

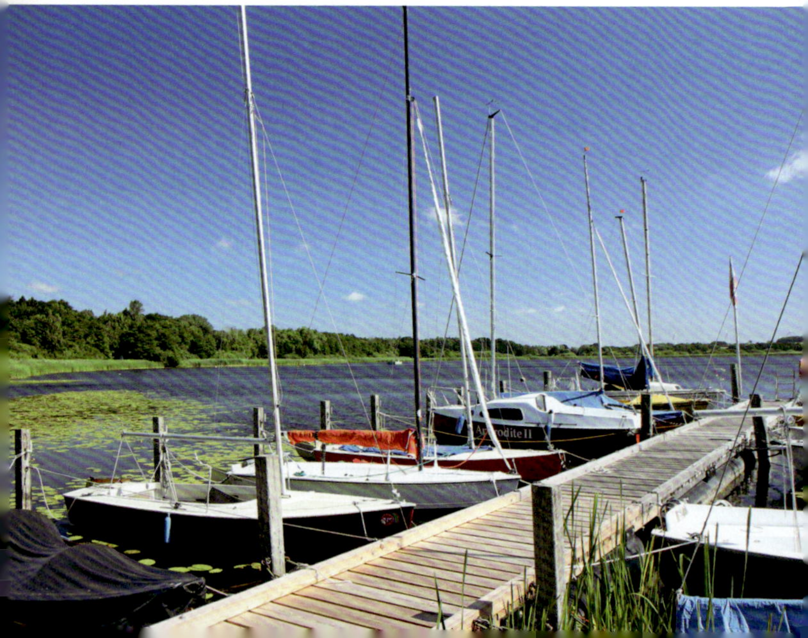

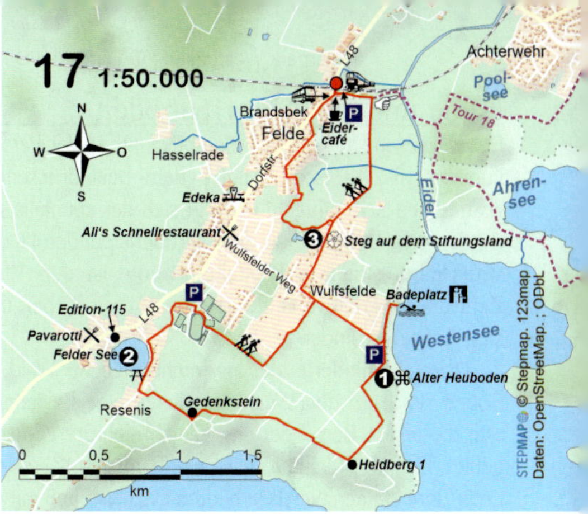

Zwischen **Bahnhof Felde** und dem Eidercafé (Infos Tour 18) beginnen Sie die Tour auf dem Abzweig der Dorfstraße. Vor der nächsten Kurve am Bahnhofsgelände senkt sich nach 90 m rechter Hand eine schmale Gasse zum unteren Wiesenweg ab. Dort geht es nach links weiter. Nach 140 m kommen Sie an eine **rot-weißen Absperrung**. Hier biegen Sie zusammen mit dem NPW nach rechts durch die reizvolle Wiesenlandschaft der **Eider** ab. Rechter Hand riegelt der Ortsteil Brandsbek oben auf der baumbestandenen Anhöhe den Horizont ab. Bei den Häusern von Langleben empfängt Sie der asphaltierte **Wiesenweg** (km 0,8). Immer geradeaus geraten Sie beim Ortsteil Sandfeld zum **Wulfsfelder Weg** (km 1,6). Dort schicken Sie die gelben Pfeile nach Südosten Richtung Westensee durch die Ferienhaussiedlung Wulfsfelde. Bereits wenig später beginnt beim Abzweig des **Hohlweges** (km 1,7) der Rundweg Nr. 4. Zu sehen sind aber nur die Zeichen des NPW. Sie halten sich hier weiter geradeaus.

Der Eichenwald hält ein schützendes Dach über Sie. Direkt vor der Kurve (km 2,2) kann über den Waldweg nach links zum **Badeplatz** (km 2,4) abgekürzt werden. Ansonsten setzt sich 50 m weiter vom Nordende des **P Parkplatzes Wulfsfelde** (Infotafeln) ebenfalls ein Zubringer dorthin ab. Vom Strand gewinnen Sie einen guten Ausblick über den nordöstlichen **Westensee**. Wenn Sie den verwaisten Wachturm erklimmen, können Sie über den Schilfgürtel hinweg noch einen viel besseren Rundblick auf das Naturschutzgebiet erhalten.

Badeplatz Wulfsfelde, Wulfsfelder Weg, 24242 Felde, Liegewiese, Dusche, WC, zwei Badepontons, Mülleimer, Bänke, teilweise DLRG-überwacht

Am Südende des Parkplatzes ragt ein Anleger der Steggemeinschaft Wulfsfelde e. V. ins Wasser. Daneben hat die ehemalige Schäferkate, der **⌘ Alte Heuboden ❶** (km 2,8), Position bezogen.

Felde und der Alte Heuboden

Das Anwesen kaufte 1925 eine bekannte Kieler Persönlichkeit, der Klinikarzt Dr. Lubinus, als Alterssitz. Hinter dem beeindruckenden Torhaus mit den lang gestreckten Seitenflügeln verbirgt sich der ebenfalls sehenswerte alte Kuhstall. Er wurde von den Erben mit dem darüberliegenden Heu- und Strohboden zu einem Veranstaltungsraum umgestaltet. Heute ist der Alte Heuboden ein modernes Zentrum für kreative Leute, die hier Arbeit, Leben und Lernen in einem Coworking-Space verbinden.

Dabei verhinderte der undurchdringliche Wald, Sümpfe und der moorige Boden rund um den Westensee lange eine Besiedelung. Erst um 1200 fanden sich die ersten Bewohner ein. Gleich mehrere Güter teilten sich das Westenseegebiet. Das Gut Klein Nordsee wurde im 13. Jh. erstmalig erwähnt. Damals noch unter dem Namen Nordsee bildete es zusammen mit dem Gut Groß Nordsee eine Einheit. Anfang des 16. Jh. wurde durch Verkauf die Trennung besiegelt. Die Hälfte mit der Feldmark des jetzigen Hohenschulen (☞ Tour 18), dem alten Hufendorf Achterwehr, Neu-Nordsee, Felde und die Feldmark des jetzigen Klein-Nordsee wurden zum Gut Klein Nordsee. Bis 1806 nahmen deren zahlreiche wechselnde Besitzer Einfluss auf die Geschicke der Gemeinde Felde. Dann wurde das Dorf verkauft. Der denkmalgeschützte „Stammsitz" schräg gegenüber dem Bahnhof ist heute in Privatbesitz und nicht öffentlich zugänglich. Um das von sozialen Einrichtungen genutzte Herrenhaus wurde ein Park angelegt. Bäume und Sträucher verdecken die restlichen Hofgebäude und das Fachwerktorhaus mit Glockenturm, die in einen Reiterhof umgewandelt wurden.

Farbtupfer am Wegesrand

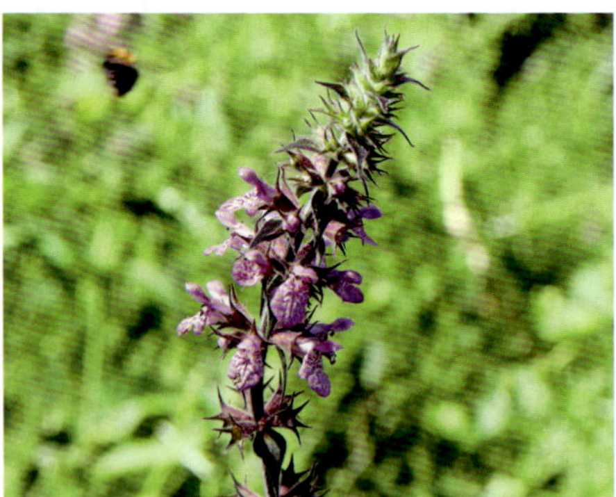

Die sandige Fahrstraße zieht rechter Hand am Torhaus vorbei. Dann wenden Sie sich nach links in die **Hauskoppel** (km 3). Wie der Name besagt, bestimmen Weiden mit Pferden das Bild. Im Wald am Wegekreuz (km 3,5) setzen Sie die Wanderung in den **Heidberg** fort. Der erste Abzweig nach rechts beim Schild „Heidberg 1" nach 100 m ist dann Ihrer.

Ein Abzweig nach links wird ignoriert. Am nächsten T-Kreuz geht es nach links weiter. Jetzt marschieren Sie stets geradeaus durch den Wald, in dem sich die Ferienhäuser verstreuen. Sie landen an einem **Gedenkstein** (km 4,7) und treten nach rechts zwischen den Bäumen hervor. Der Feldweg mündet in die Kopfsteinpflasterstraße (km 5) in Felde. 120 m nach rechts können Sie sich am malerischen **Felder See ❷** eine Ruhepause gönnen.

↳ Auf der Westseite des Sees an der Dorfstraße öffnet ein italienisches Restaurant abends seine Pforten. Davor hat die Edition 115 ihren Sitz.

✕ Pavarotti, Dorfstr. 110 a, 24242 Felde, ☎ 043 40/89 51, 📱 01 51/55 81 00 57, 🚪 tgl. ab 18:00, italienisches Restaurant, Kinderstuhl ja, Wickeltisch nein

☺ Ein Geheimtipp unter Sammlern ist das Antiquariat und Verlagsbuchhandlung Edition 115. Hauptsächlich kann in dem heimeligen Laden zu den Themen Theologie, Zeit- und Kunstgeschichte und vor allem im Bereich Kinder- und Bilderbuch gestöbert werden. Edition 115 ist in einem hübschen Backsteinhaus untergebracht.

Edition 115, Verlagsbuchhandlung, Dorfstr. 115, 24242 Felde, ☎ 043 40/49 90 13, 💻 www.edition-115.com, 🚪 Mo bis Fr 9:00 bis 12:00 und 15:00 bis 18:00, Sa 9:00 bis 13:00

Am Sackgassenschild des **Seekatenweges** auf der Nordseite des Gewässers ist wieder ein ✎ gelber Pfeil zu erspähen. Den Abzweig erkennen Sie ebenso an der entzückenden, kleinen Reetdachkate. Sie müssen dann das Schul- und Sportgelände linksherum umlaufen. Am **P** Parkplatz orientieren Sie sich nach rechts zum Sportplatz. Links am Vereinsheim des TUS Felde vorbei tauchen Sie vor den Tennisplätzen nach links in den **Redder** (km 5,9) ein. Der Abzweig nach links in den **Hohlweg** (km 6,4) ist abermals mit ✎ gelben Pfeilen versehen. Geradeaus endet der Rundweg Nr. 4 am bekannten **Wulfsfelder Weg** (km 6,9) von der Hinroute.

Sie kehren nach links zum Wiesenweg zurück und folgen ihm. Beim **Haus Nr. 23** (km 7,5) gegenüber dem Privatweg Hochfeld zum Atelier Prinz verlassen Sie den Weg. Der Graspfad führt abwärts zum ❀ **Steg auf dem Stiftungsland ❸**. Dahinter ziehen sich die Wiesen mit seltenen Orchideen wie dem gefleckten Knabenkraut bis zum Ortsrand hinauf.

↳ Mit Buggy gehen Sie besser durch den Ort zurück zum Start.

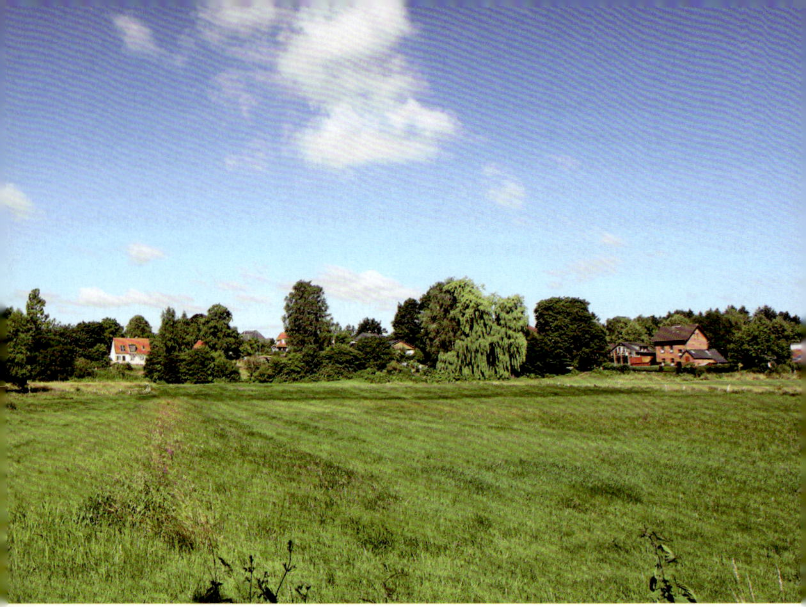

Blick über das Eidertal nach Brandsbek

↳ Wer zu Edeka oder zum Imbiss möchte, folgt dem Pfad nach links nach Felde hinein. An der Straßenverzweigung gehen Sie nach rechts in die Straße Wippen. In der Kurve kürzen Sie geradeaus zur Dorfstraße ab. Rechter Hand ist Edeka schon zu erspähen. Nach links taucht bald der Imbiss auf.

✕ Ali's Schnellrestaurant, Dorfstr. 67, 24242 Felde, ☏ 043 40/404 61 31, tgl. 11:00 bis 22:00, Kinderstuhl ja, Wickeltisch nein

Edeka Schmoock, Hasselrader Weg 2, 24242 Felde, ☏ 043 40/40 26 44, www.edeka.de, Mo bis Sa 7:00 bis 20:00

♦ Gettorfer Backhaus, im Edeka

An der Gabelung bei der Bank (km 7,8) steigen Sie nach rechts kurz steil ab in den Wiesengrund. Der schmale Pfad schwingt sich nicht weit entfernt zum Ortsteil **Brandsbek** (km 8,2) hinauf. Nach rechts ist es nur ein Katzensprung bis zum Mühlenkamp, dem Sie folgen. An seinem Nordende (km 8,5) öffnet sich noch einmal ein weiter Blick über das **Eidertal,** bevor Sie das kurze Stück hinauf zur Dorfstraße überwinden. 200 m rechts um die Ecke lockt beim **Bahnhof** das köstliche Eissortiment des Eidercafés (☞ Tour 18).

18 Der Ahrensee

Tour für Naturbegeisterte

Der Ahrensee wurde mit dem nordöstlichen Westensee zu einem 621 ha großen Naturschutzgebiet zusammengefasst. Eingebettet in die charakteristische Jungmoränenlandschaft blieben die Seen und Flüsse in dem Bereich weitgehend naturnah. Sowohl über als auch unter Wasser siedelten sich viele Tiere an. Insbesondere für heimische sowie durchziehende Vögel erwiesen sich die Gewässer als ideale Brut- und Rastplätze. Selbst der Seeadler kann hier beobachtet werden.

Start/Ziel: Parkplatz Bahnhof Felde, Am Bahnhof, 24242 Felde, GPS N 54°18.599' E 009°56.810'

8,9 km

2 Std. 15 Min.

150 m/150 m

3-37 m

Rundweg Nr. 2 (Markierung laut Karte vom Naturpark, in Natura selten zu sehen), grün-weiße Radwegschilder, mehrere Infotafeln und Übersichtskarten unterwegs, kaum markiert, dennoch ohne große Schwierigkeiten zu finden

Vorrangig umsäumen Wald- und Wiesenpfade den Ahrensee. Darunter mischen sich kurze Stücken auf Betonplattenwegen. Einzig auf der Nordseite nach Achterwehr hin lässt sich 1 km entlang der K93 auf einem asphaltierten Radweg nicht vermeiden. Dort wartet auch ein größerer Anstieg auf einen Moränenrücken, ansonsten ist es auf der Südseite nur im Wald leicht hügelig.

am Start/Ziel Eidercafé, abseits des Weges in Felde weitere Einkehrmöglichkeiten (☞ Tour 17)

mehrere Bänke, manchmal bietet sich im Wald ein bequemer Baumstamm zum Sitzen an.

abseits des Weges in Felde ein Edeka (☞ Tour 17)

WC am Abzweig zum Badeplatz (km 4,7 und 5,3)

Badeplatz (km 5)

Sie können Brombeeren und Johannisbeeren pflücken, im See baden, auf Bäumen klettern, auf der Eider Kanu fahren (☞ Tour 19); 1 km entlang der viel befahrenen Kreisstraße auf abgetrenntem Radweg durch Grasstreifen, am Bahnhof einiger Verkehr, parken Sie auf der Südseite, dann sparen Sie den Verkehrsbereich am Bahnübergang aus.

Die Tour ist für Buggys nicht so gut geeignet, im Südbereich längere Abschnitte auf Graswegen und schmalen, manchmal wurzeligen Fußpfaden, Bogenbrücke am Ahrensee mit Tritten versehen, da muss der Buggy getragen werden. Der Nordbereich bei Achterwehr ist problemlos.

kleiner Auslauf auf den Feldwegen bei Achterwehr möglich, ansonsten im Naturschutzgebiet Leinenpflicht, Badeplatz für Hunde verboten, mehrere Mülleimer und sogar Hundebeutel unterwegs, Trinkwassermöglichkeit an der Eider und am südlichen Ahrensee, von km 3,4 bis 8,2 längere Strecke ohne Wasser, Eiderbrücke am Anfang und Ende der Tour, kleine Holzbrücke (km 1,9), Tour hauptsächlich pfotenfreundlich, außer 1 km an der K93 nach Achterwehr asphaltierte Strecke

P Start/Ziel, alternativ können Sie vom Parkplatz des Badeplatzes an der K93, Rendsburger Landstraße, 24239 Achterwehr, GPS N 54°18.541' E 009°59.161', starten.

☞ Tour 17

☞ Tour 17

Zwischen **Bahnhof Felde** und dem Eidercafé beginnen Sie die Tour auf dem Abzweig der Dorfstraße.

Eidercafé Felde Dorfstr. 3 a, 24242 Felde, ☏ 043 40/780 92 36, info@eidercafe.de, www.eidercafe.de, Mi bis So 15:00 bis 19:00, Eiscafé und Bistro, bekannt für sein gutes Eis, Antipasti und Flammkuchen, gemütliche Sitzecken drinnen und draußen, Kinderstuhl ja, die freundlichen Wirtsleute stellen gerne einen Tisch zum Wickeln bereit.

Vor der nächsten Kurve am Bahnhofsgelände senkt sich nach 90 m rechter Hand eine schmale Gasse zum unteren Wiesenweg ab. Dort geht es nach links weiter. Nach 140 m verabschiedet sich der Naturparkwanderweg (gelbe Pfeile) nach rechts zwischen den Wiesen. Sie passieren hier geradeaus die **rot-weiße Absperrung** für den motorisierten Verkehr. Entlang des Bahndammes kommen Sie zur **Eider** (km 0,5). Südlich der Eisenbahnbrücke weitet sich der Fluss ein wenig.

An dieser Stelle können Kanuten (Kanuverleih ☞ Tour 19) bequem ein- und aussteigen. Der Platz eignet sich auch hervorragend, um im Sommer die Füße oder mehr zu kühlen. Oder betrachten Sie von der Bank in aller Ruhe die wunderschöne Flusslandschaft. Als guter Aussichtspunkt zeigt sich ebenso die **Eiderbrücke** ein paar Schritte weiter. Auf der anderen Flussseite verbleibt der Fußweg ein kleines Stück an der Uferkante, bis er wenig später zum Wald hinüberschwenkt.

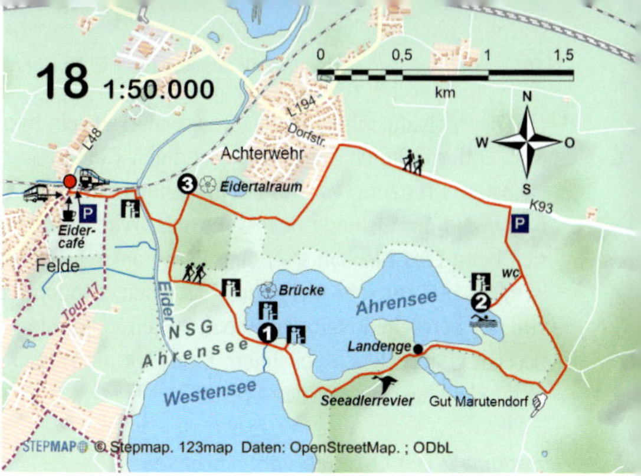

Am **Waldrand** (km 0,9) fängt der Rundweg an. Sie wandern auf dem Betonplattenweg nach rechts, wobei Sie die Grenze des Naturschutzgebietes überschreiten.

An der nächsten **Wegverzweigung beim Infoschild** (km 1,2) ignorieren Sie die ausgewiesenen Routen. Sie wählen den unmarkierten Waldweg in östlicher Richtung quer über die Moränenkuppe. Ein Abzweig nach rechts wird nicht beachtet. Am Waldrand quellen die Hecken im Spätsommer vor Brombeeren über. Sobald Sie zwischen den Bäumen hervortreten, erhalten Sie eine umfangreiche **Sicht** (km 1,5) über die **Sanderflächen zwischen Ahrensee und Westensee**.

Die Gewässer sind nicht zu sehen. Die Lage des Westensees im Süden ist zumindest zu erahnen, wenn die weißen Segel der Boote am Horizont scheinbar über das Grünland gleiten. Das Geheimnis, wo sich der Ahrensee verbirgt, wird gelüftet, sobald eine kleine **Holzrundbrücke ❶** (km 1,9) mit Infotafel den Wiesenweg unterbricht. Sie überspannt den Abfluss des nördlich gelegenen Ahrensee zum Westensee im Süden. Über den Schilfgürtel hinweg glänzt es in beide Richtungen blau. 120 m weiter gibt es im Schilf eine größere Lücke. Da lässt sich der Ahrensee noch besser überblicken.

Die Spur im Gras dreht sich nun von der Wasserkante weg. Das anschließende hügelige Moränengebiet auf seinem Südufer wird von einem Buchenwald bedeckt. Rechter Hand dehnt sich das Brutrevier des Seeadlers aus. Deswegen sind alle Wege dorthin gesperrt. Nach einer kleinen **Landenge** (km 3,1) zwischen dem Ahrensee und einem kleinen Gewässer rechts tippt der Weg einmal die Wasserkante an. Im Gestrüpp wuchern Brombeeren und Johannisbeersträucher. Herumliegende Baumstämme können als Sitzplatz genutzt werden. Ein dicker, seltsam knorrig verwachsener Buchenast stellt sich als komfortabler Liegestuhl heraus.

Nach Süden behindern Knicks die freie Sicht über die Äcker und Wiesen zum Herrensitz des **Gutes Marutendorf**. Der landwirtschaftliche Betrieb hat sich auf Bioprodukte spezialisiert. Seit das Standesamt Achterwehr 2017 ins renovierte Herrenhaus eingezogen ist, kann dort geheiratet werden.

Die ✿ Naturschutzgebietsgrenze markiert ein **Infoschild** (km 3,9). Ein Steinwurf entfernt laufen Sie auf der sandigen Fahrstraße nach links abwärts. An der nächsten Kreuzung nach 190 m nehmen Sie den Weg nach links durch den Bruchwald am Ostende des Ahrensees. Während des Anstiegs im Redder bietet sich beim **Dixi-Klo** (km 4,7) eine Pause am **Badeplatz ❷** (km 5) an. Er ist nicht nur ein sehr idyllisches Plätzchen, sondern von ihm aus ist am meisten von der herrlichen Naturlandschaft Ahrensee zu überschauen. Der gesamte Ostbereich erstreckt sich vor ihnen. Eine weit ins Wasser reichende Landzunge verwehrt den Ausblick auf den Westteil.

Badeplatz am Ostende vom Ahrensee

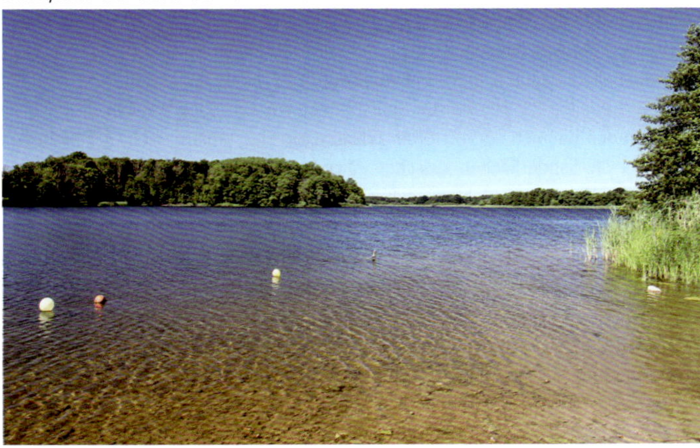

Der tunnelartige Redder mündet oben am **P Parkplatz** (km 5,7) in die K93. In Richtung **Achterwehr** (ausgeschildert) begleitet Sie vom Radweg eine Fernsicht über die Moränenlandschaft nach Süden.

Gut Hohenschulen

Ringsum werden auf den Flächen des Gutes Hohenschulen Pflanzen und Anbaumethoden getestet. Ursprünglich war das Gehöft ein Meierhof des Gutes Klein Nordsee (☞ Tour 17). Das heißt, auf ihm residierte einst der Verwalter oder ein adliger Pächter der Herrschaft. 1801 wurde es durch Verkauf ein eigenständiger Landsitz. Nach dem Zweiten Weltkrieg erwarb ihn im Zuge der Bodenreform die Universität Kiel als Versuchsgut.

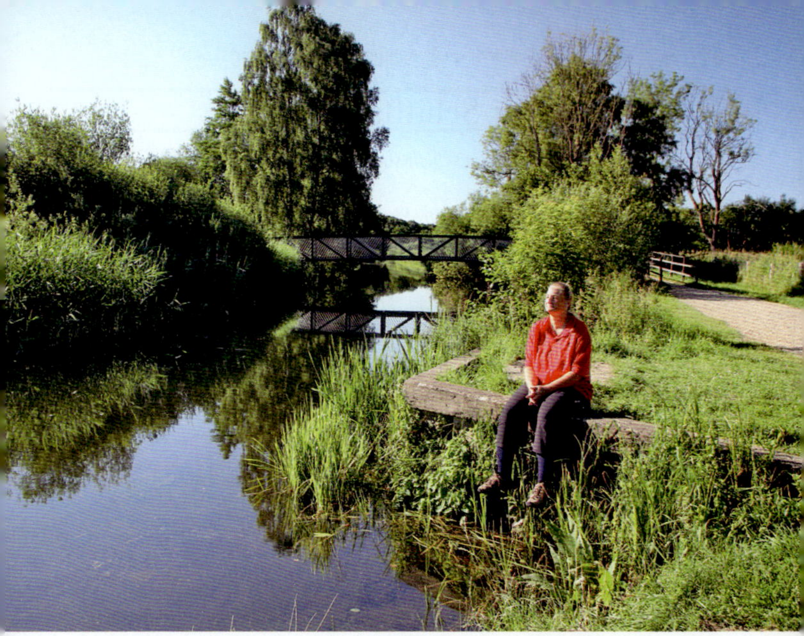

Wieder an der Eider

Am Ortsrand zweigt nach links die Straße **Neukoppel** (km 6,8) ab. Auf dieser immer geradeaus geht es flott am Siedlungsrand abwärts. Der Weg knickt dann unten um Achterwehr herum ab. Im Ort zeigen sich viele Reetdächer. Zu guter Letzt erreichen Sie wieder den ❀ **Eidertalraum ❸** (km 7,8). Nach links sind die 200 m auf dem Betonplattenweg schnell überwunden. Dort am **Waldrand** schließt sich der Rundweg. Den Weg zur **Eider** rechter Hand und zurück zum **Bahnhof** kennen Sie bereits vom Anfang der Tour. Die Häuser von **Felde** sind in der Ferne längst zu erspähen.

⑲ Achterwehrer Schifffahrtskanal

Tour für Kanal-, Natur- und Geschichtsbegeisterte

Der Ringkanal mit der Schleuse Strohbrück verbindet die Eider bei Achterwehr mit dem Nord-Ostsee-Kanal bei Landwehr. Zusammen mit dem Flemhuder See entwickelte er sich zu einem fantastischen Natur- und Freizeitparadies. Gerade Kanuten steuern das Revier gerne an. Freizeitkapitäne können an den Bojen im See anlegen. Selbstverständlich lässt sich der Achterwehrer Schifffahrtskanal außerdem mit dem Rad und zu Fuß umrunden. Und die attraktiven Dörfer Flemhude und Quarnbek erzählen ihre ganz eigene Geschichte.

Start/Ziel: Parkplatz, Am Speicher, 24239 Achterwehr, GPS N 54°18.966' E 009°57.875'

10,2 km

2 Std. 30 Min.

128 m/128 m

0-21 m

Rundweg Nr. 1, grün-weiße Radwegschilder, gelbe Pfeile des Naturparkweges (NPW), Infotafel am Flemhuder See, wenig ausgeschildert, aber gut zu finden

Flache Sandwege umrunden mehrheitlich den Ringkanal. Während ihn auf der Westseite nur ein breiter Damm von dem angrenzenden Flemhuder See trennt, bauen sich auf der Ostseite die Wellen der Moränen auf. Der Uferweg ist auf der Hinroute nicht bis zur Schleuse Strohbrück durchgängig. Daher sind entlang der Straßen über Quarnbek ein paar lang gezogene Anhöhen zu meistern.

nahe am Start/Ziel Beckmann's Gasthof, Café und Kajakverleih Nikulski Christa am Start/Ziel

Rastplatz am Start/Ziel, Bank (km 0,6, 0,8, 5, 5,5, 7,7 und 8,5)

Imker in Flemhude (km 1)

Badestellen Flemhuder See (km 5,8, 6,9 und 7,4)

Sie können Kanu und Kajak fahren, angeln, im See baden, Schiffe bestaunen am NOK, Wassertiere beobachten, Pferde auf den Koppeln bei Strohbrück streicheln; 350 m im Dorf Flemhude ohne Bürgersteig (kein Durchgangsverkehr), 1,9 km von Flemhude nach Strohbrück auf abgetrenntem Rad-/Fußweg an der stärker befahrenen Landstraße, Bürgersteig in Quarnbek und Strohbrück, 450 m auf einem Gehweg entlang der verkehrsreichen Dorfstraße in Achterwehr.

problemlos für Buggys

Viel Auslauf unterwegs auf den Kanalwegen, allerdings ist mit regem Radverkehr zu rechnen, viel Trinkwasser und Abkühlung unterwegs am Ringkanal und Flemhuder See, mehrere Mülleimer, kleine Brücke (km 0,6), 2,9 km von Flemhude nach Strohbrück und 450 m in Achterwehr auf Asphalt, die restliche Route ist pfotenfreundlich.

P Am Start/Ziel, alternativ können Sie vom Parkplatz Schleuse Strohbrück, Holm, 24107 Quarnbek, GPS N 54°20.483' E 009°58.251', starten.

Linie 765 Kiel – Nortorf, mindestens dreimal tgl., oder Linie 767 Kiel – Achterwehr mehrmals tgl., Haltestelle „Achterwehr Bahnhof“, von dort 110 m auf der Dorfstraße zur Einfahrt des Parkplatzes an der Eider

Infos zur Anbindung ☞ Tour 17, Halt in Achterwehr, vom Bahnhof 65 m auf der Dorfstraße zur Einfahrt des Parkplatzes an der Eider

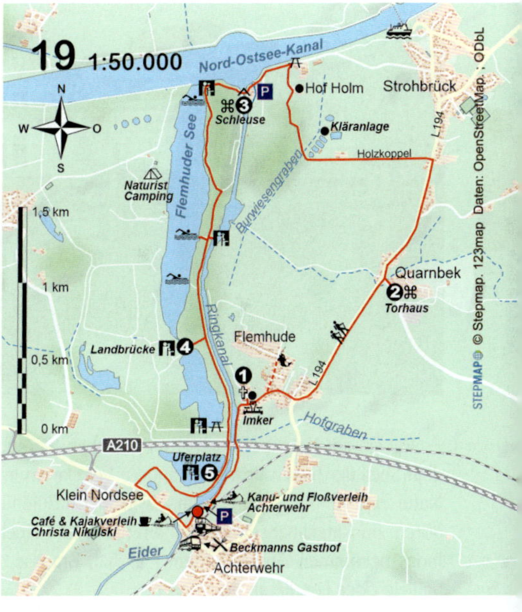

An der Schnittstelle zwischen **Eider und Ringkanal** werden auf dem ehemaligen **P** Lösch- und Ladeplatz für Getreide heutzutage Räder und Wasserfahrzeuge abgeladen. Café und Kajakverleih Nikulski Christa haben ihre Station in einem ansehnlichen roten Reetdachhaus am Fluss. Ein Steinwurf daneben hat der Kanu- und Floßverleih Achterwehr seine Basis im alten Kornspeicher am Kanal aufgeschlagen. Dazwischen befindet sich der ⩚ Rastplatz und eine Einsatzstelle für Boote am Wasser. Vom Steg aus lassen sich auch wunderschöne Fotomotive einfangen. Tief neigen sich die Bäume und Sträucher über die Eider. Dort gleiten die Wasserflitzer in einen grünen Tunnel. Nach Norden erstreckt sich der wildromantische ✿ Ringkanal mit dem historischen ⌘ **Kornspeicher** als Blickfang.

Café, Kajakverleih Nikulski Christa, Am Speicher 1, 24239 Achterwehr, ☏ 043 40/10 89, www.kajakverleih-achterwehr.de, Kajakverleih: April bis Okt Mi bis Fr 14:00 bis 19:00, Sa/So u. feiertags 9:00 bis 19:00, ab Juni auch Di 14:00 bis 19:00, während der Sommerferien in SH unter der Woche auch länger geöffnet, Café: Mai bis Okt nachmittags Sa/So u. feiertags, selbst gemachte Torten und Waffeln, Angelscheine und -karten für die Eider und Ringkanal erhältlich

Kanu- & Floßverleih Achterwehr, Am Speicher 3b, 24239 Achterwehr, ☏ 043 40/80 57, www.kanuverleih-achterwehr.de, April bis Okt tgl. 9:00 bis 19:00, sonst nach Absprache,

Die Kanustation in Achterwehr

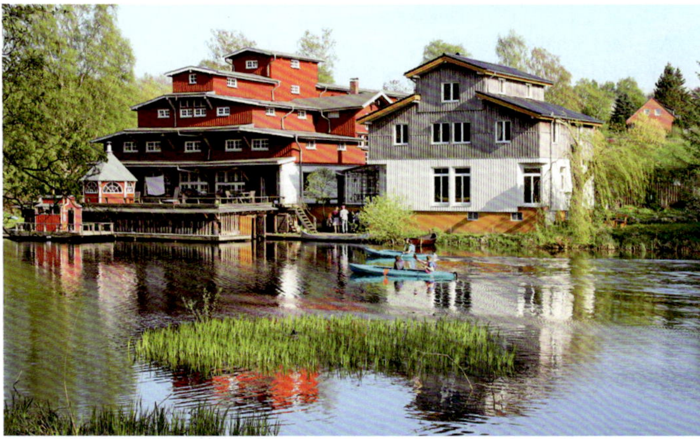

Rechts am Kornspeicher vorbei gelangen Sie zum östlichen Uferweg. Neben dem Seeadler haben unzählige andere Vogelarten in der sich selbst überlassenen Natur eine Heimat gefunden. Ihr Zwitschern, Rufen und Pfeifen sind allerorten zu hören. Im Ringkanal schwimmen am häufigsten Hecht, Flussbarsch und Rotauge. Indes bekommen Angler zudem mal Aal, Brachse, Karpfen, Aalrutte (Quappe), Schleie oder Forelle an den Haken.

Nur kurz stört das Rauschen der **A210** (km 0,6). Nach der Unterquerung des gigantischen, düsteren Betonbaus empfängt Sie wenige Meter weiter wieder ungetrübte Naturidylle. Bei der Brücke über der Entwässerungsrinne **Hofgraben** bietet sich die erste Erholungspause an. Die Bank steht in einer Lücke im Uferbewuchs.

Das nächste traumhafte Plätzchen am Kanal mit Bank (km 0,8) wartet an der Kirchenmauer in **Flemhude**. Linker Hand der Straße dominiert die ✞ **Feldsteinkirche ❶** auf einer kleinen Anhöhe das Dorfbild. Gleich beim nächsten Haus stellt der Dorfimker seinen Honig vor der Tür zum Kauf bereit.

Imker, Lindenstraße 20 a, 24107 Quarnbek/Flemhude, Flemhuder Dorfhonig je nach Produktion

☺ Am nächsten Abzweig links, in der Straße Schüttenredder, können Angelinteressierte sich Angelkarten besorgen.

SV Ringkanal Kiel e. V., Schüttenredder 14, 24107 Quarnbek/Flemhude, ☎ 043 31/770 87 57, vorsitzender@sv-ringkanal-kiel.de, www.sv-ringkanal-kiel.de, nur Angeln ohne Boot, Angelkarte ab € 8,50, beim Kajakverleih Nikulski in Achterwehr oder online unter www.hejfish.comzu erwerben

Flemhude und die St.-Georg- und Mauritiuskirche

Im 13. Jh. nutzten flämische Tuchhändler die Eider als Wasserweg bis Flemhude. Kiel war zwar Binnenlands per Schiff nicht erreichbar, aber ab hier ergab sich für den schwierigeren Wagentransport zur Ostsee die kürzeste Verbindung. Daher stammt der Name *Flemhude* – Anlegeplatz der Flamen. Ihnen wird auch der Bau der Feldsteinkirche zugeschrieben, obwohl sie ihre Entstehung eher zweckdienlichen Gründen verdankt. Auf dem Dachboden soll die Ware bis zur Weiterfahrt deponiert worden sein.

Dazu erwies sich die Position als günstig für Handel und Kirchgang. Das Gotteshaus stand damals auf einer weit in den Flemhuder See ragenden Landzunge. Es war bequem mit dem Boot erreichbar. Als der Wasserspiegel im 19. Jh. durch den Bau des Nord-Ostsee-Kanals um 7 m abgesenkt wurde, saß die Kirche auf ihrer Anhöhe für lange Zeit auf dem „Trockenen“. Seit der Geburtsstunde des Achterwehrer Schifffahrtskanals hat sie wieder eine Wasseranbindung.

Seit dem 13. Jh. hat das Gebäude durch Kriege, Stürme und schlechtes Baumaterial immer wieder gelitten. Einmal wurde sogar der Beichtstuhl geraubt. Im Laufe der Jahrhunderte wurde sie deswegen mehrmals renoviert. Dabei konnten die mittelalterlichen Wandmalereien wieder hervorgeholt werden. Für den filigranen Dachreiter über dem Westportal und das Kupferdach, aus dem Jahr 1766 stammend, ist der dänische Graf und Gutsherr von Quarnbek Henri Desmercières verantwortlich. Er stiftete ebenso die reichhaltige Rokoko-Stuckdecke. Der Kirchenpatron und geniale Deichbauer soll Vorbild für Theodor Storms

„Schimmelreiter" gewesen sein. Sein Sarkophag fand einen Ehrenplatz in der Feldsteinkirche. In der Gruft ruhen ferner zwei Mitglieder der Familie Ahlefeldt, in deren Besitz das Gut Quarnbek ebenfalls geriet.

Feldsteinkirche

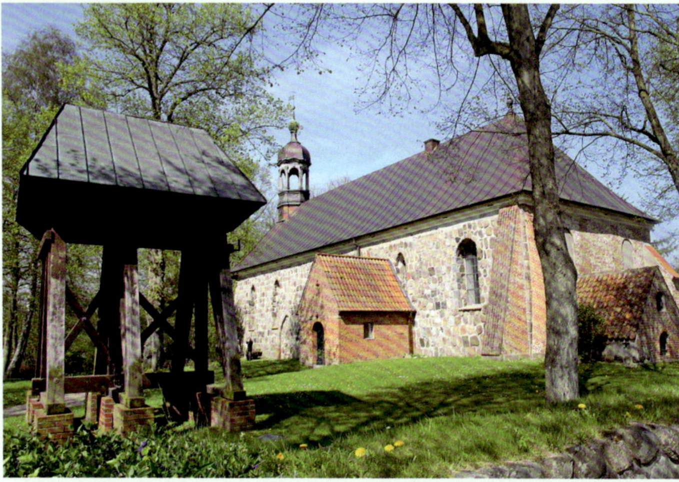

Zu den Besonderheiten zählen der barocke Altar aus dem Jahr 1685 von Theodor Allers, einem Meister des Akanthusbarocks in Schleswig-Holstein. Bei einem Gang fallen noch die alten Grabplatten drinnen und draußen auf sowie der einzeln stehende Glockenturm. Den Altersrekord hält die Taufe von ca. 1250 aus gotländischem Kalkstein.

Das äußerst fotogene Anwesen ist derzeit eine gefragte Hochzeitskirche. In der reetgedeckten Wagenremise wird Jugendarbeit betrieben. Und der jährliche Weihnachtsmarkt auf dem Kirchengelände ist schon längst kein Geheimtipp mehr.

FUN Weihnachtsmarkt Flemhude, www.weihnachtsmarkt-flemhude.de, am Sa vor dem 1. Advent,

Auf dem Gang geradeaus durch Flemhude zeigt sich das schmucke Ortsbild noch relativ geschlossen. Neubauten drängen sich kaum zwischen die alten Gebäude. Viele Reetdächer sind zu sehen. Sowohl Fachwerkkaten als auch die charakteristischen Backsteinhäuser (☞ Tour 8 und 9) säumen mit gepflegten Gärten die Lindenallee. Findlinge am Straßenrand entpuppen sich als praktische Sitze. Am östlichen Dorfrand mündet der **Lindenkamp** in die **L194** (km 1,4).

In Richtung Kronshagen/Landwehr geht es nun die Moränenhügel rauf und runter. Auf der anderen Straßenseite verwandeln Weißdorn, Wildkirsche und Schlehen den Knick im Frühjahr in ein weiß blühendes Blütenspektakel. Auf Ihrer Seite schützt ein Spalier von knorrigen, alten Eichen und Linden ein wenig vorm Straßenverkehr. Linker Hand leuchten die Rapsfelder im Mai strahlend gelb. In **Quarnbek** (km 2,4) ist ein kurzer Abstecher durch die Allee zum ⌘ **Torhaus von Gut Quarnbek ❷** die Mühe wert.

Gut Quarnbek

Erste urkundliche Spuren lassen sich im Kieler Stadtbuch ab 1270 nachweisen. Wie die Bezeichnung *Quarn* (altdt. für „Mühle") verrät, hat wohl eine Wassermühle an dieser Stelle ihr Werk getan. Der erste mit Sicherheit bekannte Eigentümer war die uradelige Familie Rantzau, die bis heute einige Güter in Schleswig-Holstein besitzt. Sie errichteten im späten Mittelalter eine Wasserburg auf dem Gelände, von der 1983 sogar Überbleibsel ausgegraben werden konnten.

Als Auftraggeber des imposanten Torhauses ist Hans Henrich Freiherr von Kielmansegg vermerkt. Er drückte somit in der zweiten Hälfte des 17. Jh. dem Gut seinen Stempel auf. In dem ungewöhnlich langen Torhaus hatten nicht nur verschiedene Wirtschaftsgebäude ihren Platz, sondern desgleichen das Gutsgefängnis. Ungewöhnlich ist ebenso die tunnelartige Durchfahrt.

Die Kielmannseggs waren eine rührige Familie. Der Sohn Hans Henrich verschönerte die Flemhuder Kirche mit dem prächtigen barocken Altar. Außerdem gründete er die Meierhöfe Mettenhof und Dorotheental, um den wachsenden Besitz mithilfe von Verwaltern zu bewirtschaften. Dorotheental ist mittlerweile ein bekanntes Ausflugsziel am Nord-Ostsee-Kanal. Mettenhof wurde zum Stadtteil von Kiel. Hans Henrichs Vater Johann Adolf spielte als Hofkanzler eine entscheidende Rolle bei der Gründung der Universität Kiel und ist somit noch heute von großer Bedeutung für die Landeshauptstadt.

Die ausgedehnten Ländereien wurden mit der Fertigstellung des alten Eiderkanals 1784 in zwei Teile durchtrennt. Als der Kanal für den Schiffsverkehr nicht mehr ausreichte, musste ein neuer Wasserweg her. Er wurde später in Nord-Ostsee-Kanal umgetauft. Der Bau erforderte die Absenkung des Flemhuder Sees, um beide Wasserhöhen anzugleichen. Während die Landbewohner sicherlich nicht so glücklich über den Verlust eines Teils ihrer Heimat waren, erhofften sich die Gutsbesitzer einen Landgewinn zur Bewirtschaftung.

Seit 1902 ist das Gut Eigentum der Hamburger Kaufmannsfamilie Milberg. Sie ließen 1903 das jetzige Herrenhaus errichten. Das Anwesen ist für die Öffentlichkeit nicht zugänglich, außer Sie planen eine Hochzeit. In der Jugendstilvilla können Sie in der gleichnamigen Brautboutique auf die Jagd nach „Verborgenen Schönheiten" gehen.

Die Gemeinde Quarnbek feierte 2003 ihr 75-jähriges Bestehen. Im Gegensatz zu anderen Gemeinden erlangte sie ihre kommunale Selbständigkeit erst relativ spät.

400 m nach den ersten Häusern von **Strohbrück** (km 3) verlassen Sie die L194 und wenden sich nach links die Straße **Holzkoppel** (km 3,4) hinab. Bei den Teichen der Kläranlage knickt der Weg nach Norden ab. Er kreuzt dann den schmalen Entwässerungskanal **Burwiesengraben** (km 4,4).

☹ Hinter dem Gehölz **Holmer Moor** sollte die Kamera in der Tasche bleiben. Die Eigentümer der Pferdekoppeln wohnen in dem **Hof Holm** (km 4,8) auf Sichtweite und mögen es gar nicht, wenn ihre Pferde abgelichtet werden.

Am **Nord-Ostsee-Kanal** (km 5) können Sie von der ⛼ Bank bequem die Schiffe verfolgen. Vom Kajak und Segelboot bis hin zu gigantischen Frachtern und Kreuzfahrtschiffen ist alles vertreten. Dennoch droht die meistbefahrene künstliche Wasserstraße der Welt ihren Titel zu verlieren. Für die richtig großen Pötte ist sie an mehreren Stellen zu schmal. Die renovierungsbedürftigen Schleusen sorgen zusätzlich zu den von Schiffen verursachten Schäden immer öfters für zeitliche Ausfälle. Ein umfangreicher Kanalausbau an den Engstellen und Neubau und Sanierung der Schleusen hat sich zwar verzögert, ist aber zwischenzeitlich in Arbeit. Nach links kommen Sie am 🅿 Parkplatz vorbei zur ⛼ ⌘ **Schleuse Strohbrück ❸** (km 5,5) mit Infotafel.

Achterwehrer Schifffahrtskanal und die Schleuse Strohbrück

Der stetig wachsende Wasserverkehr und die beständig größer werdenden Schiffe bedingten eine Erweiterung des Nord-Ostsee-Kanals. Im Zuge der Arbeiten von 1908 bis 1914 wurden riesige Mengen des Baggeraushubs am Flemhuder See verteilt. Die Seefläche verkleinerte sich erneut zunehmend. Außerdem wurde Platz benötigt. Die Lösch- und Ladevorrichtungen wurden nach Flemhude und Achterwehr ins Inland verlegt. Nun fehlte jedoch eine schiffbare Verbindung zum Kanal.

Als Lösung bot sich der Ringkanal an, der zur Entwässerung der umliegenden Flächen diente. Er wurde zum Achterwehrer Schifffahrtskanal ausgebaut. Um zum 6,74 m tiefer gelegenen Nord-Ostsee-Kanal zu kommen, trat die Schleuse Strohbrück 1913 ihren Dienst an. Hauptsächlich wurde Getreide aus der ganzen Region verschifft. Neben dem regen Gütertransport setzte mehr und mehr Ausflugsverkehr ein. Als 1986 die letzte gewerbliche Umschlagstelle dicht machte, wurde bereits über eine Schließung der Schleuse nachgedacht, für die dann 2001 wegen Baufälligkeit das endgültige Aus kam.

Die 40 m lange und 8 m breite Kammer wurde eingezäunt, weil Jugendliche wiederholt zum Badespaß den gefährlichen Sprung hinab wagten. Die Sanierung der denkmalgeschützten Schleuse ist zu teuer für den Bund, da es sich aus wirtschaftlichen Interessen nicht lohnt. Das Land soll nun aus Denkmal- und Naturschutzgründen einspringen. Vorerst bleibt das Biotop allerdings den Freizeitsportlern überlassen.

Auf der Westseite der Kammeranlage beginnt der ✎ Radweg entlang des Ringkanals über den Damm. Sie folgen jedoch von der Schleuse dem unmarkierten Fußpfad geradeaus entlang des Nord-Ostsee-Kanals. Zurück ist die Fähre von Landwehr bei der Kanalquerung zu erspähen.

Der Kanal kann auch mit einem Hausboot befahren werden

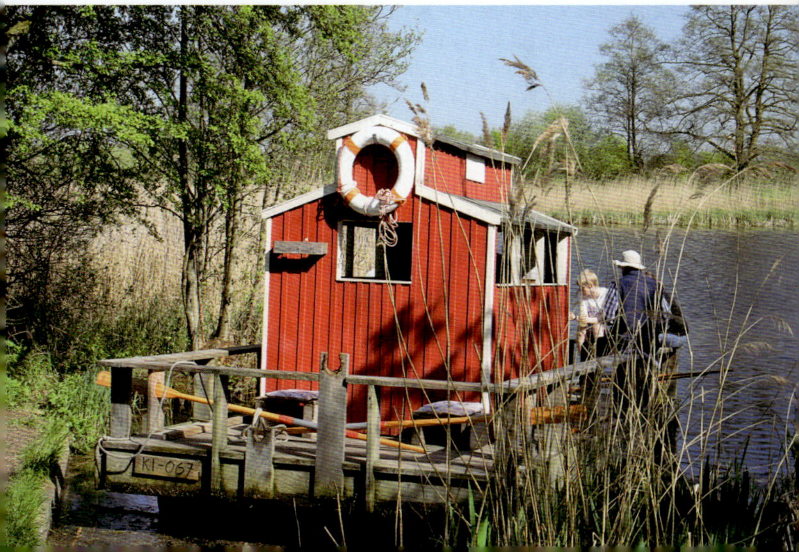

Bei der Einmündung des **Flemhuder Sees** (km 5,8) in die Wasserstraße bietet sich die grasige Ecke als hervorragender Aussichtspunkt und Picknickplatz an. Knapp 50 m weiter eignet sich ein kleiner **Strand als Badestelle**. Der Uferpfad durchstreift den Bruchwald und klettert dann wieder zum **Dammweg** (km 6,5) hinauf. Weiter in südlicher Richtung ergibt sich noch zweimal die Möglichkeit, einen kurzen steilen Abstecher hinab zum Flemhuder See zum Baden oder Schauen vorzunehmen. Ursprünglich trug das Gewässer die Bezeichnung „Nordsee" und ist Namensgeber für das Gut Klein Nordsee (☞ Tour 17). Übrigens, das Naturist- bzw. FKK-Camping auf dem Westufer kann schon mal für sonnige Momente sorgen.

Linker Hand erhaschen Sie eher mal durch den Uferbewuchs eine Einsicht auf den Ringkanal. Eine der Sandaufschüttungen trennte während der Kanalerweiterung einen Teil des Flemhuder Sees ab. Ein Drehkreuz markiert den Abzweig (km 7,6). Von der **Landbrücke** ❹ (km 7,7) mit Infotafel öffnet sich nach Norden und Süden ein wundervoller Ausblick über die Wasserparadiese. Sie kehren auf den Weg zurück. Der nächste Abzweig (km 8,4) nach rechts vor der **A210** führt zum nahen **Aussichtspunkt** mit Bank am Südende des zweiten Seeteils.

Nicht lange nach dem Autobahnviadukt können Sie zum dritten Mal an einem **Uferplatz** ❺ (km 8,9) das südlichste Gewässerfragment in Augenschein nehmen. Das kleine Geschwisterchen verbreitet mit den aus dem Wasser ragenden Baumstümpfen eine etwas unheimliche Atmosphäre. Auf Höhe des alten Kornspeichers (km 9,1) können Sie ein letztes Bilderbuchfoto inklusive Ringkanal schießen. Das verschachtelte Gebäude auf der gegenüberliegenden Uferseite trägt eine interessante pagodenähnliche Dachkonstruktion. In einem schwungvollen Bogen wird die **K67** (km 9,6) erreicht. Sie orientieren sich nach links. Hinter der **Eiderbrücke** (km 10) überschreiten Sie die Ortsgrenze von **Achterwehr**. Dort zweigt die Zufahrt Am Speicher zum **Parkplatz am Ringkanal** ab.

Wenn Sie auf der Kreisstraße geradeaus weitermarschieren, erwartet Sie hinter den Bahngleisen Beckmann's Gasthof.

Beckmann's Gasthof, Dorfstr. 16, 24239 Achterwehr, ☎ 043 40/43 51, mail@beckmanns-gasthof.de, www.beckmanns-gasthof.de, Mi bis So 17:30 bis 21:00, So zusätzlich Mittagstisch 12:00 bis 14:30 (zurzeit nur Sa/So 12:30 bis 17:00, Stand Mai 2021), mit Holsteiner und polnischen Spezialitäten, u. a. viel Wild und Krebse aus dem Westensee, im klassischen Backsteinhaus (☞ Tour 8 und 9) im gediegenen Ambiente, elegantes Dekor mit vielen Antiquitäten, bekannt für sein gutes Essen, Kinderstuhl ja, Wickeltisch nein

Naturpark Hüttener Berge

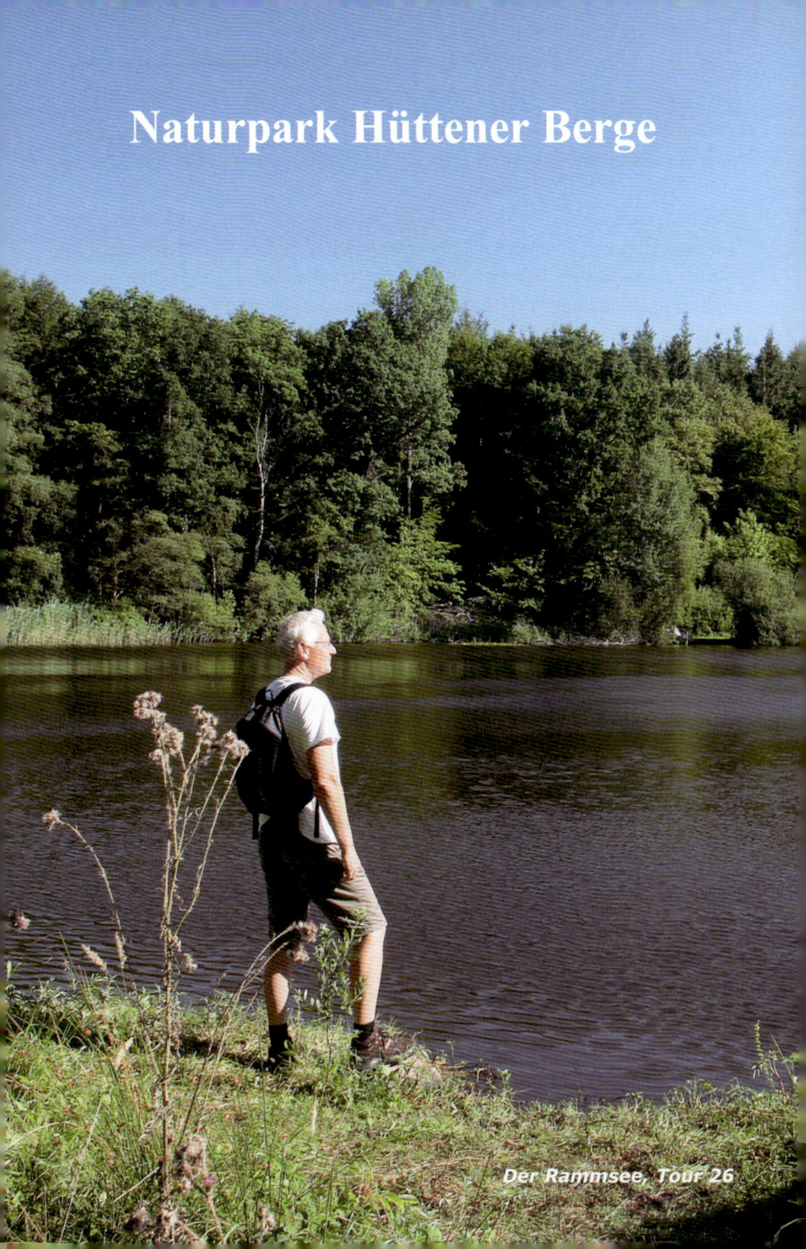

Der Rammsee, Tour 26

20 Von Sehestedt nach Holtsee

Tour für Kultur, Schiff- und Käsefans

Die abwechslungsreiche Tour verbindet Sehestedt mit dem nördlich gelegenen Holtsee. Während Sehestedt mit dem Nord-Ostsee-Kanal und Gut Sehestedt aufwarten kann, punktet Holtsee vor allem mit seiner Landkäserei. Fraglos zeichnet sich diese Wanderung noch durch vielerlei mehr aus, wie alte Kirchen und Häuser, vergangene Schlachtplätze und kleine Seen. Selbst der ehemals längste Fluss Schleswig-Holsteins gibt ein Gastspiel.

Start/Ziel: Parkplatz, Am Denkmal, Kirchenweg, 24814 Sehestedt, GPS N 54°21.984' E 009°49.149'

14 km

3 Std. 30 Min.

69 m/69 m

2-30 m

Hütti Nr. 13, grün-weiße Radwegschilder, Infotafeln, Übersichtskarte am Parkplatz, in Holtsee unmarkiert, überwiegend gut ausgezeichnet, etwas Orientierungssinn erforderlich

Sehestedt liegt erhöht vom Kanal auf einem kleinen Rücken. Daher verstellt in der weiten Ackerregion kaum etwas den Blick. Allein zwei kleinere Gehölze verändern kurz das Landschaftsbild. Dennoch bleibt der Anteil an Feld- und Waldwegen begrenzt. Hauptsächlich umfasst die Tour Land- und Dorfstraßen sowie eine längere Passage auf dem Kanalweg mit Betonplatten.

am Start/Ziel Imbiss Sehestedt und Landhaus Sehestedt, Café Eiderhufe (km 3,4 und 9,5), Käsekiste Holtsee (km 6,2 und 6,9), ☺ Himbeerhof Steinwehr nach 3 km von Sehestedt am Kanal entlang

viele Bänke in Sehestedt, unterwegs am Badeplatz Holtsee (km 6,5) und Alte Eider (km 10,1), mehrere am Kanal (ab km 12,2), Schutzhütte an der Fähre in Sehestedt (km 13,4)

Am Start/Ziel Dorfladen und Nutzkunst, in Holtsee Dorfladen mit Bäckerei (km 6 und 7,1) und Käsekiste Holtsee (km 6,2 und 6,9) mit regionalen Käsespezialitäten

WC am Badeplatz Holtsee (km 6,5)

Badeplatz Holtsee (km 6,5)

Spielplatz in Sehestedt und Holtsee, im Holtsee können Sie baden, Sie können mit der Kanalfähre fahren, grillen und Schiffe beobachten am Kanal; an den stark befahrenen Straßen in Sehestedt und Holtsee sind Gehwege vorhanden, die L44 muss in Holtsee zweimal gequert werden, knapp 2 km zwischen Café Eiderhufe und Holtsee hin und zurück verlaufen auf kaum befahrener Straße ohne Gehweg.

Größtenteils problemlos, für etwa 1 km durch Wald zum Kanal lässt der grasige Weg nur einen Pfad frei, der Abzweig hinab zum unteren Kanalweg ist nur ein Fußpfad und es kann leider nur auf dem aussichtslosen oberen Kanalweg bis kurz vor Sehestedt ausgewichen werden. Die längere Treppe hinauf zur Kirche über die Fährstraße hoch müssen Sie umgehen, dann oben auf der Hauptstraße nach rechts.

viel Auslauf unterwegs, Mülleimer in Sehestedt und Holtsee Badeplatz, Badeplatz für Hunde verboten, Böschung an der Eider steil und zugewachsen, schwierig für Hunde, Wasser zu fassen, Trinkwasser erst am Kanal ab km 11,7, größtenteils pfotenfreundlich, außer in den Ortschaften, Grasstreifen entlang der Straßen unterwegs, Kanalweg stark von Radlern frequentiert

P Start/Ziel, alternativ können Sie vom Badeplatz in Holtsee, Am See, 24363 Holtsee, GPS N 54°24.036' E 009°51.177', starten.

Linie 730 Gettorf – Rendsburg, Haltestelle „Sehestedt“, Mo bis Fr alle zwei Std., Sa/So viermal tgl., 260 m durch das Dorf zum Start, bei Start in Holtsee zusätzlich Linie 737 Holtsee – Eckernförde, Haltestelle „Gettorfer Str.“, Mo bis Fr etwa alle zwei Std., Sa/So viermal tgl., in Eckernförde und Rendsburg Anschluss mehrmals tgl. an Bus und Zug

Das Gut Sehestedt

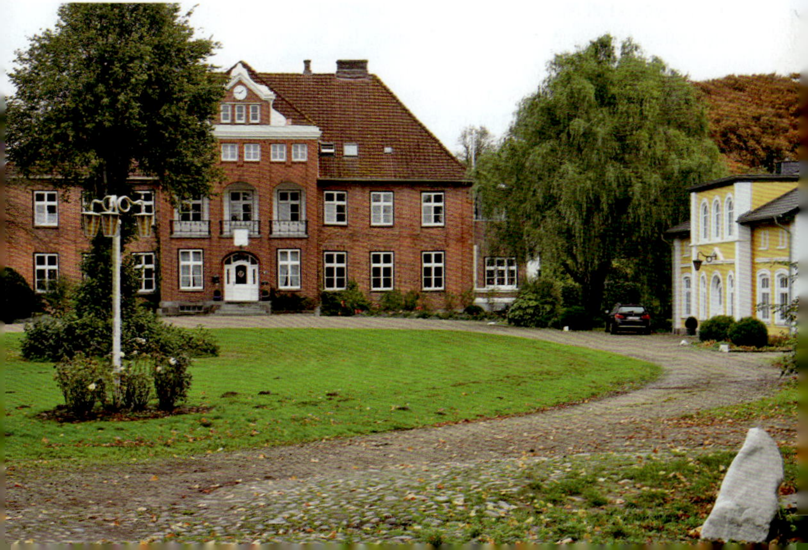

Der **P Parkplatz** teilt sich auf der Nordseite von Sehestedt den Dorfanger mit einer kleinen Parkanlage. Sofort springt einem das ⌘ **Denkmal** ins Auge.

Das Sehestedter Gefecht

Nach der Völkerschlacht von Leipzig 1813 zogen sich die besiegten Truppen von Napoleon Bonaparte nach Westen zurück. Die mit ihnen verbündeten Dänen versuchten, sich nach Norden in Sicherheit zu bringen. Doch die alliierten Truppen Preußens, Schwedens und Russlands traten ihnen entgegen. Nach mehreren Auseinandersetzungen kam es bei Sehestedt zur entscheidenden Schlacht. Das blutige Gemetzel ging als das „Gefecht von Sehestedt" in die Geschichte der Napoleonischen Kriege ein. Trotz herber Verluste konnten die Dänen sich in ihre Festung in Rendsburg retten. Zur Erinnerung an diesen militärischen Sieg wurde das eindrucksvolle Denkmal in Sehestedt aufgestellt. Alljährlich kommt eine dänische Delegation zum mit Ketten und Kanonen umringten Obelisken aus Granit zur Kranzniederlegung.

Auf der anderen Seite ist in einer großen Halle die ⌘ **Nutzkunst** untergebracht. Der ortsansässige Leander Bruhn kreiert aus allem, was sich so ansammelt, Kunst zum Gebrauchen. So entstehen z. B. aus Baumresten oder einem alten Tresor neue Möbel und Dekor. Was von außen eher wie ein Trödelladen aussieht, verbirgt in der stilvoll eingerichteten Halle Antikes, Skurriles, Originelles und auf jeden Fall Nützliches. Der Künstler lädt ein zu einem gemütlichen Plausch und Kaffee. Wer weiß, vielleicht ist ja etwas für Sie dabei.

⌘ Nutzkunst, Leander Bruhn, Hauptstr. 7-15, 24814 Sehestedt, ☎ 045 37/10 16,
www.archivist.de, Mi, Sa, So 16:00 bis 18:00

Ein paar Schritte verlässt die ✎ Route 13 in der Kurve (Infotafel) die Hauptstraße ab. Die Allee der großzügigen Hofanlage des ⌘ **Gutes Sehestedt** läuft gerade auf das in neobarocker Form gebaute **Herrenhaus** (km 0,3) zu. Rechts davon steht das kleinere, hübsche Kavaliershaus. Es ist eines der ältesten Rittergüter Schleswig-Holsteins. 1929 erwarb die Kaufmannsfamilie Ahlmann den Besitz, die aktuell auch noch auf dem Gut waltet. Vom Rondell vor dem Haus geht es nach links zwischen den Hofgebäuden hindurch.

Die ✎ Markierung der Route 13 hängt erst am Zaun der Pferdekoppel. Nach rechts erstreckt sich eine sandige Fahrstraße nördlich der ✿ **Alten Eider** durch die Felder. Der Wasserlauf ähnelt eher einem Entwässerungsgraben als dem ehemals längsten Fluss Schleswig-Holsteins. Ursprünglich war er Teil der Eider, die

188 km durch das Land mäanderte. Der Bau des Nord-Ostsee-Kanals ließ sie mächtig schrumpfen und trennte die Alte Eider von ihr ab. Nach neuesten Messungen werden der jetzigen Eider nur noch 108 km zugesprochen. In diesem Abschnitt der Alten Eider blieb ein Teil des natürlichen Verlaufs erhalten.

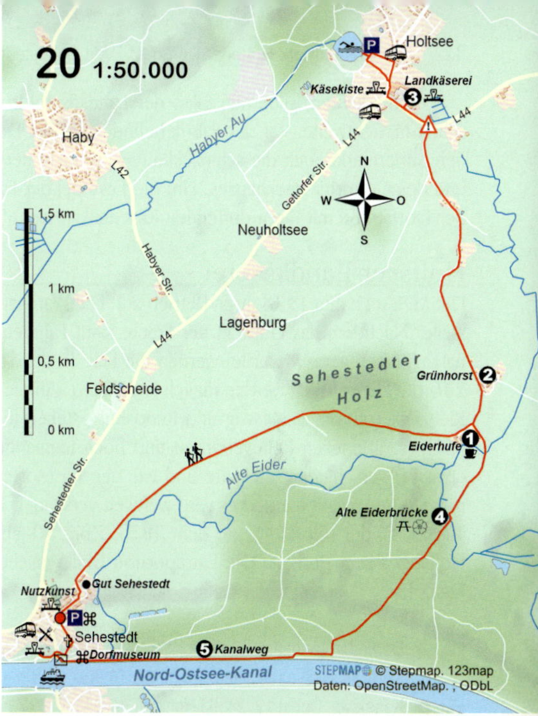

Am Horizont im Westen ragen riesige Windräder wie Mahnmale in den Himmel. Durch das kleine Wäldchen **Sehestedter Holz** (km 2,3) gelangen Sie zum **Café und Heuherberge Eiderhufe ❶** (km 3,4). In der alten Diele des ansehnlichen Hofes aus der Gründerzeit (☞ Tour 8 und 9) werden Sie mit wohlschmeckenden selbst gemachten Torten verwöhnt.

☕ Café Eiderhufe, Eiderhufe 1, 24363 Holtsee, ☏ 043 57/13 40, 💻 www.heuherberge-eiderhufe.de, 1.5. bis 03.10. So u. feiertags 14:00 bis 18:00, Kinderstuhl und Wickeltisch ja, Hunde nicht erwünscht

Nach Holtsee marschieren Sie an der Straßenverzweigung bei dem Heuhotel nach links. Der ehemalige Meierhof ⌘ **Grünhorst ❷** (km 3,9) mit seiner sehenswerten Toreinfahrt aus Backstein gehörte einst zum Gut Sehestedt. Obwohl der Grundbesitz im 18. Jh. erheblich dezimiert wurde und auch noch in jüngster Zeit Landverkäufe vorgenommen wurden, weist das Gut noch eine beeindruckende Größe auf. An mehreren Höfen vorbei gelangen Sie zur **L44** (km 5,7).

Die markanten, silbernen Silos der **Landkäserei in Holtsee ❸** (km 6,1) sind schon in Sichtweite. Vor der Fabrik befinden sich im Dorfladen neben einem kleinen Supermarkt auch die schmackhaften Produkte der Landfleischerei Neidhardt und des Gettorfer Backhauses. Um die Ecke bei der Fabrik lockt die Käsekiste in der Dorfstraße mit ihren duftenden Käsedelikatessen.

Holtseer Landkäserei

Die Meierei nahm 1938 ihren Betrieb auf. Die Warenannahme gleicht einer Tankstelle. Nachdem das Gewicht der Fracht samt Fahrzeug auf einer überdimensionalen Waage geprüft wurde, werden die Lkw an der Station leer gepumpt. Rund 250.000 Liter Milch werden täglich angeliefert. An die 30 Milchbauern zwischen Kiel, Eckernförde, Schleswig und Rendsburg stehen für die Qualität ihrer Milch. Nach traditionellen Reifeverfahren und noch immer mit viel Handarbeit werden etwa 20 verschiedene delikate und würzige Käsesorten produziert. Die Abnehmer sind international und es wird weltweit versendet. Das Original, der Holtseer Tilsiter, landet seit 1945 auf dem Tisch. Zum 80-jährigen Jubiläum wurde der Holtseer Feuer designt. Die Extraportion Chilis machen beim Kosten ordentlich Dampf.

Dorfladen Neidhardt, Gettorfer Str., 24363 Holtsee, Mo bis Sa 6:30 bis 13:00, Di, Do u. Fr auch nachmittags 15:00 bis 18:00

Käsekiste, Dorfstr. 2, 24363 Holtsee, ☏ 043 57/99 71 24, www.holtseer.de, Mo bis Fr 8:00 bis 18:00, Sa 8:00 bis 16:00, mit kleinem Café/Sitzecke mit belegten Brötchen, Hunde im Laden und Café nicht erlaubt, nur auf Terrasse

100 m von der Käsekiste entfernt zweigt der Mühlengang von der Dorfstraße ab. Linker Hand in einer kleinen Seitengasse fallen zwei schöne alte Reetdachhäuser (☞ Tour 8 und 9) auf. Hölzerne Dachreiter mit Pferdekopf schmücken die Giebel. Geradeaus kommen Sie zum **Badeplatz** (km 6,5) an dem kleinen malerischen **Holtsee**.

Badeplatz Holtsee, WC, Infotafel **P**, Dusche, Badeinsel, Liegewiese, keine Beaufsichtigung

Vom Parkplatz laufen Sie über den Seegang wieder zur Dorfstraße und nach rechts zur Landkäserei. Von dort geht es auf dem gleichen Weg zurück bis zum **Café Eiderhufe** (km 9,5).

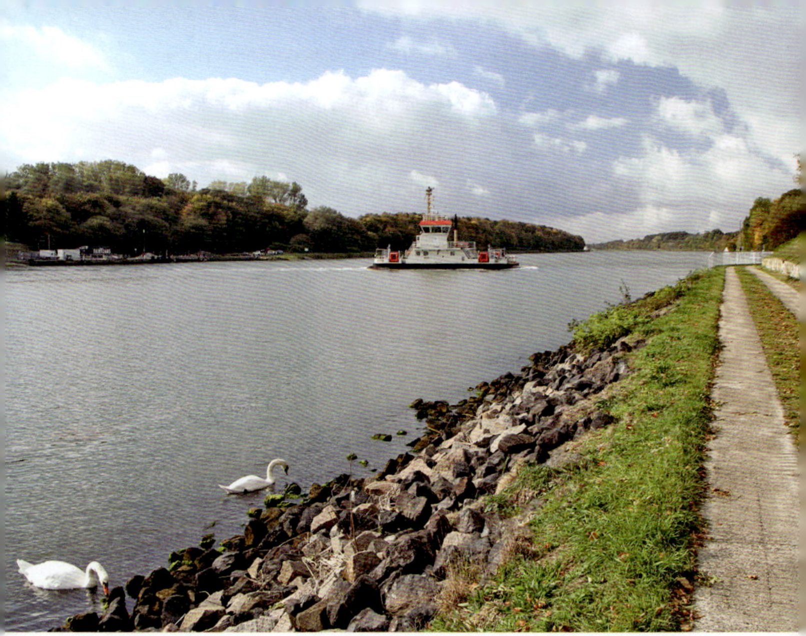

Am Nord-Ostsee-Kanal bei Sehestedt

☹ Voraussichtlich nur noch bis Ende 2021 ist der Rundweg über die alte Eiderbrücke begehbar. Leider handeln nicht immer alle in der Natur rücksichtsvoll. Aufgrund des hohen Müllaufkommens und der häufigen Hinterlassenschaften von Hunden wird die Strecke gesperrt. Dann bleibt Ihnen ab hier nur wieder der Weg zurück über das Gut Sehestedt.

Nun nimmt Sie die ✎ 13 mit zur ⛩ ✿ **Alten Eiderbrücke ❹** (km 10,2). Durch das **Kluvensieker und Steinwehrer Holz** halten Sie sich geradeaus, wenn Sie keine Markierung sehen. Der Wald reicht bis zum **Nord-Ostsee-Kanal** (km 11,5). Der Rastplatz am oberen Kanalweg ist verrottet und zugewuchert. Durch den dichten Bewuchs ist nur das schwere Wummern der Schiffsdiesel zu hören.

165 m weiter nach rechts können Sie durch eine Lücke die steile Böschung hinabsteigen. Auf dem aussichtsreichen **unteren Kanalweg ❺** entlang der Uferkante fahren die Schiffe quasi direkt neben Ihnen und eine gigantische Wand aus Stahl gleitet vorbei. Die teilweise gewaltigen Pötte füllen beinahe die ganze Wasserfläche aus.

☺ ↳ Alternativ gibt es vom oberen Kanalweg nach 1 km kurz vor Sehestedt eine breite Rampe hinab zum unteren Kanalweg.

Auf den Kanalwegen ist reichlich Radverkehr.

In **Sehestedt** (km 13,4) unterbricht die Kanalfähre den Uferweg. Dort befinden sich ebenfalls der Spiel- und Grillplatz, Markttreff mit Imbiss und Dorfladen sowie eine Schutzhütte an der Fähre und einige Infotafeln.

Imbiss Sehestedt im Marktreff, Dr.-Böhme-Weg 1, 24814 Sehestedt, 01 62/767 50 00, www.imbiss-sehestedt.de, tgl. 11:00 bis 19:00, beste Qualität zu guten Preisen mit großer Aussichtsterrasse auf den Kanal

Dorfladen im Marktreff, Mo bis Fr 7:00 bis 11:00, Sa/So 8:00 bis 10:30

↳ Landhaus Sehestedt, Hauptstr. 22, 24814 Sehestedt, ☎ 043 57/10 70, www.landhaus-sehestedt.de, Di bis So 17:00 bis 23:00, Sa/So zusätzlich 12:00 bis 14:00, 150 m vom Fähranleger auf der Fährstraße hoch zur Hauptstraße

Die Feldsteinkirche von Sehestedt

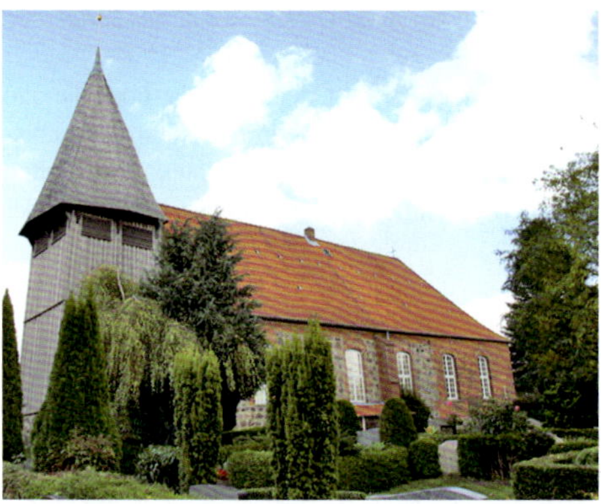

Nahe beim Fähranleger führt von der Fährstraße eine Treppe zum Friedhof und der romanischen ✞ **Feldsteinkirche St. Peter und Paul** hinauf. Der kirchliche Adlerhorst stammt aus dem 13. Jh. Von oben können Sie noch einmal eine herrliche Aussicht auf die verkehrsreichste künstliche Schifffahrtsstraße der Welt genießen. Hinter der Kirche rechts am Kanal können Sie im **Haus der Geschichte** alles über Sehestedt und die umliegenden Orte erfahren. Insbesondere der Kanalbau hat seinen nachdrücklichen Stempel hinterlassen und das Dorf in zwei Teile zerrissen. Das Museum ist im alten Dorfpastorat untergebracht. Das reetgedeckte Gebäude wurde 1820 im klassizistischen Stil errichtet und ist ein echter Hingucker.

⌘ Dorfmuseum Haus der Geschichte, Kirchenweg 14, 24814 Sehestedt, http://dorfmuseum.sehestedt.de, März bis Okt Sa/So 14:00 bis 16:00 o. nach telefonischer Voranmeldung unter ☏ 043 57/457

Das Unglück am Nord-Ostsee-Kanal

Am 11. September 1974 absolvierten die Briten in Schleswig-Holstein eine Luftlandeübung. Der beleuchtete Kanal wurde dabei mit einer erhellten Landstraße verwechselt. Sechs schottische Fallschirmjäger landeten in voller Montur in der Wasserstraße. Obwohl sofort Hilfe herbeieilte, ertranken alle. Die Sehestedter waren tief betroffen. Zum Gedenken an das tragische Unglück wurde ein Mahnmal auf der Südseite errichtet. Regelmäßig reisen Angehörige, Freunde und Kameraden hierher. Wenn die Schotten kommen, ist es immer ein Dorfereignis.

Vom Kirchengelände sind es dann nach links auf der Straße nur 120 m bis zum Denkmal und **P Parkplatz** am Start. Schauen Sie sich noch einmal in Ruhe im Ort um. Ein paar schöne alte Häuser sind noch zu sichten.

☺ Auf der Südseite des Nord-Ostsee-Kanals können Sie gemütlich auf dem Uferweg nach Westen zum 3 km entfernten **⌘ Himbeerhof Steinwehr** Richtung Rendsburg spazieren. Das idyllisch an der Wasserstraße gelegene Gut lohnt einen Besuch insbesondere für Familien. Hier gibt es Obst zum Selbstpflücken oder zum Kosten im Hofcafé. Der Hofladen hat ein reichhaltiges Angebot an regionalen Produkten. Es gibt einen Spielplatz zum Rumtoben für die Kleinen. Oder Sie gönnen sich von dort eine Kutschfahrt.

Himbeerhof Gut Steinwehr, Steinwehr 20, 24796 Bovenau, ☏ 043 57/241, www.himbeerhof-steinwehr.de, in der Saison Juni bis August tgl. 10:00 bis 18:00 und zum Frühjahrs- und Weihnachtsmarkt, Erdbeeren, Kirschen, Himbeeren, Johannisbeeren, Blaubeeren und Brombeeren zum Selbstpflücken, Hofladen mit Obst und alles von Marmeladen, Likören, Wurst, Käse oder Bonbons bis zu Kartoffeln auch von benachbarten Höfen, Marktscheune mit Wohnaccessoires und Dekoartikeln (wegen Corona drinnen noch geschlossen), Gartencafé und der Hofladen ab 18.9. von Fr bis So von 12:00 bis 18:00 für die kältere Jahreszeit in die Festhalle verlegt

Gartencafé, Fr bis So 12:00 bis 18:00, Sommerferien tgl., Kinderstuhl und Wickeltisch ja

Peper Kutschfahrten, Dr. Eckner Str. 5, 24768 Rendsburg, ☏ 043 31/78 93 35, 01 72/422 08 09, info@peper-kutschfahrten.de, www.peper-kutschfahrten.de, Gütertour Steinwehr 2,5 Std. mit Führung, für Gruppen mit 10-18 Pers. ab € 540

21 Am Wittensee

Tour für Bade- und Mühlenbegeisterte

Mit fast 1.000 ha Fläche reiht sich der Wittensee bei den größeren Seen Schleswig-Holsteins mit ein, wobei er wegen seiner auffallend rechteckigen Form hervorsticht. Bei Anglern, Surfern, Seglern und Badehungrigen ist er gleichermaßen beliebt. Natürlich können Sie ebenso zu Fuß die Seeatmosphäre einfangen. Zwischen Groß Wittensee und Haby ist einiges zu erleben.

Start/Ziel: Parkplatz, Badeplatz, Dorfstraße, 24361 Groß Wittensee, GPS N 54°24.151' E 009°46.121'

11,2 km

2 Std. 45 Min.

73 m/73 m

4-34 m

Hütti Nr. 11, grün-weiße Radwegschilder, Übersichtskarte am Parkplatz Schützenhof in Wittensee und in Haby am Dorfrand, gut ausgeschildert

Je nach Lust und Laune können Sie sich die Dörfer Groß Wittensee und Haby auf einem Spaziergang näher ansehen. Dennoch hält sich der Straßenanteil in Grenzen. Auf dem Ostufer des Wittensees ist nur der Schlauckweg für etwa 1 km asphaltiert, alles andere sind Wald- und Feldwege. Am Wasser und im Talraum der Habyer Au bleibt es flach. Nur beim Verlassen des „Rannenwandes" des Wittensees kitzelt ein kurzer Anstieg die Waden.

am Start/Ziel Imbiss Wittensee Treff und Hotel Wittensee Schützenhof, Landgasthof Haby Krog (km 5,4)

regelmäßig Bänke, Rastplätze an den Badeplätzen und Rastplatz Ponyhof am Wittensee (km 0,7 und 10), Grillhütte am Start/Ziel

am Start/Ziel Edeka Gottschalk, Fischers Apotheke, ☺ Landschlachterei Behrens am Start/Ziel, selbst hergestellte Holsteiner Spezialitäten vom Lamm aus eigener Haltung und Fleisch aus der Region

WC an den Badeplätzen am Start/Ziel und bei km 1,3 und 9

Badeplatz am Start/Ziel, Hoheluft an der Habyer Str. am Wittensee (km 1,3 und 9)

Spielgeräte an den Badestellen und weitere in Groß Wittensee, Sie können baden, angeln und grillen am Wittensee und reiten auf dem Ponyhof; viel befahrene Dorfstraße in Groß Wittensee mit Bürgersteig, 800 m hin und zurück verlaufen entlang der stärker frequentierten K78 am Wittensee mit abgetrenntem Fußweg, 1 km hin und zurück auf dem wenig befahrenen Schlauckweg ohne Gehweg.

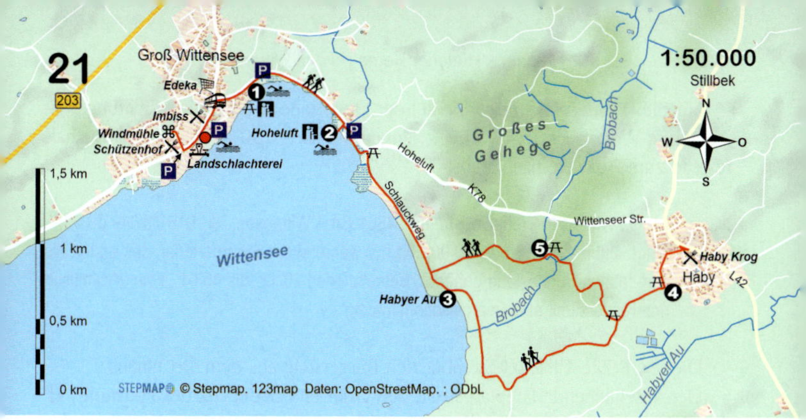

meistens problemlos, 80 m zwischen Ort und Wittensee schmaler Fußpfad, Treppe hoch und runter zum Schlauckweg, 180 m Grasweg hinter Haby zum Wald

Auslauf für 2,5 km auf den Feldwegen zwischen Wittensee und Haby, mehrere Mülleimer unterwegs, Badeplätze für Hunde verboten, Trinken und Abkühlen am Brobach möglich (km 7,1), überwiegend pfotenfreundlich, außer in den Ortschaften und 1 km hin und zurück auf dem Schlauckweg auf Asphalt

P Start/Ziel, alternativ können Sie vom Parkplatz Schützenhof in Groß Wittensee, GPS N 54°24.087' E 009°45.979', dem Wanderparkplatz, Habyer Str., 24361 Groß Wittensee, GPS N 54°24.368' E 009°46.558', oder vom Badeplatz Hoheluft, Habyer Str., 24361 Groß Wittensee, GPS N 54°24.134' E 009°47.113', starten.

Linie 700 Rendsburg – Eckernförde, Haltestelle „Groß Wittensee, Kirchenweg", Mo bis Fr tagsüber stündlich, Sa/So etwa alle zwei Std., in Eckernförde und Rendsburg Anschluss mehrmals tgl. an Bus und Zug

Gegenüber der Apotheke in Groß Wittensee und in guter Nachbarschaft mit der Landschlachterei Behrens befindet sich der P **Parkplatz**. Er verfügt oberhalb der Liegewiesen des **Badeplatzes Seegarten** über ein kleines Sichtfenster über den Wittensee. Unten vom Badestrand lässt sich dafür der gesamte Ostteil überblicken.

Badeplatz Seegartengelände, Dorfstr. 45/47, 24361 Groß Wittensee, Parkplatz, WC, Grillhütte, Liegewiese, Dusche, Badeinsel, Spielplatz, Hunde verboten, keine Beaufsichtigung

Landschlachterei Behrens, Dorfstr. 49, 24361 Groß Wittensee, ☏ 043 56/486, Di 8:00 bis 12:00 u. 15:00 bis 18:00, ☺ einheimische Qualitätsware mit rund 50 bis 60 verschiedenen Produkten aus Lamm, Rind, Wild oder Schwein

Für die Wanderung starten Sie auf der Dorfstraße in nördlicher Richtung. Am Imbiss Wittenseer Treff vorbei gelangen Sie nach 250 m an der **Bushaltestelle** zum Abzweig nach Haby.

Imbiss Wittensee Treff, Dorfstr. 46, 24361 Groß Wittensee, 015 78/049 08 42, tgl. Di bis So 11:00 bis 20:00, Mo nur während der Sommerferien des ersten bis zum letzten Bundesland geöffnet, Betriebsferien 20.12. bis 15.01., kein Wickeltisch und Kinderstuhl, aber improvisationsfreudig

Die Route 11 leitet Sie über den Bürgersteig aus dem Ort hinaus.

Der anschließende Fußpfad streift den **Grill- und Badeplatz des Ponyhofes ❶** (km 0,6) im bewaldeten Ufergürtel. Der Clou ist der Rastplatz am Ende des Steges – sitzend auf dem Wasser mit Panoramablick. Wenn keine Gäste da sind, dürfen Sie sich dort niederlassen (bitte keinen Müll hinterlassen). Einen Katzensprung entfernt laufen Sie am **Wanderparkplat**z an der Nordostecke des Wittensees vorbei. Für die vielen Vögel im dichten Uferschilf und auf dem Wasser wurde ein hübsches bunt bemaltes Vogelhäuschen aufgestellt.

Rastplatz mit Steg am großen Wittensee

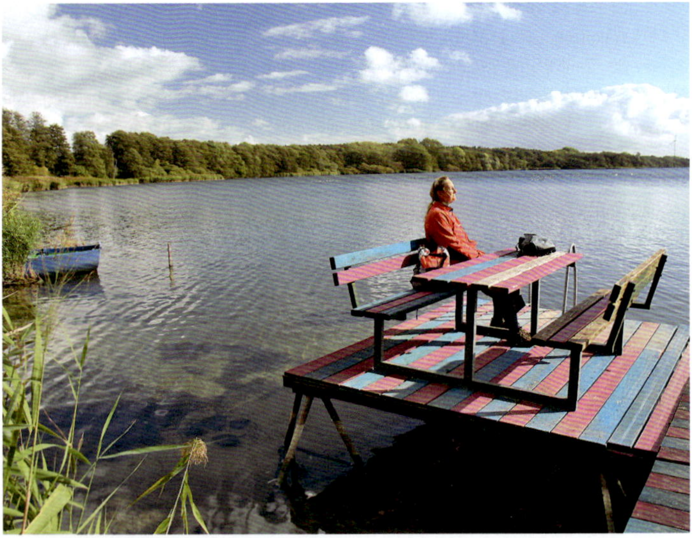

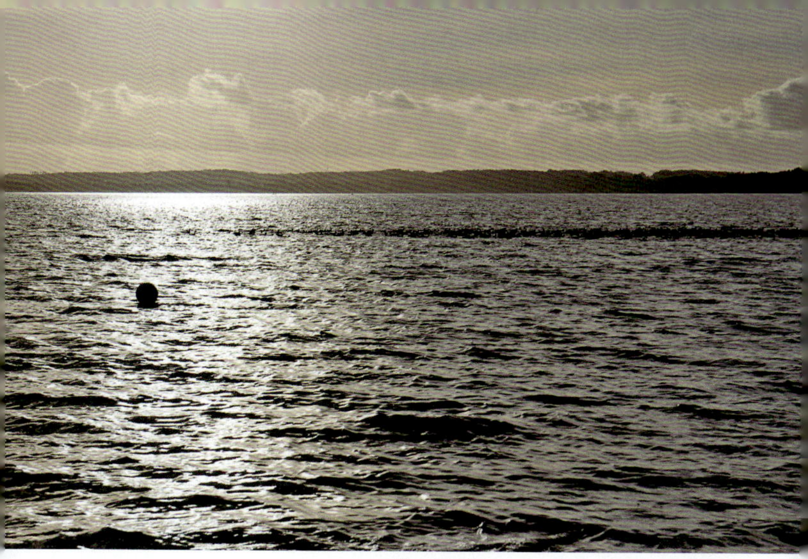

Abendstimmung über dem Wittensee

Der Wittensee

Das Gewässer ist ein Paradies für Wassertiere. Angler interessieren sich mehr für die Barsche und Hechte, die in ihm extra groß geraten. Außerdem tummeln sich in den Fluten Aale, Karpfen und Weißfische sowie Zander und Brassen. Der große und tiefe Klarwassersee ist ein Beispiel für einen erfolgreichen Besatz mit der Kleinen Maräne. Die Edelfischart entwickelte sich zeitweise so gut, dass im Spätsommer Nacht für Nacht mehrere Zentner gefangen werden konnten. Durch die nachhaltig erzielten Erträge ist der Wittensee einer der besten Kleinen-Maränen-Seen in Schleswig-Holstein. Die Pachtrechte liegen seit über 100 Jahren in den Händen der Fischermeister-Familie Bening (☞ Tour 23)

Seine merkwürdige rechteckige Form (5 x 2 km) verdankt der Wittensee (dän. *Vittensø*) einer Gletscherzunge des Ostseegletschers aus der Weichseleiszeit, die sich von Eckernförde hierherschob und ihn aushobelte. Der eiszeitliche Endmoränensee versteht sich daher als Verlängerung der Eckernförder Bucht.

Der Fußweg ist stets ein paar Meter von der etwas stärker befahrenen K78 getrennt. Sie verbindet die umliegenden Orte und ist eine beliebte Ausflugsstrecke. An den privaten Seezugängen lüftet sich wiederholt der grüne Schleier. Die besten Ausblicke über die gesamte Seefläche erwischen Sie allerdings vom Strand des **Badeplatzes Hoheluft ❷** (km 1,3).

Badeplatz Hoheluft, Habyer Straße, Parkplatz, WC, Liegewiese, Feuerstelle, Spielplatz, Übersichtskarte, keine Beaufsichtigung

Beim Queren der Liegewiesen hilft ein Übergang über das Rinnsal **Mühlenbek** hinweg. Am anderen Ende setzt sich bei der Bank der Uferpfad durch den Wald fort. Er endet an der Treppe hinauf zum **Schlauckweg** (km 1,6). Während sich rechts der Straße ansehnliche, bewaldete Seegrundstücke aneinanderreihen, bauen sich linker Hand Moränenkuppen auf. Nicht weit nach dem Abzweig des **Rundweges** (km 2,5), den Sie ignorieren, kommen Sie geradeaus in die flache Knicklandschaft der **Habyer Au** ❸.

Sobald sich im Redder der Betonplattenweg verzweigt, sind die Schilder der Route 11 etwas missverständlich. Halten Sie sich mit dem Radweg geradeaus. Erneut ignorieren Sie den Abzweig des **Rundweges** (km 4,6) und marschieren geradeaus nach **Haby** ❹ (km 5) und dort links auf der Dorfstraße in den Ort hinein.

☺ Von **Haby Krog** (km 5,4) können Sie nach rechts auf der L42 (Eckernförder Straße) weiterspazieren und nach 145 m wieder in die Dorfstraße nach rechts einbiegen. Dabei umkreisen Sie den historischen Dorfkern. Bei der Bank am südlichen Ortsrand treffen Sie wieder auf Ihre Wanderroute Nr. 11.

Landgasthof Haby Krog, Dorfstr. 28, 24361 Haby, ☏ 043 56/661, www.haby-krog.de, Mo, Di u. Do bis Sa 18:00 bis 0:00, So 12:00 bis 14:00 u. 18:00 bis 0:00, etwas anspruchsvollere Küche mit kleinem Angebot an vegetarischen und veganen Gerichten

⌘ im Gastraum wechselnde Ausstellungen heimischer Künstler

Haby

Der Ort wurde 1253 erstmals erwähnt. Er ist ein typisches mittelalterliches Rundlingsdorf. Die Höfe umzingeln den runden und so geschützten Gemeinschaftsplatz in der Mitte. Einst sollte Haby sogar einen Hafen erhalten. Gedacht war an einen Kanal nach Groß Wittensee. Aus den hochfliegenden Plänen wurde nichts. Dafür hat sich Haby mittlerweile einen Namen als Künstlerdorf gemacht. Viele Vorgärten schmücken Kunstgegenstände aus Metall und Holz. Aufgrund der hohen Anzahl an Kunstschaffenden unter den Einwohnern wurde auch schon schmunzelnd ein Vergleich mit dem berühmten Künstlerdorf Worpswede in Niedersachsen gezogen.

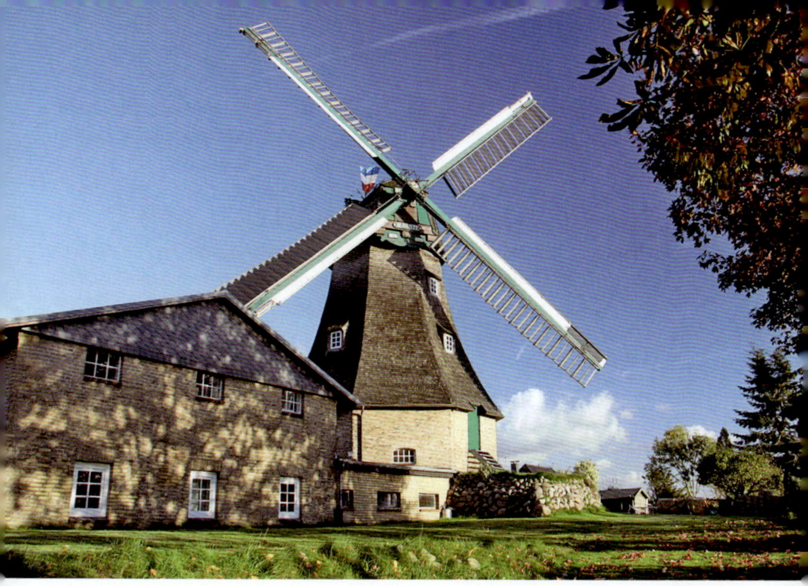

Die Windmühle Auguste in Groß Wittensee

Auf derselben Route geht es mit der ✎ 11 zurück bis zum Abzweig des **Rundweges** (km 6,3) im Tal der Habyer Au. Dort wenden Sie sich nach rechts in das **Große Gehege** hinein. Die 11 leitet Sie sicher durch das Wegesystem. Mitten im hügeligen Waldgelände lädt ein romantisches ⛩ Plätzchen am **Brobach** ❺ (km 7,1) zum Träumen ein. Das letzte Stück schlängelt sich durch einen Hohlweg zum **Schlauckweg** (km 8) hinab. Von hier aus ist Ihnen die Strecke nach **Groß Wittensee** bereits vom Hinweg bekannt.

Besuchen Sie noch die sehenswerte ⌘ **Windmühle Auguste** (km 10,9). Dazu gehen Sie diesmal vom Parkplatz in südwestlicher Richtung 160 m bis zum Schützenhof an der Dorfstraße.

✕ Hotel Wittensee Schützenhof, Rendsburger Str. 2, 24361 Groß Wittensee, ☏ 043 56/170, FAX 043 56/ 17 66, ✉ info@hotel-wittensee.de, 💻 www.hotel-wittensee.de, 🚪 tgl. 11:30 bis 20:00, im Winter Do Ruhetag, ab 7:00 sobald Frühstücksbuffet wieder möglich ist, klassische Holsteiner Küche zu angemessenen Preisen, ☺ Renner sind die Rinderroulade und die kalte Fischplatte mit Fischen aus dem Wittensee, Wickeltisch und Kinderstuhl ja, neben der Kinderkarte auch mehrere Gerichte als kleine Portion erhältlich, kinder- und hundefreundlich, E-Bike-Ladestation

Dort führt die Mühlenstraße hinauf zur denkmalgeschützten Anlage. Der im Jahr 1874 erbaute Kellerholländer – mit Windrose und Jalousieflügeln – zählt zu den schönsten und am besten erhaltenen Windmühlen des Landes.

⌘ Windmühle Auguste, Mühlenstr. 1, 24361 Groß Wittensee, 💻 www.windmuehle-auguste.de, aus gesundheitlichen Gründen erst einmal keine Führungen, der Mühlenverein ist auf der Suche nach einem Nachfolger (Stand Mai 2021), „Tag der offenen Tür" am Bundesmühlentag am Pfingstmontag

Groß Wittensee

Tradition wird in diesem Ort großgeschrieben. Der Schützenhof ist seit 1894 in vierter Generation in Familienbesitz. Die Landschlachterei hat 2002 der Enkel übernommen. Und das Mineralwasser aus der Wittenseer Quelle wird seit 1896 von der Familie Blunck abgefüllt. Es stammt aus einem nacheiszeitlichen Vorkommen in einer Tiefe von ca. 80 m. Pro Tag werden heutzutage 40.000 Flaschen ausgeliefert.

In Groß Wittensee sind einige alte Höfe wie die Doppelkate erhalten. Das eingeschossige Gebäude mit reetgedecktem Krüppelwalmdach aus dem 18. Jh. wurde früher von zwei Kätnerfamilien bewohnt. Kätner waren Bauern, die nur ein kleines Haus, aber kein eigenes Land besaßen. Sie verdingten sich auf den größeren Höfen als Tagelöhner.

Edeka Gottschalk, Dorfstr. 34, 24361 Groß Wittensee, ☏ 043 56/98 68 29, Mo, Di, Do u. Fr 7:00 bis 12:30 u. 14:30 bis 18:00, Mi/Sa 7:00 bis 12:30, So 8:00 bis 10:00

Infos und Angelkarte fürs Fischen im Wittensee erhältlich bei Fischerei Benning (☞ Tour 23), Tageskarte € 10, Wochenkarte € 35, Verleih Ruderboot € 15/Tag u. € 60/Woche

Hof Kirchhorst, Kirchhorst 3, 24361 Groß Wittensee, ☏ 043 56/997 50, 💻 www.hof-kirchhorst.de, für Groß und Klein Reiterferien, Reitstunden, individuelle Ausritte

♦ Ponyhof Sonnenhof, Dorfstr. 22, 24361 Groß Wittensee, ☏ 043 56/496 99 80, 📱 01 73/216 68 53, 💻 www.ponyhof-sonnenhof.de, Reiterferien, Reitstunden für die Kleinen

22 Der Kolonistenhof

Tour für Kulturbegeisterte und Familien

In einer winkligen „Acht" erkunden Sie den kurzweiligen Naturerlebnisraum Kolonistenhof. Er ist ein beliebtes Vergnügungsziel für Familien. Kunstbegeisterte können sich am Skulpturenpfad erfreuen. Freilich kommen auch die Naturfreunde in den durch die Eiszeit geprägten Duvenstedter Bergen nicht zu kurz.

Start/Ziel: Parkplatz, Kolonistenhof, Bornbarg, 24791 Neu Duvenstedt, GPS N 54°21.924' E 009°40.888'

4,8 km

1 Std. 15 Min.

83 m/83 m

48-72 m

Hütti Nr. 19, braun-weiße Wanderwegschilder Duvenstedter Berge, Infotafeln, Übersichtskarte am Parkplatz, gut ausgeschildert, anfänglich unmarkiert, aber einfach zu finden

In den Duvenstedter Bergen fühlen Sie sich eher an die Auf- und Abbewegungen eines Schiffes erinnert. Ein paar sehr kurze Steilabschnitte sind auch dabei. Dennoch reichen die Erhebungen kaum aus, um Ihnen den Schweiß auf die Stirn zu treiben. Größtenteils auf Wald- und Feldwegen kundschaften Sie den Naturerlebnisraum aus. Knapp 1 km auf Straße lässt sich nicht vermeiden.

keine

mehrere Bänke in der Umgebung des Kolonistenhofes, sonst banklos

WC Kolonistenhof, am Wochenende geschlossen

Naturerlebnisraum Kolonistenhof mit Spielplatz, Streichelzoo, Naturlehrpfad, Erlebnisstationen, Skulpturenpark, Baumkirche; etwa 1 km verlaufen ohne Gehweg auf einer wenig befahrenen Straße (zur Touristensaison im Sommer kann es etwas mehr werden).

Fast problemlos, ein kurzes Stück anfangs durch den Wald kann stellenweise sandig bzw. matschig sein.

kein Auslauf, Trinkwasser und Mülleimer unterwegs, größtenteils pfotenfreundlich, außer 1 km Asphaltstraße

P am Start/Ziel

Anfahrt nur mit Auto möglich

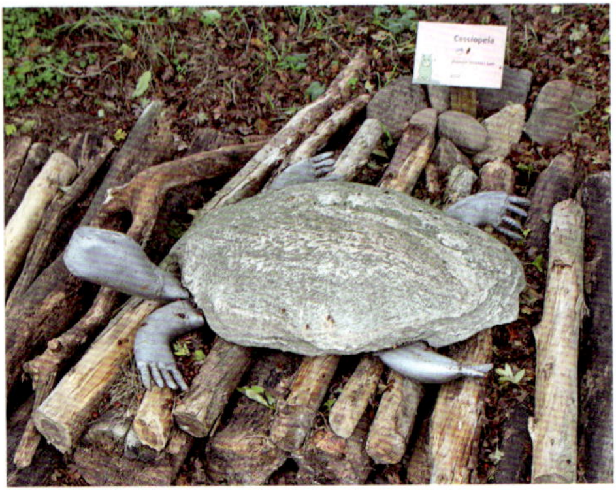

Auf dem Hof wird Kunst mit Natur verbunden

Vom P **Parkplatz am Kolonistenhof** gehen Sie zurück zur Einfahrt und schlendern dann gemütlich den Betonplattenweg aufwärts. Linker Hand erstreckt sich das 14 ha große Areal des Naturerlebnisraumes.

Am Wegesrand können Sie immer wieder verweilen und ebenso auf der Wiese allerlei ⌘ Skulpturen bestaunen. Dabei umlaufen Sie die Anlage entlang des Waldrandes. Abzweigende Wege werden missachtet. Auf der Ostseite setzt sich der Erlebnispfad nach links auf der Wiese fort. Sie gehen an der Kreuzung beim **Naturerlebnisraum ❶** (km 0,7) erst einmal nach rechts weiter in den Wald hinein. Wenige Schritte weiter ignorieren Sie den Abzweig des Bistenseerundweges nach links. Nahebei biegt der markierte Wanderweg Duvenstedter Berge nach rechts ab. Diesem folgen Sie durch das hügelige Waldgelände.

Sobald Sie auf die Felder hinauskommen, hat Hütti Nr. 19 (km 1,4) nun das Sagen in der Schilderansammlung. Eine große Infotafel unterrichtet etwas später am Straßenrand über das umgebende **Stiftungsland Bistensee ❷** (km 2,1). Es wird viel unternommen, um die blütenreichen Magerrasen und alten Gehölze zu schützen. Neue Lebensräume wie Feuchtbiotope und natürliche Insektenhotels werden geschaffen. Rechter Hand auf der Wiese hat es mit den zwei bewaldeten Hügeln indessen seine ganz eigene Bewandtnis.

Die Zwergenberge

Als in der Vorzeit eine Eiszeit hereinbrach, flohen die Riesen außer Landes. Die Trolle und Zwerge zogen sich dagegen in ihre Höhlen zurück und hofften auf die Warmzeit. Einige sollen von einem Fährmann über die Eider in Sicherheit gebracht worden sein. Doch dieser durfte niemandem etwas sagen. Die Unterirdischen (plattdeutsch *ünnereerdsch)* wurden für die Menschen unsichtbar. Der Sage nach bewohnen Zwerge wie eh und je diese zwei kreisrunden Erdhügel. Manchmal kommen Sie sogar des Nachts aus den „Zwergenbergen" hervor.

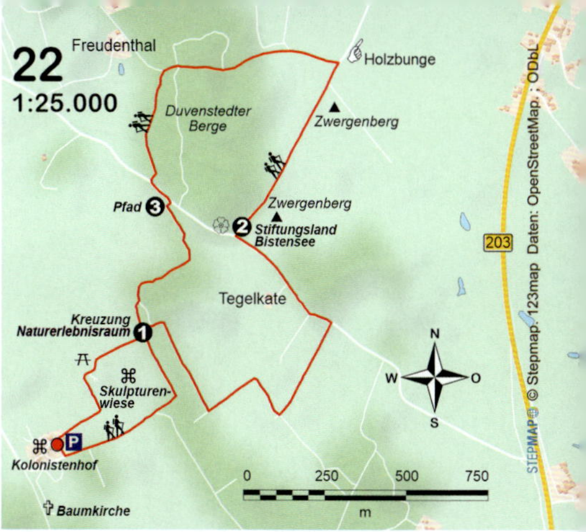

Nach knapp 1 km wendet sich die ✎ Route 19 nach Westen in die bewaldeten ✿ **Duvenstedter Berge** hinein. In der Eiszeit hat eine „kleine“, kaum 3 km breite Gletscherzunge den Boden ausgehobelt und zu Endmoränen zusammengeschoben. Das „Loch“, aus dem der Kies und Sand stammte, füllte sich mit Wasser und ist der heutige Wittensee. Unmarkierte Abzweigungen werden entlang des Freudenthaler Weges nicht beachtet. Kurz öffnet sich der grüne Vorhang unten an der **Straße nach Holzbunge** (km 3,6). Halten Sie nach 80 m nach dem **Pfad ❸** rechter Hand Ausschau. Er schwingt sich im Südosten der Viehweide mit Teich erneut in den Wald hoch. An den unmarkierten Gabelungen ist es egal, welchen Weg Sie wählen. Sie treffen alle wieder zusammen. Am Waldrand endet der größere Bogen der Acht am **Naturerlebnisraum ❶** (km 4,2). Sie treten nach rechts unter den Bäumen hervor. Im Zickzack quert der unmarkierte Skulptur- und Erlebnispfad nun mit vielen interessanten und amüsanten Stationen die Wiese bis zum **Kolonistenhof**.

Der Kolonistenhof wird seit 1984 von der Norddeutschen Gesellschaft für Diakonie betrieben. Menschen mit Behinderungen und mit speziellem Förderbedarf werden auf dem Gelände Arbeitsmöglichkeiten geboten. Sie pflegen die Gärten, Erlebnisstationen, Streichelzoo und Tiergehege mit Schafen, Ziegen, Kaninchen und Vögeln. Im alten Backhaus wird wie ehemals Brot gebacken. In der Ausstellung wird die Entstehung der eiszeitlich geformten Endmoränenlandschaft der Hüttener Berge und das Leben der Kolonisten dargestellt. Etwas abseits wurde die Baumkirche maßstabsgetreu (1:4) der Rendsburger Marienkirche nachempfunden.

⌘ Kolonistenhof, Bornbarg 11, 24791 Neu Duvenstedt, ☏ 043 38/99 97 99, FAX 043 38/99 94 84, 💻 www.kolonistenhof.de, Außenanlage ganzjährig geöffnet, Führungen durch die Ausstellung für Familien und Gruppen nach telefonischer Absprache

✕ nur für Veranstaltungen und Feiern, dann wird auch ein kleiner Kiosk betrieben

✝ Baumkirche, Gottesdienste unter freiem Himmel an ausgesuchten Festtagen

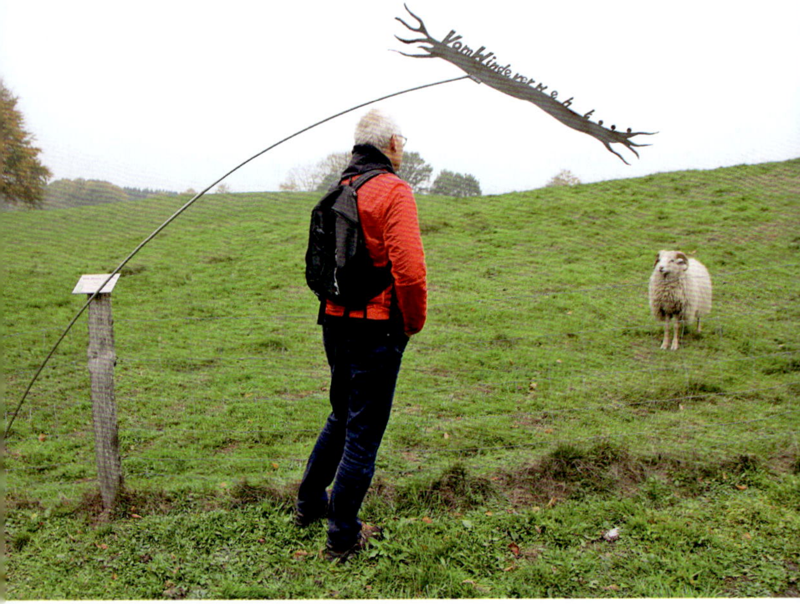

Natur und Kunst sind auf dem Kolonistenhof zu bewundern

Der Kolonistenhof

Um die Geldtruhe wieder zu füllen, verfiel der Dänenkönig Friedrich V. u. a. auf die glorreiche Idee, die ausgedehnten Ödflächen der Geest zu besiedeln. Das sollte ihm zusätzliche Steuergelder einbringen. Die Menschen im übervölkerten und durch Kampfhandlungen verheerten Süddeutschland erhofften sich dadurch ein besseres Leben. Da der Weg nach Russland durch den Siebenjährigen Krieg versperrt war, wanderten stattdessen viele in die Schleswiger Geest aus. Über 4.000 Kolonisten suchten ab 1759 ein neues Heim im Norden.

Allerdings war es gar nicht so einfach, die Heide- und Moorlandschaften ertragreich zu bewirtschaften. Viele gaben auf und zogen weiter, als die Grenzen nach Russland wieder offen waren. Der Kolonistenhof war Teil der letzten Kolonie, die in den Duvenstedter Bergen gegründet wurde. 1765 wurde das Projekt „Kolonisation“ als gescheitert ad acta gelegt. Nur 600 Siedler sind für immer geblieben.

Als Erfolg konnte der Anbau der Kartoffel verbucht werden. Daneben führten die Kolonisten vielfältige Bauerngärten ein.

㉓ Der Bistensee

Tour für Gourmets und Seefans

Zwischen den Duvenstedter und Hüttener Bergen liegt in der Moränenlandschaft der Bistensee. Das blaue Schmuckstück des Naturparks ist als Badesee und für seinen Fischreichtum bekannt. Darüber hinaus sind im ausgeprägten Schilfsaum während der Brutzeit viele Vögel anzutreffen. Die abwechslungsreiche Tour offeriert dazu Historisches und feine Gaumenfreuden.

Start/Ziel: Whisky Krüger, Hauptstraße, 24361 Holzbunge, GPS N 54°22.550' E 009°42.253'

13,4 km

3 Std. 30 Min.

223 m/223 m

12-61 m

Hütti Nr. 16 und 18, Infotafeln, Übersichtskarte am Parkplatz und mehrere unterwegs, gut ausgezeichnet

Die Südhälfte des Bistensees ist umgeben von den bewaldeten Duvenstedter Bergen. Da geht es recht buckelig zu. Dagegen versprechen die Uferwege der Nordhälfte entspannte Spaziergänge mit Badefreuden. Über die Hälfte der Tour wird auf Asphaltwegen zurückgelegt. Trotz dieser längeren Abschnitte um das Süd- und Nordende wiegen die idyllischen Wald- und Uferwege alles auf. Leider sind 1,5 km des Uferweges auf der Westseite seit dem 1.1.2021 gesperrt. Der Besitzer hat entsprechende Hinweisschilder aufgehängt und den Uferpfad stellenweise mit Baumschnitt blockiert. Ein 700 m längerer Umweg durch Wald und Felder ist möglich. An einer neuen Strecke am Seeufer entlang wird mit Hochdruck gearbeitet.

Whisky Café und Imbisswagen Benning am Start/Ziel, Keramik-Café (km 2,7) und Töpferhaus (km 2,8), Seeterrasse in Bistensee (km 8,6), ☺ in Holzbunge „Conewhis" von Whisky Krüger – süße Genussvariationen wie kleine Törtchen, Puddings oder Pralinen mit Whisky oder knusprige und delikate Fischbrötchen von Bening

ausreichend mit Bänken ausgestattet, Schutzhütte (km 1,9), Rastplatz in Bistensee (km 8,7)

am Start/Ziel Whisky Krüger, Keramikwerkstatt (km 2,7), Kartoffel Bannick Bistensee (km 9,4), Camping Jarck (km 9,6)

WC am Badeplatz Bistensee (km 8,6)

Badeplatz Bistensee (km 8,6)

Spielplatz am Start/Ziel und am Töpferhaus, Sie können Vögel beobachten und angeln, in Bistensee gibt es einen Badeplatz, Spielplatz, Fußball und Minigolf; längere Abschnitte auf verkehrsarmen Straßen ohne Gehweg, wovon 500 m zur Campingzufahrt Waldseehof gehören, die zu Ferienzeiten mehr frequentiert sind, 2,8 km entlang der stärker befahrenen Hauptstraße durch Ahlefeld und Bistensee mit Bürgersteig, 800 m entlang der K1 auf einem durch Knick und Grasstreifen abgetrennten Fußweg, in Holzbunge hin und zurück gefährliche Querung der verkehrsreichen B203 (☺ kann aber durch Parken und Start im Ort vermieden werden).

Durch den Umweg über die Wald- und Dorfstraßen komplett problemlos, eine Treppe nahe vor dem Keramikcafé kann vermieden werden

Der Auslauf im Landschaftsschutzgebiet Bistensee ist sehr eingeschränkt. Mal ergibt sich ein kurzes Stück auf einem Feldweg oder einer verkehrsarmen Straße. Im Wald- und Ackerland rundum den See benötigen Sie große Wasserreserven. Mehrere Mülleimer unterwegs, etwa die Hälfte der Tour ist pfotenfreundlich.

P Start/Ziel, alternativ können Sie vom Parkplatz des Badeplatzes in Bistensee, Dorfstraße, GPS N 54°23.908' E 009°42.006', oder vom Wanderparkplatz an der K1 nach Ahlefeld, GPS N 54°23.154' E 009°40.319', starten.

☞ Tour 21, Haltestelle „Holzbunge Hauptstraße“, 160 m entlang der Hauptstraße zu Whisky Krüger zurück oder gleich loslaufen

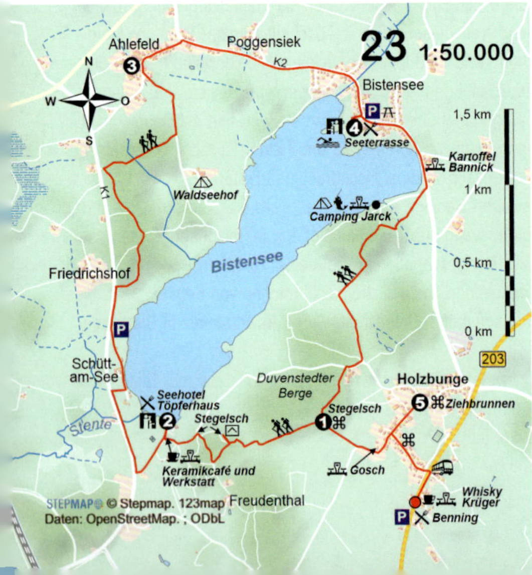

Vor ein paar Jahren zog **Whisky Krüger** in das ⌘ **Redderhus** am südlichen Ortsrand von **Holzbunge**. Das markante Reetdachhaus weist als Krog schon eine lange Geschichte auf. Seinen Charme und Gemütlichkeit hat es behalten. Ein Haufen Holzfässer vor der Tür bestätigt seine heutige Funktion. Entlang der **B203** gehen Sie nach Nordosten. Die ersten ✎ Haselmauszeichen verstecken sich gegenüber dem Whisky Store im Kirschlorbeer beim Abzweig der Straße Karksiek. Vor der 🚌 Bushaltestelle an der B203 tauschen Ihre ✎ Routen 16 und 18 die Straßenseite und verschwinden auf der Straße gegenüber weiter in den Ort. 2019 feierte Holzbunge sein 500-jähriges Jubiläum. Eine alte Dorfkate wird im Freilichtmuseum Molfsee bei Kiel ausgestellt. Einige historische Bauwerke sind noch am Straßenrand aufzuspüren. Gerade an der Ecke zur Dorfstraße (km 0,6) lugt ein besonders schönes ⌘ **Backsteingebäude aus der Gründerzeit** (☞ Tour 8 und 9) über den Gartenzaun. Dort müssen Sie nach links abbiegen. Es dauert nicht lange und Sie trennen sich am Ortsende erst einmal von der ✎ 18. Am Waldrand in den ✿ **Duvenstedter Bergen** stoßen Sie auf die nächste historische Sehenswürdigkeit – den ⌘ **Stegelsch** ❶ (km 1,2).

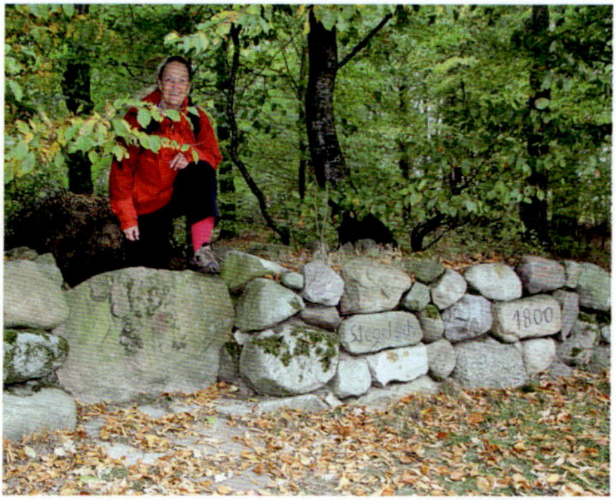

Der Stegelsch - ein alter Mauerübertritt - im Wald hinter Holzbunge

Stegelsch

Solche alten Zaunübertritte wurden früher viel auf den Verbindungswegen zwischen den Dörfern eingesetzt. Die Kirchgänger konnten so ungehindert die Koppelzäune übersteigen. Dem Vieh war das nicht möglich.

Am Waldrand entlang führt Sie die ✎ 16 hinauf zum Aussichtspunkt bei der ⌂ **Schutzhütte** (km 1,9). Am Fuße des Moränenrückens schimmert das Blau des Bistensees. Dort im Wald (Holzwegweiser) (km 2) lohnt auf jeden Fall ein kurzer Abstecher von 65 m abwärts zum nächsten **Stegelsch**. Sie können dem Pfad auch 180 m weiter folgen. Beide Wege treffen unten an der Straße wieder zusammen.

Die markierte, breitere Strecke dringt dagegen zunächst tiefer in das hügelige Waldgebiet ein. An der nächsten Kreuzung (km 2,3) steigen Sie dann nur mit der ✎ 18 ebenfalls zur **Straße** (km 2,5) steil ab. Wenige Schritte nach rechts stehen Sie an einer alten und fotogenen **Steintreppe.**

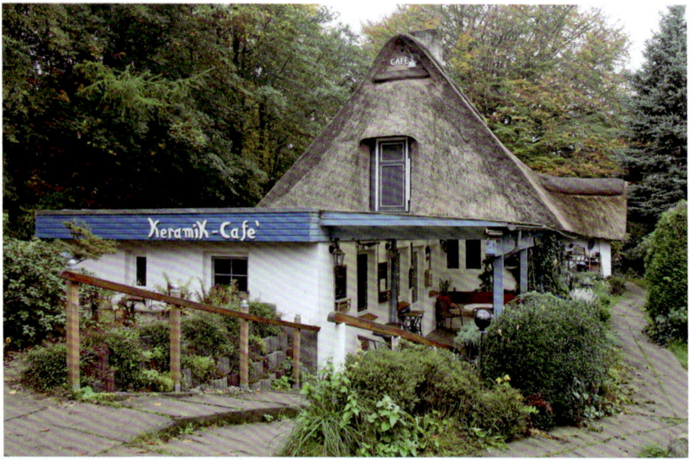

Das Keramik-Café: Torten und Töpferei

Der dritte Stegelsch bildet ihr oberes Ende. Nun hat die 16 endgültig das Kommando. Nach links duckt sich das **Keramikcafé und Werkstatt** (km 2,7) unter die Bäume. Das Reetdach des typisch holsteinischen Häuschens von 1764 reicht fast bis auf die Straße hinab.

Keramikcafé und Werkstatt, Töpferhaus 3, 24791 Alt Duvenstedt, 043 38/99 92 25, Café Mi bis So 13:00 bis 18:00, Werkstatt Mi bis So 11:00 bis 18:00, hausgemachte Kuchen des Familienbetriebes im gemütlichen Ambiente, Kinderstuhl und Wickeltisch ja, Keramik zum Stöbern oder einfach nur Plauschen

Um die Ecke schaut das **Seehotel Töpferhaus** ❷ über den Bistensee. Sie sollten alleine schon wegen des grandiosen Seeblickes hier eine Pause einlegen. Das Gewässer ist 2,5 km lang und etwa 1 km breit. Seine tiefste Stelle beträgt 14,7 m.

♦ Restaurant LammButtRind, im Seehotel Töpferhaus, Am See 1, 24791 Alt Duvenstedt, 043 38/99 71 77, genuss@lammbuttrind.com, www.lammbuttrind.com oder www.toepferhaus.com, tgl. 17:00 bis 00:00 und ab 18:00 warm, gehobene Küche, Hunde kein Zutritt zum Restaurant, aber auf der Terrasse kein Problem, Kinderstuhl und Wickeltisch ja

Peper Kutschfahrten (Tour 20), mit der Kutsche rund um den Bistensee

Sie umwandern nun das Südende des Sees. In der Knicklandschaft ist sein Abfluss, die Stente bzw. Sorge, kaum auszumachen. Ein kleiner Schlenker durchstreift **Schütt-am-See** (km 3,9). In der friedvollen Siedlung stellt ein weiteres Reetdachhaus in Fachhallenart ein dankbares Fotomotiv dar. Vom **P Wanderparkplatz** (km 4,3) ist es nicht mehr allzu weit, bis sich der Bistenseerundweg am Waldrand des **Geheges Ahlefeld** endgültig von der **K1** (km 4,6) nach Osten entfernt.

Seit dem 1.1.2021 ist ein Teil des Uferweges auf der Westseite gesperrt. Die Originalstrecke kann noch bis 400 m in den Wald hinein begangen werden. An der ersten Verzweigung schickt Sie die Markierung noch nach rechts. Doch bereits am folgenden Abzweig beginnt die vorläufige Umleitung. Sie nehmen nun nach links den Reitweg weiter nach Norden in das Gehege Ahlefeld hinein. Kurz vor der **K1** (km 5,6) wechseln Sie nach rechts auf den Waldweg hinüber. Er endet an der **Zufahrtstraße** (km 6,2) zum Camping Waldseehof. Der Bistensee versteckt sich im Süden weit abgeschlagen hinter der Knicklandschaft. Sie wandern nach Norden zur Ortschaft **Ahlefeld ❸** (km 6,7). Die Dorfstraße bildet in östlicher Richtung die Verbindung nach **Bistensee** (km 8). Dort treffen Sie auf den ursprünglichen Bistenseerundweg.

Der offizielle Badeplatz befindet sich bei den aussichtsreichen **Seeterrassen ❹** (km 8,6) mitten im lang gezogenen Ort.

Seeterrasse Bistensee, Dorfstr. 25, 24358 Ahlefeld-Bistensee, ☎ 043 53/998 95 69, info@seeterrasse-bistensee.de, www.seeterrasse-bistensee.de, Do bis Sa 17:00 bis 21:00, So 12:00 bis 21:00, große Aussichtsterrasse, Kinderstuhl ja, Wickeltisch nein

Badeplatz mit großem Sandstrand, Badeponton, Liegewiese, Feuerstelle, Spielplatz, Minigolf, Fußballplatz, WC, Parkplatz, Hunde verboten, unbewacht

Sie folgen weiter der Dorfstraße und passieren dabei einen Hofladen.

Kartoffel Bannick, Dorfstr. 8 a, 24358 Ahlefeld-Bistensee, ☎ 043 53/277, www.ferienhof-bannick.de, Hofladen wenn jemand da ist, bitte läuten, 5 Sorten Kartoffeln in verschiedenen Größen, Gemüse der Saison, Marmeladen, Sirup

Am südlichen Ortsausgang (km 9,3) biegt die markierte Route beim Gelände des **Campingplatzes Jarck** von der Dorfstraße ab.

Campingplatz Jarck, Uferweg 16, 24358 Ahlefeld-Bistensee, ☏ 043 53/436, www.bistensee.de, 1.4. bis 31.10., kleiner Laden für Lebensmittel beim Campingplatz, Angeln ganzjährig möglich, solange der Bistensee nicht zugefroren ist, Angelkarten nur nach telefonischer Voranmeldung tageweise, pro Pers. € 6, Nichtangler im Boot € 3, Ruderboot € 10/Tag

In der hügeligen Knick- und Waldlandschaft versperrt Ihnen zunächst der Buchenwald des Geheges **Bookholt** (km 9,9) die Sicht auf das sogenannte „Blaue Juwel". Dahinter ignorieren Sie die „Abkürzung" (km 10,6) nach rechts zum Seeufer. In Richtung Holzbunge geht es nach links weiter. An der nächsten Straßenabzweigung (km 11,1) können Sie sich entscheiden, ob Sie gleich geradeaus in die Ortschaft gehen und die Tour beenden möchten. Die schönere Strecke allerdings dirigiert Sie mit der ✎ 18 um den nahen Hof herum in das **Gehege Schirenskrog** hinein.

Direkt beim ersten **Stegelsch ❶** (km 11,7) vom Anfang der Tour treten Sie aus dem Wald heraus und folgen dem vom Hinweg bekannten Weg. Unten in **Holzbunge** (km 12,2) machen Sie noch einen kleinen Umweg. Statt nach rechts zur B203 zu gehen, bleiben Sie auf der Dorfstraße und folgen der ✎ 18 geradeaus. Nach 250 m stoßen Sie linker Hand auf den historischen **⌘ Ziehbrunnen mit Schöpfeinrichtung ❺.** Wieder zurück an der Straßenverzweigung laufen Sie zur B203 und **Whisky Krüger** am Startpunkt, wo Sie sich noch kulinarisch verwöhnen lassen können. Hier befindet sich auch ein Imbisswagen.

Whisky Café, Whisky Krüger, Hauptstr. 2, 24361 Holzbunge, ☏ 043 56/867 91 25, www.whiskykrueger.eu, bleibt bis auf Weiteres leider erst einmal noch geschlossen (Stand Mai 2021), die Torten mit Whiskygeschmack sind ein Genuss, es gibt auch alkoholfreie Leckereien, Hunde lieber nur im Gartencafé, bei Regen dient ein großes Whiskyfass als trockener Sitzplatz

Whisky Krüger, Fr 11:00 bis 17:00, Sa 11:00 bis 15:00, mehr als 1.000 Sorten an Whisky sowie Pralinen, Honig, Marmeladen, mehrmals im Jahr interessante Whisky-, Gin- oder Rum-Tastings

⌘ Whisky Museum, wie der Laden, 2.000 Exponate – kleine Schätzchen, Raritäten und Skurriles

Imbisswagen Fischerei Bening, Hauptstr. 2, 24361 Holzbunge, ☏ 043 56/327, abening@fischer-bening.de, www.fischer-bening.de, tgl. 10:00 bis 18:00, große Auswahl an Fischdelikatessen aus dem Wittensee (☞ Tour 23), die frisch zubereiteten Fischbrötchen sind ein Hit, auf dem Parkplatz bei Whisky Krüger

24 Auf den Wegen bei Damendorf

Tour für Dorf- und Naturanhänger

Im Dreieck zwischen den Dörfern Damendorf, Osterbyholz und Wittensee finden Sie noch die „echte" holsteinische Kultur. Abseits der ausgetretenen Touristenpfade bewegen Sie sich durch die sanft gewellte Knicklandschaft. Riesige Findlinge und schöne Reetdachhäuser sind keine Seltenheit.

Und in den Mooren bei Damendorf wurden gleich mehrere Moorleichen ausgegraben.

Start/Ziel: Parkplatz Doerpshus, Kirchenweg, 24361 Damendorf, GPS N 54°25.407' E 009°44.083'

11,7 km

3 Std.

96 m/96 m

22-42 m

Hütti 9 u. 10, grün-weiße Radwegschilder, Infotafeln, Übersichtskarte am Parkplatz, gut markiert

Die sanft gewellte Knicklandschaft durchziehen hauptsächlich asphaltierte und betonierte Wege. Ein bisschen Schatten gewähren allein die Waldwege im Moor bei Damendorf und bei Osterbyholz.

keine

mehrere Bänke unterwegs

am Start/Ziel Bäckerei Clausen, typische Dorfbäckerei (keine Kette)

Im Herbst können Sie Brombeeren und Obst pflücken; größere Strecken auf Straßen ohne Gehweg, die aber wenig befahren sind.

schmaler Fußpfad zum Moor von 280 m, kurzes Stück von 350 m auf Grasweg, sonst problemlos für Buggys

öfters kurzer Auslauf auf den Feldwegen möglich, keine Mülleimer unterwegs, Böschung beim Bach steil und zugewachsen, schwierig für Hunde, Wasser zu fassen, Trinkwasser im Gepäck erforderlich, größtenteils nicht pfotenfreundlich

P am Start/Ziel

Linie 725 Eckernförde – Owschlag, mehrmals tgl. mit Umstieg in Hütten bei Ascheffel in Linie 735 Rendsburg – Groß Wittensee nach Damendorf, oder Linie 700 Eckernförde – Rendsburg mit Umstieg in Holzbunge Nord mehrmals tgl. nach Damendorf, Haltestelle „Damendorf Ortsmitte", in Owschlag, Rendsburg und Eckernförde Anschluss mehrmals tgl. an Bus und Zug

Vom **Dorfgemeinschaftshaus Dörpshus** in Damendorf sind es auf der Dorfstraße nur 140 m in Richtung Groß Wittensee. Am östlichen Ortsrand zweigt nach links die ✎ Route 9 nach Lehkuhl ab. Am Ende des Redders fungiert ein großer ⌘ **Findling ❶** (km 1) als Ortsschild für **Damm** linker Hand.

Findlinge

Findlinge fanden als Wegweiser Verwendung

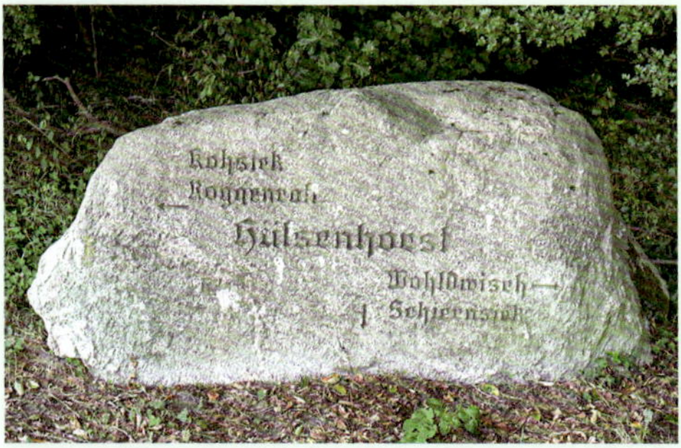

Während der letzten Eiszeit schoben die Gletscher reichlich Material zu den Endmoränen der Hüttener Berge zusammen. Als sich das Eis zurückzog, wurden dabei unendlich viele Gesteinsbrocken abgelagert. Die Bewohner im Dreieck zwischen Damendorf, Osterbyholz und Wittensee waren da erfinderisch. Die riesigen Findlinge tun jetzt als Wegweiser und Schilder ihren Dienst.

Das erste Haus entpuppt sich gleich als Blickfang. Das alte ⌘ Reetdachhaus (☞ Tour 8 und 9) umfriedet ein typischer Friesenwall. In dem Trockenmauerwerk wurden viele Findlinge und größere Steine aus der Gegend verarbeitet.

Begleitet von großen Eichen windet sich der Weg am **Hof Lehkuhl** vorbei. An der Gabelung im **Wäldchen bei Osterbyholz** (km 2) fehlt die ✎ 9. Doch ein Radwegschild weist auf die breite Forststraße nach rechts. Ein Abzweig des mit einem ✎ weißen X ausgezeichneten Fernwanderweges E1 wird nicht beachtet.

Im friedlichen Buchenwald können Sie auf einer Bank auch mal die Seele baumeln lassen. Sie überschreiten den Bach **Osterbek** (km 2,9). Auf der Ostseite des kleinen Geheges schaut erneut ein prächtiges ⌘ **Reetdachhaus ❷** (km 3,3) über die Hecken hinweg. Zwar ist das historische Gebäude durch den modernen Anbau nicht mehr ganz stilecht, allerdings verzaubert der blumenreiche Garten den Betrachter.

Nördlich eines kleinen Wäldchens teilt sich ✎ die Route 9 dann in zwei unterschiedlich lange Runden auf. Ein alter Wegweiser markiert die Kreuzung ⌘ **Hülsenhorst** (km 3,6). Die Orte auf dem imposanten Findling existieren lange schon nicht mehr. Auf der kürzeren Strecke geht es für Sie nun in Richtung Groß

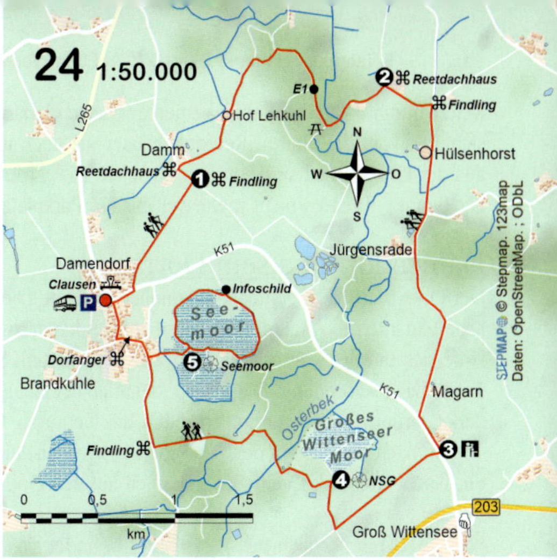

Wittensee nach Süden. Die Straße windet sich am **Hof Jürgensrade** (km 4,6) im leichten Auf und Ab durch die Knicklandschaft. Die stärker befahrene **K51** (km 5,7) verfügt über einen Radweg. Beim Abzweig eines Betonplattenweges nach rechts erhalten Sie die beste **Aussicht ❸** (km 5,9). Unten am Großen Wittensee liegt die gleichnamige Ortschaft.

Sie folgen aber nicht der Straße in den Ort hinein, sondern wechseln nach rechts auf den Feldweg. Die ✎ Zeichen sind an dieser Stelle missverständlich. Ein paar Schritte weiter findet sich aber erneut die 9 und die 10. Im Redder können im Herbst Brombeeren, Kirschen und Fliederbeeren genascht oder zum Einmachen gesammelt werden. Am Südende des Naturschutzgebietes ❀ **Groß Wittenseer Moor ❹** (km 7) erläutert eine große Infotafel seine Besonderheiten.

Der Weg entlang des Bruch- und Au-Sumpf-Waldes bricht nicht weit entfernt in der Wiesenau des Baches **Osterbek** abrupt ab. Nach rechts bleibt Ihnen nur der Wiesenrand zwischen drei Linden hindurch. Der grasige Ausflug verwandelt sich auf Höhe einer Ansammlung von Bienenkästen wieder in einen guten Waldweg. Unter die Bäume am Wegesrand mischen sich immer mehr Obstbäume. Mirabellen, Äpfel und Birnen sind ein willkommener Pausensnack. Ein Teil des Areals wird als Hochzeitswald bezeichnet. Etwa ab dem 18. Jh. waren nämlich die jungen Männer dazu verpflichtet, vor der Hochzeit eine gewisse Anzahl an Bäumen zu pflanzen.

Erneut findet sich an der Straße nach **Damendorf** ein beeindruckender ⌘ Findling (km 8,5). Nach den ersten Häusern achten Sie auf das Schild „Wanderweg Seemoor" rechter Hand. Der Fußpfad führt zwischen den Häusern hindurch hinab zum ❀ **Seemoor ❺** (km 9,3). Das Naturparadies umläuft ein 1,5 km langer Moorrundweg. Auf halber Strecke erzählt eine Infotafel einiges über die drei im Hochmoor gefundenen Moorleichen. Eine davon hat sich als „Mann von Damendorf" einen Ruf erworben. Die Dorfberühmtheit kann im Landesmuseum Schloss Gottorf in Schleswig besichtigt werden. Zurück an der Straße laufen Sie weiter durch das Dorf. Einige bemerkenswerte Gebäude verschönern die Dorfansicht. Sowohl die älteren Reetdachhäuser als auch ansehnliche Backsteinbauten aus der Gründerzeit sind rundum zu sehen (☞ Tour 8 und 9). Vom ⌘ **Dorfanger** (km 11,4) ist es nicht mehr weit bis 🅿 **Parkplatz** am Ausgangspunkt.

Damendorf und sein Dorfanger

Der Ort wurde 1518 erstmalig urkundlich erwähnt. Die Dorfanlage ist eine frühzeitliche Variante des Angerdorfes. Diese entstanden nach einem festen Plan, wobei die Höfe sich um den kreisrunden Dorfplatz gruppierten. Damendorf dagegen hat eine rechteckige Anordnung. Dieser Typ, den man in Dänemark, Angeln und Ostholstein findet, gründete sich vermutlich durch die Neuordnung von Siedlung und Flur im 13. Jh. nach den Regeln des „Jütischen Low". Er ist eine sogenanntes Fortadorf. In der Nacht wurde das Vieh zur Sicherheit auf den Dorfplatz getrieben.

100 m nördlich des Parkplatzes befindet sich die Bäckerei Clausen.

Bäckerei Clausen, Kirchenweg 10, 24361 Damendorf, ☏ 043 53/375, Mo bis Fr 6:00 bis 12:00 u. 14:00 bis 18:00 (Mi am Nachmittag geschlossen), Sa 6:00 bis 12:00, So 8:00 bis 10:30, in den Sommerferien werktags geänderte Zeiten: Mo 6:00 bis 13:00 u. 14:00 bis 18:00, Di bis Fr 6:00 bis 13:00

In Damendorf stehen noch viele alte Häuser

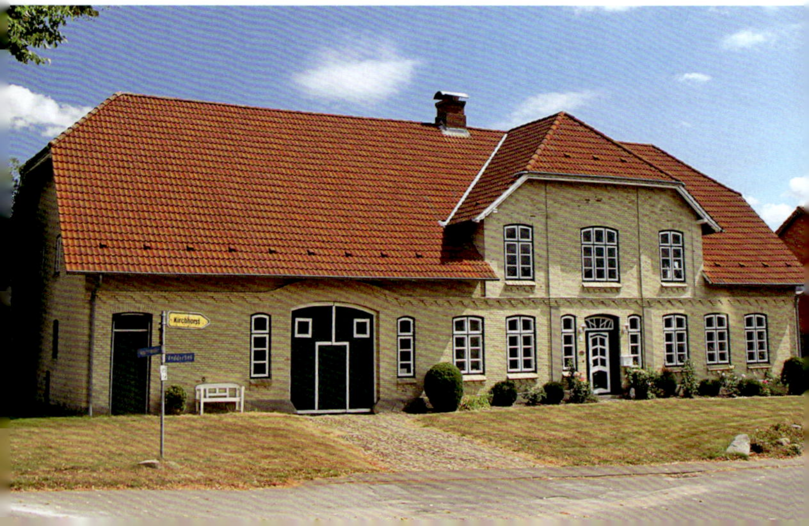

㉕ Vom Ochsenweg in die Sorgwohlder Binnendünen

Tour für Geschichts- und Geologieinteressierte

Die Sorgwohlder Binnendünen bei Owschlag beherbergen eine einzigartige Heidelandschaft mit Silbergras und Flechten. Wenn im August ein üppiges lilafarbenes Blütenmeer erstrahlt, schwirren zahllose Insekten herum. In dem Naturschutzgebiet leben etliche spezialisierte und seltene Arten. Auch hat der alte Ochsenweg seine Spuren im Owschlager Sander in der Sorgeniederung hinterlassen. Schauen Sie einfach mal nach!

Start/Ziel: Wanderparkplatz Ochsenweg, Feldscheide, 24812 Tetenhusen, GPS N 54°21.933' E 009°33.649'

8,9 km

2 Std. 15 Min.

36 m/36 m

5-21 m

Hütti Nr. 14, Infotafeln, Übersichtskarte am Parkplatz, überwiegend gut markiert, jedoch kurze Strecken abseits der markierten Route, dennoch gut zu finden

Auf die offenen, kargen Sandflächen brennt im Sommer die Sonne nieder. Selbst die eher lichten Kiefern- und Birkenwäldchen bieten kaum Schutz. Sandige, gut befestigte Wege wechseln sich ab mit Betonplattenstrecken. Auf dem Ochsenweg und in den Dünen kann es je nach Wetterlage schon mal etwas sandiger oder schlammiger werden.

Kiosk Fußballgolf Sorgwohld (km 6,9)

regelmäßig Bänke, Rastplatz beim Fußballgolf (km 7,2), Schutzhütte (km 8,3)

Milchschafhof Solterbeck (km 6,9), ☺ Bioschafkäse und -joghurt aus der hofeigenen Käserei, Spielstationen entlang des Ochsenweges

Baden in der Sorge (km 6,6)

Am Weg gibt es Fußballgolf, Fußballbillard, Croquetgolf und Kinder können im Fluss toben; kurze Stücke verlaufen auf den nicht stark befahrenen Straßen in Sorgwohld ohne Gehweg.

meistens problemlos für Buggys, hin und wieder etwas sandig oder grasig

außerhalb des Naturschutzgebietes auf dem Weg zu und von Sorgwohld viel Auslauf möglich, Mülleimer in Sorgwohld, Trinken und Abkühlen in der Sorge ca. 2 km vor Ende der Tour, pfotenfreundliche Sandwege und Grasstreifen, kurzes Stück Asphalt in der Ortschaft

P Start/Ziel, ☹ das Parken auf dem Gelände des Hofes Feldscheide ist nur deren Besuchern erlaubt. Wenn Sie von der B77 kommen, fahren Sie vor dem Hof in der Kurve nach rechts auf den sandigen Ochsenweg. Da ist genug Platz am Waldrand. Alternativ können Sie vom Parkplatz in Sorgwohld, Sorgwohlder Weg, 24811 Owschlag, GPS N 54°21.383' E 009°34.444', starten.

🚌 nur per Auto zu erreichen

An der Wegverzweigung beim ⌘ **Hof Feldscheide** informieren gleich mehrere Infotafeln über den bedeutenden historischen Standort und alles Sehenswerte in der Umgebung des ⌘ **Ochsenweges**.

Hof Feldscheide

Laut den Geschichtsquellen soll bereits 1470 ein hochherrschaftliches Treffen mit dem Dänenkönig Christian I. auf dem Hof Feldscheide stattgefunden haben. Jedenfalls kann der „Krug an der Sorge" (altdt. *Kroch thor Sorcke*) zu den ältesten Gasthöfen am Ochsenweg gerechnet werden. Während sich heutzutage nur ein paar Besucher und Pferdebesitzer in die Ecke verirren, nahmen ehemals viele Händler und Reisende dort Quartier. Der Krug saß genau an der wichtigen Verzweigung der Nord-Süd-Trasse des Ochsenweges nach Husum im Westen. Übernachten können Sie immer noch in den Ferienwohnungen, doch mit der Schließung des Hofcafés 2018 ging eine lange Tradition zu Ende.

Kurz vor Sorgwohld

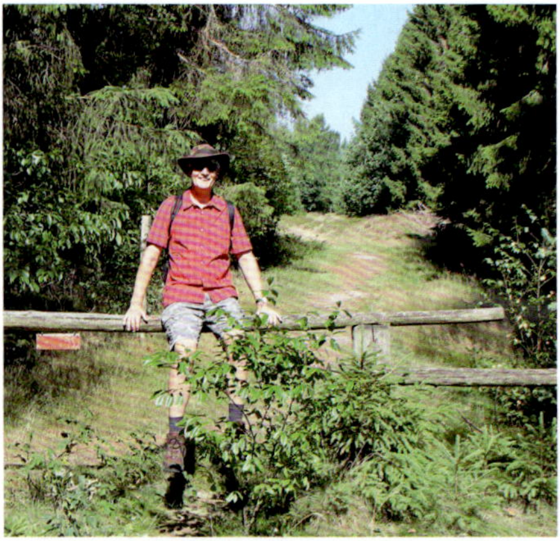

Doch zunächst kehren Sie der „ältesten Straße" des Landes den Rücken zu. Die ✎ Route 14 begleitet Sie nach Südosten durch die Heidelandschaft. In diesem Bereich konnte sich der Baumbewuchs durchsetzen. Ein lichter Kiefern- und Birkenwald erfüllt die Luft mit seinem Duft. Nach einem Durchlass (km 0,7) für Wanderer und Radfahrer umgibt Kulturland nach weiteren knapp 200 m überraschend den Weg.

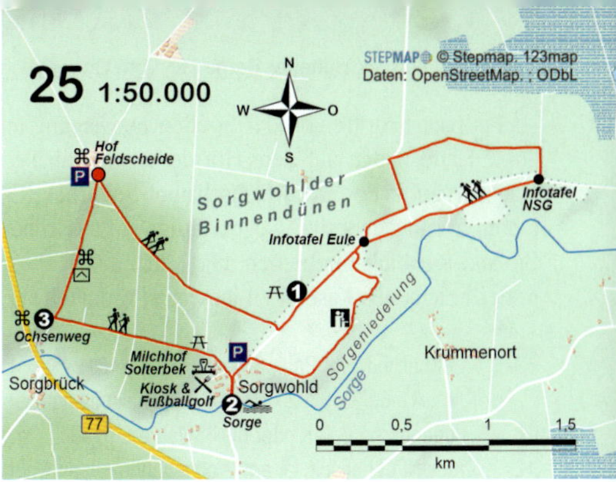

Dieser mündet in Sichtweite des Ortes in die Straße (km 1,4) nach Sorgwohld. Auf der anderen Straßenseite breiten sich bis zum Horizont die **Sorgwohlder Binnendünen** aus. Nach 170 m knickt die Straße nach Norden ab. An dieser Stelle (km 1,6) fehlt ein Zeichen. Die Route 14 folgt der Straße, Sie nehmen aber den Betonplattenweg an der **Bank ❶** vorbei durch das Heidegelände. Mehrere Infotafeln bestücken die schnurgerade Strecke und erläutern diese besondere Naturlandschaft. Am Ende der letzten Eiszeit haben im kalten Tundrenklima stetig blasende Winde die vegetationsreichen Schmelzwassersande verfrachtet und zu Wanderdünen aufgeschichtet. Auf diesen humusarmen Binnendünen hat sich nach und nach eine Heidelandschaft entwickelt.

Zunächst wird auf der Hintour der Abzweig nach rechts mit der 14 ignoriert. Sobald der Weg kurz danach nach Osten abdreht, biegen Sie bei der **Infotafel Eule** (km 2,1) nach links auf den unmarkierten breiten Sandweg ab. Er zieht am nördlichen Rand des nun schmaleren Dünengürtels entlang. Am T-Kreuz (km 2,5) laufen Sie erneut nach links und verlassen die Dünen. Der Redder endet an der Sorgwohlder Straße, wo Sie wieder auf die Route 14 treffen. Ein paar Schritte nach rechts sind in der Kurve die nächsten Zeichen aufzustöbern. Nach einem kleinen Ausflug durch die Knicklandschaft stehen Sie an der **Infotafel** (km 3,9) am Ostende des Dünengebietes.

Nun erlaufen Sie noch einmal die komplette Länge des fantastischen Heideterrains. Der Südrand wird begrenzt durch die **Sorgeniederung**. Eine Lücke in den Hecken ermöglicht eine ungehinderte Aussicht (km 5,6) auf das Flusstal. Die Sorge führt an dieser Stelle noch ein beschauliches Kleinflussdasein. Direkt an das Naturschutzgebiet schließt sich **Sorgwohld** (km 6,4) an. Gleich am Ortseingang liegt der **P Parkplatz**. Beim Abzweig des Wanderweges in der Ortsmitte (km 6,5) lohnt sich ein kurzer Ausflug nach links hinab zur 130 m entfernten **Sorge ❷**. Am Fuß der Straßenbrücke können Sie sich überzeugen, dass der Name des Flusses – übersetzt mit „dunkler, finsterer oder schlammiger Strom“ – nichts mit den klaren Fluten gemein hat. Im knie- bis hüfttiefen Wasser können Sie bis auf den Grund des Flusses schauen.

Ein paar Schritte von der Straßenverzweigung im Dorf entfernt befindet sich linker Hand hinten auf dem Hof der zum Fußballgolf gehörende **Kiosk**. Als Nachbar grüßt der **Milchschafhof Solterbek**. Der Betrieb ist seit über 400 Jahren in Familienbesitz. Gegenwärtig wird ausschließlich Milchschafhaltung nach Bioland-Richtlinien betrieben. Die Milch der 160 ostfriesischen Milchschafe wird in der hofeigenen Käserei zu leckeren Produkten verarbeitet.

Fußballgolf, Hof Pahl, Sorgwohld 12, 24811 Owschlag, 043 36/15 08, 01 60/93 88 20 03, www.fussball-golf.net, mit Anmeldung, Erw. € 10, Jugendliche € 7, Kinder bis 13 Jahre € 5, auch Croquetgolf oder Fußballbillard

Kiosk Fußballgolf, am Wochenende, wenn Fußballgolf stattfindet, Getränke, Eis und Süßigkeiten

Milchschafhof Solterbek, Sorgwohld 10, 24811 Owschlag, 043 36/15 77, malte-solterbeck@gmx.de, www.schafkäserei.de, eigentlich immer geöffnet, aber besser vorher anmelden, vor allem für eine Besichtigung, sonst nächster Laden mit den Produkten des Hofes der Edeka-Markt in Owschlag

Die Ochsenweghörner sind das Kennzeichen des Ochsenweges

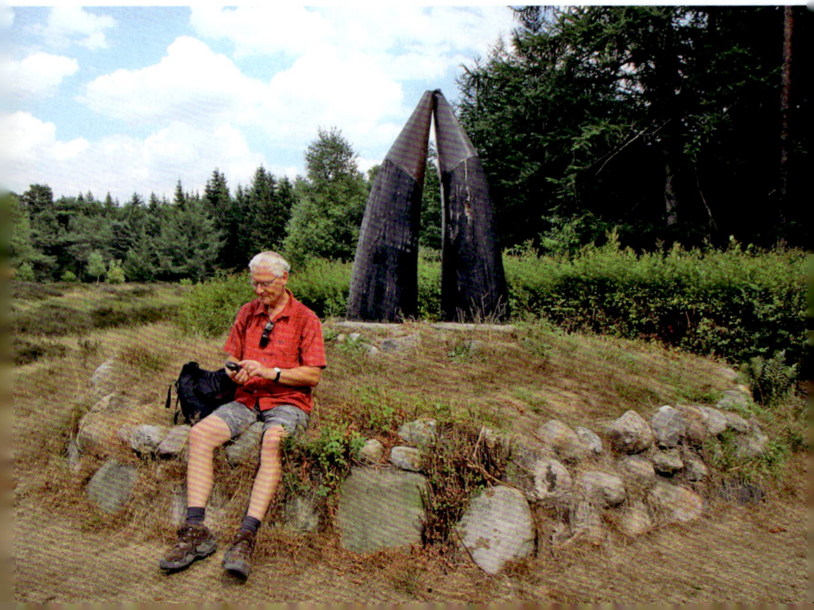

Am Ortsausgang beginnt das **Gehege Tetenhusen**. Gleich am Waldanfang wurden auf dem Gelände des Fußballgolfes ⩚ Grill- und Rastplätze (km 7,2) (☝ nur mit Erlaubnis von Hof Pahl, vorher fragen) eingerichtet. Am Ostende des wie mit einem Lineal gezogenen Heuweges stoßen Sie erneut auf den ⌘ **Ochsenweg** ❸ (km 8).

Der Ochsenweg

Der Ochsenweg war die zentrale Verkehrsader zwischen Dänemark und Norddeutschland. Eine „richtige" Straße gab es nicht. Wie lose Fäden fügten sich die unbefestigten Wege zu einem Bündel an Verbindungen von Nord nach Süd zusammen. Ritter, Kaufleute, Pilger, Soldaten, Bettler – alle bewegten sich auf dem Ochsenweg vorwärts. Seine Ursprünge reichen bis in die Bronzezeit zurück. Der gebräuchliche Name ist den großen Viehtrieben zuzuschreiben, die als Ziel den Ochsenmarkt in Wedel hatten.

Als jedoch Anfang des 19. Jh. durch die Industrialisierung der Verkehr durch Straßen- und Eisenbahnbau revolutioniert wurde, verlor der Weg seine Bedeutung. Hier im Krooper Busch zwischen der Sorge und dem Hof Feldscheide blieb noch ein 7 km langer Abschnitt des ursprünglichen Handels- und Heerweges erhalten. Die breite Sandpiste steht nun unter Denkmalschutz. Es muss fürchterlich gestaubt haben, wenn zur Ochsendrift im Frühjahr bis zu 50.000 Tiere (manche Quellen sprechen sogar von 70.000 bis 100.000) von Dänemark aus hier entlanggetrieben wurden.

In nordöstlicher Richtung begegnen Sie unterwegs der ⌂ **Schutzhütte** neben dem monströsen ⌘ **Ochsenweg-Monument** (km 8,3). Die zwei einander zugeneigten schwarzen Hörner symbolisieren den Trail von heute und gestern – sein Markenzeichen. Am **Hof Feldscheide** erreichen Sie wieder den Startpunkt.

☺ ↳ Sollte der Ochsenweg Sie in seinen Bann gezogen haben, können Sie noch einiges Wissenswertes erfahren, indem Sie noch eine Nordschleife mit der ✎ 14 Richtung Owschlag dranhängen. ➲ 6,2 km

26 Im Brekendorfer Forst

Tour für Eiszeitbegeisterte

Auf und ab geht es im Mischwald des Brekendorfer Forstes über die Moränenkuppen. Den höchsten „Berg" des Naturparks Hüttener Berge, den 106 m hohen Scheelsberg, müssen Sie zwar nicht erklimmen, aber sein Nachbar, der Heidberg, weist immer noch beachtliche 99 m auf. Wegen seiner seltenen Vegetation ist er besonders geschützt. Als eine weitere Naturperle zeigt sich der Rammsee. Das Toteisloch ist ein Relikt aus der Eiszeit.

↻ Start/Ziel: Wanderparkplatz, Forsthaus, 24811 Brekendorf, GPS N 54°25.419' E 009°39.058'

➲ 6,5 km

⌛ 1 Std. 45 Min.

↑↓ 162 m/162 m

⇧ 28-99 m

✎ Hütti 5 mit Route Eichhörnchen in Gelb, Hütti 4 mit Route Reh in Dunkelblau, Infotafeln, Übersichtskarte am Parkplatz, gut markiert

Rastplatz am Eingang zum Brekendorfer Forst bei der Försterei

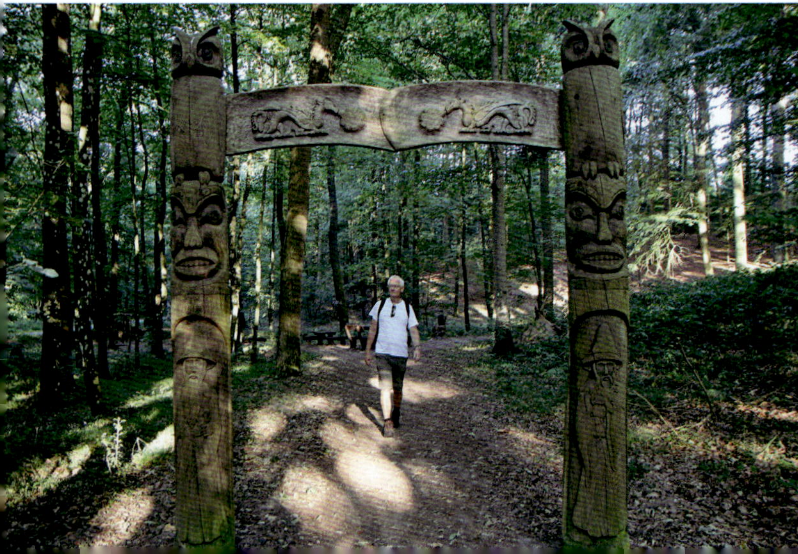

Die schattigen Waldwege des Brekendorfer Forstes eignen sich gut für heiße Sommertage trotz des „bergigen“ Geländes.

Keine am Weg. Die Waldhütte ist die nächstgelegene Gaststätte in Brekendorf, 1,9 km entfernt von Start/Ziel.

mehrere Bänke unterwegs, Rastplatz am Start/Ziel und auf dem Heidberg (km 5), Schutzhütte (km 0,5)

Badestelle am Rammsee (km 0,9 und 6)

Spielplatz am Start/Ziel, Kinder können in Schoothorst Kühe streicheln und im Rammsee Boot fahren und baden.

problemlos für Buggys

kein Auslauf, keine Mülleimer, Trinken und Abkühlen am Rammsee am Anfang und Ende der Tour, pfotenfreundliche Waldwege

P Start/Ziel, alternativ können Sie vom Wanderparkplatz Heidberg, Schoothorst 1, 24358 Ascheffel, GPS N 54°25.326' E 009°40.342', starten.

Linie 725 Eckernförde – Owschlag, Haltestelle „Brekendorf am Hang“, Mo bis Fr mehrmals tgl., Sa viermal tgl., So dreimal tgl., 1,7 km zum Start/Ziel, in Owschlag und Eckernförde Anschluss mehrmals tgl. an Bus und Zug

Durch ein kunstvoll geschnitztes Eingangstor wird beim P **Wanderparkplatz** der Rast- und Spielplatz betreten. Die Torpfosten sind mit etwas finsteren Figuren versehen und erinnern eher an Totempfähle. Linker Hand davon kommen Sie auf der Forststraße zum **Forsthaus** mit Infotafel (km 0,3). Verschiedene Holzskulpturen flankieren den Weg. Ein kleiner mooriger Tümpel ist eines der vielen wertvollen Feuchtbiotope im Brekendorfer Forst. Die Route 5 bleibt auf der Forststraße und zieht links am **Rammsee** entlang.

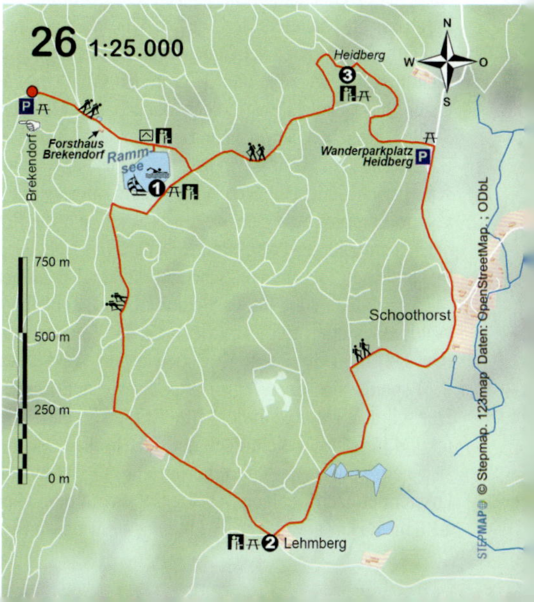

Bei der Schutzhütte (km 0,5) sind es ein paar Schritte zum Wasserrand. Die Aussicht über das kleine Naturidyll ist faszinierend. Inmitten des allseitig ansteigenden Waldes umringen Seerosen und Schilfrohr das Blau. Romantisch wird es, wenn sich zu später Stunde das Abendrot auf der Oberfläche spiegelt. Ins Wasser steigen können Sie hier auch, aber der bequemere Einstieg ist gegenüber.

Rammsee

Der Rammsee ist eine geomorphologische Besonderheit – ein Toteisloch. Diese entstanden, wenn größere Eisblöcke nach dem Rückzug des Gletschers liegen blieben. Weil sie dazu eine schützende Schmelzwassersandschicht trugen, konnte die Sonne nicht ihre volle Kraft entfalten. So dauerte es öfters Tausende von Jahren, bis das Eis aufgetaut war. Das aufliegende Sediment sank langsam ein. Wassergefüllte, oft inzwischen versumpfte Vertiefungen blieben zurück.

Nicht weit entfernt teilen sich die Routen östlich des Sees am T-Kreuz (km 0,7) auf. Dort stoßen Sie auch auf den Rundweg 4. Mit ihm wenden Sie sich nach rechts erneut zum Rammsee hin. Nach 120 m wartet die **Badestelle ❶** und Nessi, das Ruderboot, auf Gäste. Gegen eine kleine Spende kann nach Herzenslust gerudert werden. Eine kleine Treppe erleichtert den Einstieg ins kühle Nass. Oder entspannen Sie einfach auf einem der bequemen Liegestühle mit Aussicht. Nachdem der See fast umrundet worden ist, trennt sich die Route 4 von ihm ab. An den zwei Gabelungen zu Anfang halten Sie sich links. In südlicher Richtung dringen Sie immer tiefer in den Wald ein. Wenn die Route 4 abrupt nach Osten hin abknickt, wird kurz danach ein **Holzstapelplatz** (km 1,9) passiert. Schließlich sehen Sie in **Lehmberg** (km 2,5) am Waldrand die Sonne durch die Bäume blinzeln. Damit wirklich jeder die Aussicht über die hügelige Knicklandschaft nach Süden im Sitzen auskosten kann, wurde die **Bank ❷** angekettet. Vor dem imposanten Backsteinhaus setzt sich die Route 4 am Waldrand entlang nach Nordosten fort. Auf den wellenartigen Hängen der Moränen weiden Pferde. Im ländlichen Talraum von **Schoothorst** (km 3,6) stehen neugierige Kühe am Zaun.

An der Gabelung in der Siedlung (km 3,8) bleiben Sie der Strecke entlang des Waldrandes noch treu. Erst beim **Wanderparkplatz Heidberg** mit Infotafel (km 4,4) führt die Route 4 wieder in den Wald. Nach einem großen Bogen (km 4,6) spaltet sich der Weg in drei Zweige auf. Für Sie sind nur zwei interessant. Der schmale Fußpfad in der Mitte ist die kürzeste, aber steilste Variante zum Gipfel und für Buggys nicht geeignet. Der breitere Waldweg rechter Hand schlängelt sich gemächlich von hinten herum zum Gipfel hinauf. Der zweite Abzweig nach links endet nach wenigen Schritten oben auf dem Gipfel des **Heidbergs ❸** (km 5). Ein gewaltiger Findling steht hier anstelle eines Gipfelkreuzes.

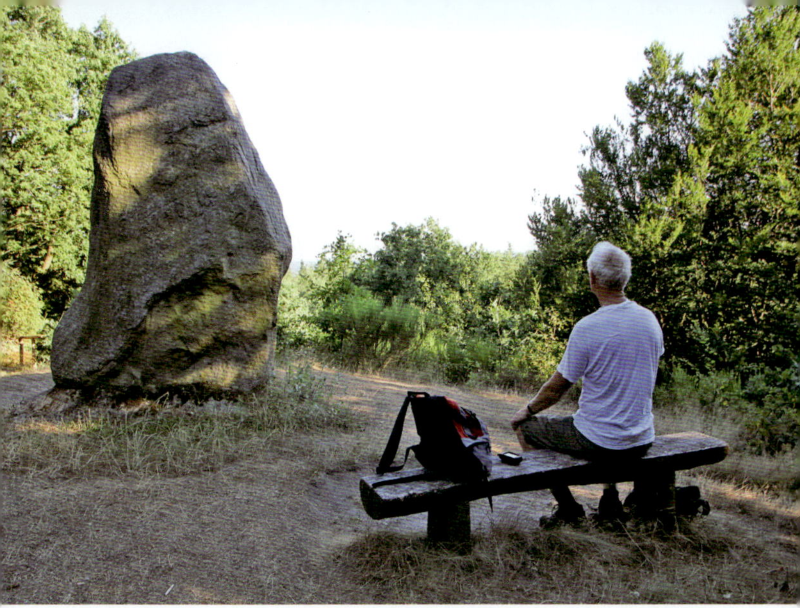

Ein großer Findling markiert den Gipfel vom Heidberg

Heidberg

Die Aussicht ist eher bescheiden. Von der Lichtung auf dem kleinen Gipfelplateau können Sie gerade soeben über die Baumwipfel hinwegschauen. Wäre man ein Riese, würde der Blick weit nach Südosten über das Land zum Nord-Ostsee-Kanal reichen. Der Heidberg ist ein besonderes Naturdenkmal. Viele seltene Pflanzen wachsen nur genau hier auf den Hängen.

Übrigens, die Unmengen an Findlingen in der Gegend fanden noch zahlreiche weitere Verwendungen. Am Nord-Ostsee-Kanal wurden die Ufer damit befestigt. Andere Findlinge dienten als Baumaterial des Hindenburgdammes zwischen Sylt und dem Festland.

Auf der anderen Seite des Gipfelplateaus steigt die ✎ 4 in einem großen Bogen hinab zur **Forststraße** (km 5,3). In westlicher Richtung windet sich diese durch das hügelige Waldgelände bis hinab zum **Rammsee** (km 5,9). Sie wandeln dabei auf dem sogenannten Kirchenweg. Ehemals nutzten die Kirchgänger diese Verbindung von Brekendorf nach Hütten. Die Runde schließt sich. Ab hier kehren Sie mit der ✎ 5 wie am Anfang der Tour zum **P** **Wanderparkplatz** am Start zurück.

27 Vom Aschberg zu den Silberbergen

Aussichtsreiche Tour für Bergfreunde

Der Aschberg ist das meistbesuchte Ziel in den Hüttener Bergen. Schon immer besaß er einen faszinierenden Rundumblick. Mit dem vor ein paar Jahren errichteten Aussichtsturm entwickelte er sich zum Renner. Hier im Naturpark können Sie besonders gut die schachbrettartigen Knicklandschaft zwischen Schleswig und Kiel sehen.

Start/Ziel: Panorama-Hotel, Aschberg, GPS N 54°25.023' E 009°41.460'

5 km

1 Std. 15 Min.

154 m/154 m

26-98 m

Hütti Nr. 8, weißes X des Fernwanderweges E1, Infotafeln, gut markiert

Vom Aschberg bis nach Unterschoothorst durchziehen Asphaltstraßen den hügeligen Flickenteppich der Knicklandschaft. In der folgenden Talsenke gewährt ein Feldweg eine kurze Atempause, bevor es mit neuem Elan durch das Gehege Silberbergen im Auf und Ab zurück zum Aschberg geht.

Huk's Restaurant am Start/Ziel

reichlich Bänke, Rastplatz beim Friedenspfahl (km 1,8)

Aussichtsturm auf dem Aschberg, Waldlehrpfad; 2 km verlaufen auf verkehrsarmen Landstraßen ohne Gehweg, allerdings kann auf der Zufahrtsstraße zum Aschberg an schönen Wochenenden und zur Ferienzeit stärkerer Ausflugsverkehr herrschen.

meistens problemlos, kurze Stücke in den Silberbergen mit dicken Laubschichten oder wurzelig, letzter Anstieg zum Gipfel nur schmaler Fußpfad, kann aber über die Abkürzung zur Jugendherberge umgangen werden

kein Auslauf, keine Mülleimer, kein Trinkwasser, 3 km pfotenfreundlich, sonst Asphalt

P Am Start/Ziel, alternativ können Sie vom Wanderparkplatz Silberbergen, L265, GPS N 54°24.517' E 009°41.207', starten. Der Parkplatz liegt 150 m vom Weg entfernt.

Mit dem Bus können Sie nur anreisen, wenn Sie alternativ vom Wanderparkplatz Silberbergen starten wollen, Linie 735 Rendsburg – Groß Wittensee, Bushaltestelle „Ahlefeld Baumgarten", mehrmals tgl., von der Haltestelle dort 300 m bis zum Parkplatz und von diesem 150 m bis zur Wanderroute im Wald. Die Anreise nach Aschberg selbst geht nur mit eigenem Auto.

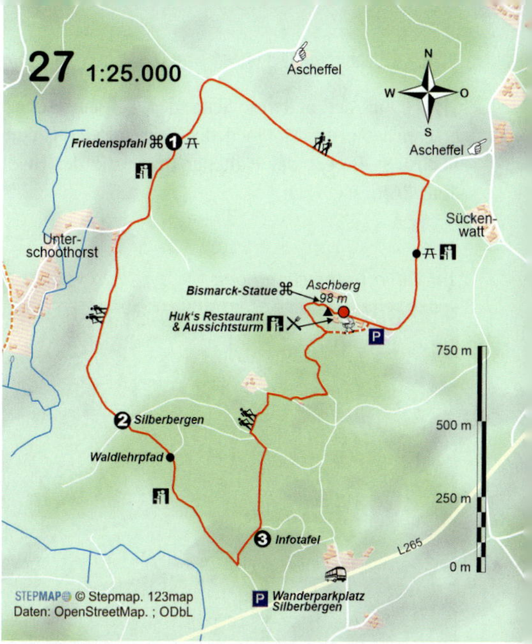

Vom Gipfel des **Aschbergs** schwingt sich die Straße die Moränenkuppe hinab. Auf halben Weg können Sie beim Verschnaufen auf der Bank einen Blick zurück hoch auf den markanten Aussichtsturm werfen. Wie das Periskop eines U-Bootes scheint er oben ausgefahren worden zu sein. Unten an der Kreuzung (km 0,7) knickt die Route 8 nach Westen in die stark wellige Knicklandschaft ab. Am Wegekreuz (km 1,5) an der **Schoothorster Straße** lässt sich die Haselmaus Hütti noch sehen. Ein paar Schritte weiter ist nur der Abzweig des Naturparkwanderweges Clas Cuhlen ausgezeichnet. Sie arbeiten sich geradeaus den Moränenrücken hinauf.

Oben können Sie sich beim Rastplatz (km 1,8) ausruhen. Nebenan betreten Sie durch den fahnengeschmückten Eingang die Wiese mit dem ⌘ **Friedenspfahl ❶**.

Der Friedenspfahl

In mehreren Sprachen wirbt er für respektvolles Miteinander und Frieden auf Erden. Der japanische Philosoph Masahisa Goi will auf diese Art sein Friedensgebet den Menschen näherbringen. Inzwischen existieren über 250.000 dieser Pfähle weltweit.

Der Pfahl hier wurde von der Lebensgemeinschaft Hof Saelde auf ihrem Gelände errichtet. Auf dem Hof werden seelenpflegebedürftige Menschen in die Arbeit und das Leben integriert. Daher entschied man sich für Kaspar Hauser als Namensgeber für diesen Friedenspfahl. Er ist der Schutzpatron aller Hilfsbedürftigen.

Auf der anderen Seite des tief eingeschnittenen **Schoothorster Tales** erkennen Sie die Moränen des Brekendorfer Forstes. In ihm erheben sich die höchsten „Berge“ der Hüttener Berge wie der Heidberg und Scheelsberg (☞ Tour 26).

Im Tal in Unterschoothorst

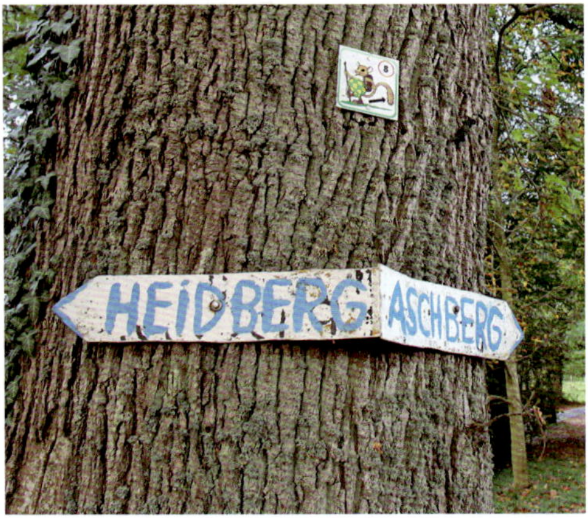

Rasant fällt die Straße nach **Unterschoothorst** (km 2,2) ab. Kurz vor den ersten Häusern führt Sie der Feldweg durch die Talsenke hinüber zum **Gehege Silberbergen** ❷ (km 2,9). Am Waldrand müssen Sie den unmarkierten Abzweig nach rechts ignorieren. Das weiße X lotst Sie unter das Blätterdach des Buchenwaldes. Bereits ein paar Schritte weiter zweigt an der Absperrung der Fernwanderweg nach links ab. Sie halten sich mit der Route 8 nach rechts. Bald fügt sich der Waldlehrpfad dazu. Am östlichen Waldrand schweift der Blick über die reizvolle Knicklandschaft zum Lehmberg. In Hörweite (km 3,6) der **L265**, an der sich der **P** **Wanderparkplatz** befindet, dreht die Route 8 nach Norden ab.

Kurz darauf wird der unmarkierte Abzweig nach rechts nicht beachtet. Nun wird es richtig bergig. Auf verschlungenen Pfaden durchqueren Sie das eiszeitliche Moränenterrain des Geheges Silberbergen. Die **Infotafel Eiszeit Silberbergen** ❸ erklärt unterwegs die Besonderheiten. Stellenweise bedeckt ein dichter Laubteppich den Boden. Ein Pfad ist kaum noch zu sehen. Das X des E1 hilft dort erneut bei der Orientierung. Eine sandige Fahrstraße (km 4,3) durchschneidet überraschend den Wald. Direkt am nächsten Haus klettern die 8 und das X wieder zwischen den Bäumen hinauf. Dann folgt vom oberen Rand einer steilen Wiese (km 4,6) der letzte kurze Anstieg zum Gipfel des **Aschbergs**.

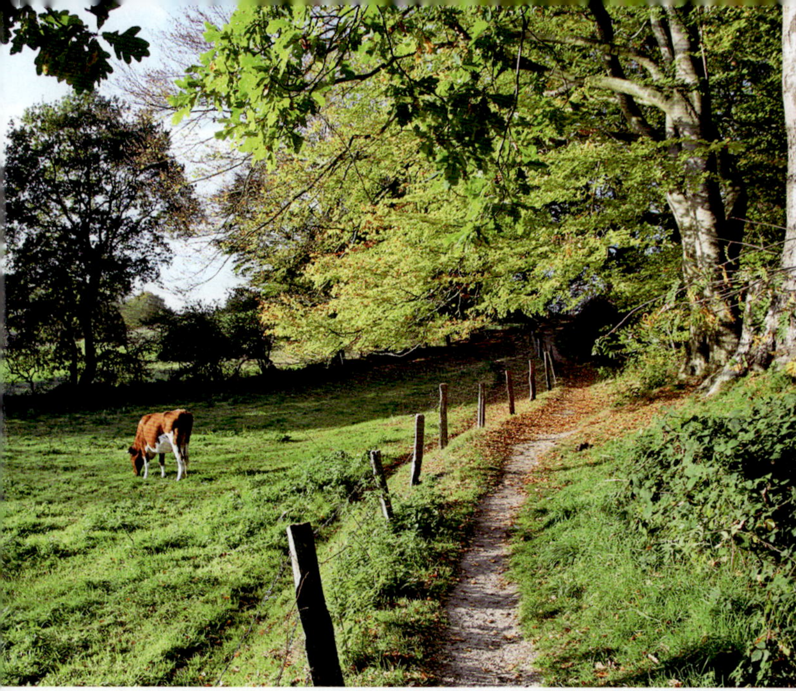

Gipfelweg zum Aschberg

☺ Mit Buggy können Sie oben am T-Kreuz der Wiese nach rechts den längeren, aber breiteren Weg unten herum zum großen Parkplatz wählen.

Huk's Restaurant, im Panorama-Hotel Aschberg, Aschberg 3, 24358 Ascheffel, ☏ 043 53/99 80 00 10, rezeption@panorama-aschberg.de, www.panorama-aschberg.de, Mo bis Fr 7:00 bis 10:30 Frühstück, Sa/So und feiertags Frühstück von 8:00 bis 11:00, tgl. 12:00 bis 15:00 Mittag, Kuchen & Kaffee 14:00 bis 17:00, Abendessen 17:00 bis 21:30, anspruchsvollere Küche mit Auswahl für Vegetarier, Kinderstuhl und Wickeltisch ja

Aussichtsturm, ganzjährig 7:00 bis 22:00, Eintritt frei

FUN 18 m hohe Kletterwand am Aussichtsturm, auf Anfrage, frühzeitiges Buchen erforderlich, Infos beim Panorama-Hotel Aschberg

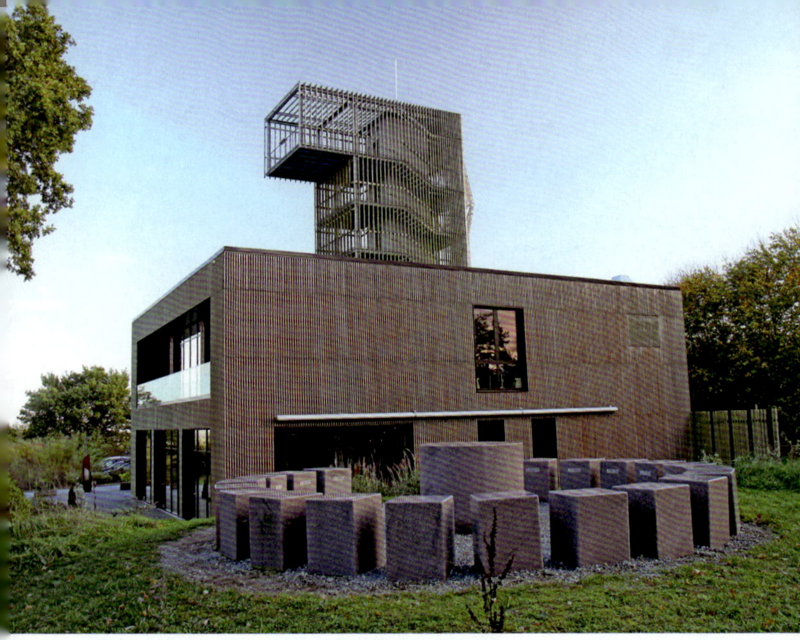

Das markante Panorama-Hotel mit Huk's Restaurant und Aussichtsturm erhebt sich direkt neben dem Gipfelmal

Der Aschberg

Den Platz auf dem 98 m hohen Gipfel teilen sich die imposante ⌘ Bismarck-Statue, das ⌘ Steinmal auf dem höchsten Punkt und die ehemalige Globetrotter Lodge. Sie wurde 2019 verkauft und 2020 als Panorama-Hotel neu eröffnet. Der Weitblick vom Aussichtsturm ist bei klarer Sicht wirklich phänomenal. Von Schleswig bis Kiel lässt sich die gesamte Ostseeküste überblicken. Blau schimmert das Wasser der Eckernförder Bucht im Osten in der Ferne. Mit bloßem Auge ist die Silhouette der weißen kugelförmigen Radarstation Brekendorf im Norden gut erkennbar. Im Süden breitet sich der rechteckige Wittensee (☞ Tour 21) aus. An seinem Ufer erkennt man deutlich Windmühlenräder.

Und nun wird in der Tat offensichtlich, was die schleswig-holsteinische Knicklandschaft ausmacht. Sie ist ein Flickenteppich aus Feldern umgrenzt von Knicks und Reddern.